청소년을 위한 인권 에세이

구정화 교수가 들려주는 살아 있는 인권 이야기

청소년을 위한
인권
에세이

구정화 지음

경인교육대학교 사회교육과 교수

인권 감수성을 키우는 교실 밖 인권 교과서

해냄

나에게는 인권이 있습니다

아주 복잡한 지하철을 타고 등하교해 본 적이 있나요? 그런 경험이 없다면, 그 공간에 있다고 상상해 보세요. 사람이 너무 많아 등조차 돌리기 힘든 상황인데 큰 배낭을 멘 사람이 내 앞에 있습니다. 지하철의 움직임에 따라 이리저리 흔들리면서 커다란 배낭은 내 가슴을 짓누릅니다. 숨 쉬기가 힘듭니다. 배낭을 메고 있는 사람은 이런 나의 고통을 전혀 모를 것입니다.

사실 그 사람의 잘못은 없습니다. 그 사람은 내게 고통을 주려고 일부러 배낭을 메고 나온 것이 아니니까요. 지하철이 복잡하지만 않았어도 아무 문제 없었을 것입니다. 그런데 그 뒤에 있는 나는 불편하고 괴롭습니다.

이때 나는 어떻게 해야 할까요? 두 가지 가운데 선택할 수 있을 것입니다. 첫 번째, 잠시 참으면 되는 일이니 그냥 참는다. 두 번째, 배낭을 앞으로 좀 돌려달라고 부탁한다. 이런 경우 나는 어떤 선택을 하나요?

또 어떤 생각을 하나요? 배낭에 짓눌리는 일로 나의 권리, 나의 인권이 침해받았다는 생각이 드나요? '인권'이라니 너무 거창한 이야기라는 생각이 드나요? 그런데 우리가 일상적으로 겪을 수 있는 이 이야기에도

사실 인권이 관련되어 있습니다.

우리 사회에서는 '인권'이라고 하면 정부와 투쟁하는 것부터 생각하는 경우가 많습니다. 사실 인권은 헌법을 통해 선언되며, 국가와의 관계에서 개인의 인권이 침해되는 경우가 많습니다. 그렇다고 인권이 '이것이다'라고 딱히 규정되어 있는 것은 아닙니다. 사회가 변하면서 인권의 내용도 새롭게 만들어지고 확장된다고 보는 것이 전문가들의 생각입니다.

그런데 개인의 인권은 서로 충돌하는 경우가 많습니다. 다시 지하철로 돌아가볼까요. 배낭을 멘 사람에게는 어떤 가방을 멜 것인지 스스로 결정할 권리가 있습니다. 또 나에게도 배낭에 짓눌리면서 가지 않을 권리가 있습니다. 서로의 권리가 충돌합니다. 이럴 때 나는 그 사람에게 배낭을 앞으로 메달라고 부탁하고, 그 사람은 내 부탁을 기분 나쁘게 듣지 않고 배낭을 앞으로 돌려만 주면 충돌은 해결됩니다.

사실 복잡한 지하철에 배낭을 메고 타면 다른 사람들에게 불편을 줄 수 있다는 점을 미리 인식했다면 처음부터 충돌은 일어나지 않았을 것입니다. 더불어 뒤에 서 있는 사람도 앞 사람에게 공손하게 부탁할 수 있습니다. 배낭에 눌려서 숨 쉬기가 힘드니 배낭을 앞으로 좀 돌려주면 좋겠다고요.

이처럼 내 행동이 다른 사람의 권리를 침해하는 것은 아닌지, 혹은 내가 겪는 불편이 나의 권리를 침해받아서 나타난 일은 아닌지 생각하면서 행동하는 것이 인권 의식을 가지고 살아가는 모습입니다. 그러니까 다른 사람과 갈등이 생겼을 때, 그 사람을 비난하거나 혹은 그냥 넘어가기보다는 인권의 관점에서 생각하는 것이지요. 그렇게 되면 무엇이 문제이고 어떻게 해결할 수 있는지도 생각할 수 있습니다.

　그렇다면 권리를 침해받았을 때는 어떻게 해결해야 할까요? 그 침해받은 부분에 대해 이야기할 수 있어야 합니다. 침해받은 나의 권리에 대해 이야기하고 개선해 달라고 부탁하는 것입니다. 개인과 개인의 관계에서만이 아니라 국가와 나의 관계, 학교와 나의 관계, 가족과 나의 관계에서도 말입니다.

　한마디로 '인권 감수성'이 필요합니다. 인권의 관점에서 문제를 보는 것이지요. 배낭을 메고 복잡한 지하철을 타는 사람에게 인권 감수성이 있다면, 그는 다른 사람들이 불편하겠다는 생각을 할 수 있습니다. 그래서 지하철을 타는 순간 배낭을 앞으로 메거나 손으로 드는 선택을 할 것입니다.

　인권 감수성은 어떻게 가질 수 있을까요? 우선 인권에 대해 제대로 알

아야겠지요. 그런 다음 하루하루의 삶 속에서 실천하려는 노력이 필요합니다. 우리는 종종 "이건 인권 침해야"라고 말하곤 합니다. 그런데 가만히 살펴보면 인권 침해가 아닌 경우도 많고, 반대로 인권 침해인데도 전혀 모르는 경우도 많습니다. 인권을 '인간으로서의 권리' 정도로만 추상적으로 알기 때문은 아닐까요?

그래서 인권이 무엇인지 같이 알아보고자 합니다. 인류의 역사는 인권이 확장되어 온 역사라고 할 수 있습니다. 그러니 인권을 제대로 이해하고 실천한다면 우리는 더 나은 세상을 만들 수 있을 것입니다.

나에게는 인권이 있고, 인권을 지키는 일은 인간으로서 나의 존엄성을 지키는 일이라는 점도 깨닫게 될 것입니다. 나뿐만 아니라 다른 사람의 존엄성에 대해서도 더 많이 생각하고 행동할 수 있습니다. 이제, 함께 탐험하는 마음으로 인권 여행을 시작해 봅시다.

2015년 9월

구정화

2장
청소년이 꼭 알아야 할
청소년의 권리

3장
인권 감수성으로 뜨거운 사회 이슈 살펴보기

4장
소수자에 대한 소외와
차별이 없는 세상을 위하여

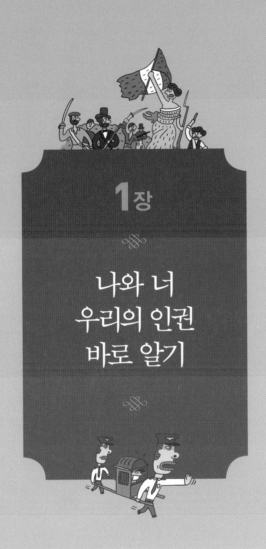

1장

나와 너
우리의 인권
바로 알기

1
모든 인간은 존엄하다

 2010년 8월 5일, 칠레의 산호세 탄광에 굉음이 울리면서 탄광이 무너져내렸습니다. 매몰된 탄광 속, 지하 700미터에는 33명의 광부들이 있었습니다. 그들은 극한 상황에서 기약 없는 구조를 기다려야 했지요. 그렇게 69일, 두 달이 넘는 동안 광부들은 사투를 벌였고, 마침내 기적적으로 모두 구출되었습니다. 칠레의 대통령은 광부들의 무사 생환을 기뻐하며 "칠레의 가장 큰 보물은 구리가 아니라 이들 33명의 광부"라고 말했습니다.

 그 악몽 같던 69일 동안, 이들이 살아서 돌아오기를 기도한 사람은 가족들만이 아니었습니다. 이름도 얼굴도 모르는 무수한 사람들이 이들의 생존을 기원했고, 세계 여러 나라에서 구조 장비를 가지고 도우러 왔습니다. 미항공우주국 NASA의 최첨단 장비까지 동원되었습니다. 이들

산호세 탄광에 매몰된 가족이 구출되기를 간절히 기도하며 탄광 근처에 그에게 보내는 메시지를 돌로 표시하는 사람들.

을 구조하는 데 들어간 비용만 2,200만 달러(약 247억 원)였다고 합니다. 이 놀라운 이야기는 그후 책으로도 만들어졌고, 여러 해가 지난 지금까지도 많은 사람들이 이들의 생환 자체에 존경의 마음을 전하고 있습니다.

얼굴 한 번 본 적 없는 수많은 사람들이 이들을 구하기 위해 온 힘을 쏟았습니다. 이런 일들을 가능하게 한 것은 어떤 마음일까요? 아마도 그것은 생명을 존귀하고 소중히 여기는 마음일 것입니다. 즉 모든 인간은 존중받아야 하는 가치 있는 존재라는 생각입니다. 인간은 그 존재만으로 소중하고, 인간은 무엇을 위한 수단이 아니라 목적이며, 모든 인간은 똑같이 귀하다는 생각이지요. 바로 인간 존엄성에 대한 인식입니다. 인간의 존엄성을 믿는 마음이 광부들에 대한 걱정과 전폭적인 도움 그리고 어려움을 견딘 광부들에 대한 존경의 바탕이 되었습니다.

우리는 지구에 단 하나뿐인 존엄한 존재

인간이라면 모두 존엄성을 지니고 있습니다. 능력이 뛰어나다고 해서, 외모가 훌륭하다고 해서, 혹은 인성이 좋다고 해서 인간으로서 더 가치 있는 것도, 그렇지 못하다고 해서 가치가 없는 것도 아닙니다. 인간에게 존엄성이 있다는 것은 모든 인간이 가치 있는 존재라는 뜻입니다. 더불어 우리 모두가 이 지구상에 하나뿐인 존재로서 저마다 고유한 정체성*을 가지고 있다는 뜻이기도 합니다.

나와 당신, 모두가 각자 어떤 모습으로 살아가더라도 우리는 존엄한 존재입니다. 여러분이 이상한 코스프레 복장을 한 채 거리를 돌아다녀도, 여러분이 그 누구도 알지 못하는 특이한 직업을 장래 희망으로 생각할지라도 말입니다.

독특한 개성을 가지고 살아가는 사람들을 소개하면서, 그들을 '화성인'이라고 칭하는 TV 프로그램이 있었습니다. 이 프로그램에는 정말 평범하게 살아가는 지구인으로서는 상상하기 어려운 사람들이 많이 나왔습니다. 종이를 먹는 사람, 모든 음식에 식초를 듬뿍 넣어 먹는 사람, 수입의 대부분을 구두 사는 데 쓰는 사람, 10년간 이를 닦지 않은 사람……. 그런데 이 프로그램에서는 그들을 호기심 어린 눈으로 소개할 뿐 섣불리 비난하지 않습니다. 그냥 그 자체를 인정합니다.

정체성
한 개인이 독자적으로 가지고 있는 본질적인 특성. 바로 그 사람을 그 사람이게 하는 특성.

이처럼 각자의 정체성을 인정하고, 오로지 인간 그 자체로서의 가치를 중시하는 것이 인간의 존엄성을 인정하는 태도라고 보면 될 것 같습니다.

어떤 경우에도 사라지지 않는 인간 존엄성

이쯤에서 의문이 생길 것입니다. 인간의 존엄성은 도대체 누가 부여한 것일까요? 답은, 우리는 모두 태어나면서부터 자연적으로 존엄성을 부여받았습니다. 인간으로 태어난 이상 당연히 존엄성을 가지게 된다는 뜻이지요. 그런데 현실에서는 누구나 인간으로서 존엄성을 존중받는 것은 아닙니다. 서로가 서로의 존엄성을 인정해야 하는데, 그렇지 못한 경우가 많기 때문입니다.

예를 들어볼까요? 내가 교실에서 잠시 이상한 행동을 할 때 옆에 있던 친구들이 "쟤, 미친 것 아냐?"라고 수군대면서 우리 반에 이상한 아이가 있다고 학교에 소문을 냈다고 해봅시다. 나의 고유한 정체성은 '미친 것'으로 평가받았고, 인간으로서 내 가치는 훼손되었습니다. 인간으로서 존엄성을 존중받지 못한 것입니다.

하지만 그렇다고 해서 자연적으로 부여받은 나의 존엄성이 사라진 것은 아닙니다. 나는 여전히 존엄한 존재입니다. 다만 타인에 의해 존중받지 못한 것입니다. 이런 점에서 인간의 존엄성은 실제적으로 우리가 서로의 존엄성을 지켜줄 때 구현됩니다.

또다른 의문이 들 것입니다. '모든 인간에게 존엄성이 있다면, 다른 사람의 존엄성을 훼손한 사람도 그럴까? 강도나 살인범, 히틀러 같은 독재

자한테도 인간의 존엄성이 있을까?' 답은 '그렇다'입니다.

그가 어떤 사람이고 무슨 일을 했든 모든 인간은 예외 없이 인간 존엄성을 가집니다. 인간 존엄성은 어떤 경우에도 사라지지 않는 본질적인 가치입니다.

뉴스를 보면 얼굴을 가린 살인 피의자[◆]를 경찰이 보호하고 가는 장면이 자주 나옵니다. 이를 보고 사람까지 죽인 파렴치한을 왜 얼굴도 공개하지 않느냐고 분개하는 사람도 많습니다. 사람을 죽였다는 피의 사실이 확정되면, 그는 타인의 인간 존엄성을 훼손한 사람이 됩니다. 그런데도 얼굴을 가려주는 것은 그에게도 인간으로서의 존엄성이 있기 때문입니다. 다만 그는 다른 사람의 존엄성을 무시함으로

피의자

범죄를 저질렀다는 혐의를 받고 있지만, 아직 검찰에 의해 재판에 넘겨지지 않는 상태인 사람.

써 자기 자신의 존엄성도 스스로 존중하지 못한 것입니다.

나와 너 그리고 우리의 존엄성을 주장하는 근거

대한민국 헌법 제10조는 "모든 국민은 인간으로서 존엄과 가치를 가지며"라고 인간의 존엄성을 선언하고 있습니다. 이 조문을 볼 때마다 기운이 납니다. '한 국가의 가장 기본이 되는 법에서 나를 존엄한 존재라고 규정하고 있구나'라는 생각이 들기 때문입니다. 그런데도 우리 주변에서는 인간의 존엄성을 위협하는 일들이 많이 벌어집니다. 국가에 의해서, 타인에 의해서, 그리고 자신에 의해서…….

길을 가는데 경찰이 갑자기 나를 불러 세워서 수상해 보이니 책가방을 열어보라며 강제로 불심검문하면, 국가가 나의 존엄성을 훼손한 것입니다. 다른 학생이 나에게 폭행을 가하고 '빵셔틀'을 시킨다면, 그리고 '카따'처럼 SNS를 통해 나를 따돌린다면, 타인이 나의 존엄성을 훼손한 것입니다. 이를 알렸는데도 학교가 이 문제를 모른 척한다면, 학교가 나의 존엄성을 훼손한 것입니다.

때로는 스스로 자신의 존엄성을 훼손하기도 합니다. 가장 대표적인 경우가 자신을 낮게 평가하는 것입니다. '나는 공부 못하는 아이, 쓸모없는 아이, 사랑받을 가치가 없는 아이, 모두가 싫어하는 아이야'라고 생각하는 것은 자신의 존엄성을 스스로 훼손하는 것입니다.

누군가 나에게 빵셔틀을 시켰을 때 혹은 이보다 더한 일을 당해서 죽고 싶을 때, 나를 도와줄 사람이 아무도 없다고 생각하는 것 역시 자신의 가치를 부정하는 것이고, 결국 자신의 존엄성을 훼손하는 것이 될 수 있습니다.

어쩌면 인간의 존엄성을 지키기 위해서 우리는 모두 마음속에 나만의 헌법 조문을 가져야 할지 모릅니다.

"나, ○○○는 인간으로서 존엄과 가치를 가진다."

여러분은 어떤 존재입니까? 나 자신을, 또다른 모든 사람들을 충분히 존엄한 존재로 여기고 있습니까?

우리는 모두 존엄한 인간입니다. 고유의 정체성을 가진 세상에 하나뿐인 존재입니다. 하루하루 자신을 존엄하게 여기며 살아가야 합니다. 다른 사람도 그러하다는 것을 인정하면서 말입니다.

우리가 인간 존엄성을 유지하기 위해 주장하는 권리가 바로 인권입니다. 내가 존엄한 인간으로서 살아가기 위해 필요한 권리라고 할 수 있지요.

 인간 존엄성을 생각하면서 같이 토론해 봅시다

❶ 누군가가 나에게 20억 원을 주면서 대신 20년간 인간 존엄성을 박탈하겠다고 하면 어떻게 하겠습니까? 거절하겠습니까, 응하겠습니까?

❷ 위험에 빠진 한 사람을 구하는 데 엄청난 돈을 쓰는 것보다 그 돈으로 많은 사람들을 돕는 것이 더 낫지 않을까요? 어떻게 생각합니까?

2
인간을 위한 권리, 인권이란?

　'인권 침해'라는 말을 많이 들어보았을 것입니다. 누가 나한테 어떤 잘못을 했을 때 "이건 인권 침해야!"라고 항의해 본 적도 있을 테고요. 하지만 사람과 사람 사이에 일어나는 모든 충돌을 인권 침해라고 규정하지는 않지요.

　인권이라는 것이 선을 긋듯이 명확하게 정의되는 개념이 아니기에 어디서부터 어디까지를 인권 침해로 봐야 할지 어렵게 느껴질 수도 있습니다. 그렇다면 다음 사례들에서 인권 침해 상황은 어떤 것일까요? 한번 생각해 봅시다.

　사례① 길을 가다 다른 사람과 어깨가 부딪혀 넘어졌다.

　사례② 학교에서 공부 잘하는 아이들 때문에 나만 못났다는 생각이 든다.

사례③ 길을 가는데 갑자기 경찰이 와서 신분증을 보자고 한다.

사례④ 엄마는 늘 내 의견은 묻지도 않고 내 옷을 사 오신다.

사례⑤ 나보다 힘센 우리 반 아이가 매일 나에게 빵셔틀을 시킨다.

사례⑥ 범죄 사실이 확정되기 전에 피의자의 신상이 공개된다.

이 가운데 몇 가지가 인권을 침해한 사례일까요? 왜 그렇게 생각하나요?

인권이란 인간 존엄성을 유지하며 살아가기 위해 필요한 기본적인 권리입니다. 그런데 실제로는 이 상황이 인권과 관련된 것인지 아닌지, 혹시 내가 남의 인권을 침해한 것은 아닌지 등을 파악하기가 쉽지 않지요. 위의 사례에서 어느 것이 인권 침해인가 하는 것은, 먼저 인권이 무엇인지 구체적으로 알아보고 난 뒤에 다시 살펴보도록 하겠습니다.

안티고네와 정의의 신이 내려준 법

오이디푸스 신화를 읽어본 적 있나요? 테베의 왕인 아버지를 죽이고 자신의 어머니와 결혼할 것이라는 신탁을 받고 태어난 오이디푸스는 실제로 그런 인생을 살아가게 됩니다. 그는 아버지를 죽이고 테베의 왕이 되어, 자신의 어머니인 줄 모른 채 여왕과 결혼합니다. 그리고 여러 명의 아이를 낳습니다. 그중에서 딸 안티고네와 아들 폴리네이케스를 주목해야 합니다.

결국 오이디푸스는 자신이 아버지를 죽이고 어머니와 결혼했다는 사실을 알게 되어 스스로 눈을 찌르고 왕의 자리에서 물러납니다. 그러자 왕좌를 두고 싸움이 일어나고, 삼촌인 크레온이 왕좌를 차지하지요. 그는 폴리네이케스를 반역자로 처단하고 시체를 벌판에 던지고서는 그의 장례를 치러주는 사람은 엄벌하겠다고 합니다.

그러나 차마 오빠의 주검을 외면할 수 없었던 안티고네는 폴리네이케스의 장례를 치러줍니다. 당연히 크레온은 안티고네를 처벌하려 하고, 결국 안티고네는 자살합니다.

인권을 말하면서 이 이야기를 하는 이유는 무엇일까요? 바로 이 이야기에 담긴 국가와 개인의 관계 그리고 안티고네가 폴리네이케스의 장례를 치러준 이유 때문입니다.

이 사건을 단순히 가족 간의 권력싸움 또는 불화라는 관점으로 보지 않고 국가의 통치자와 한 개인의 관계라는 관점에 주목하면, 안티고네는 국가 권력의 지엄한 명령을 어긴 개인입니다. 지금도 그렇지만 그 당시 반역죄는 국가 권력에 대항하는 큰 죄였기에 죄인의 장례조차 치르지 못하게 했지만, 안티고네는 이를 어겨 감옥에 끌려갑니다.

왕이 정한 법을 어겼다는 소리에 안티고네는 이렇게 반박합니다.

"정의의 신은 그런 법을 사람들에게 강요하지 않습니다."

이때 왕이 정한 '그런 법'은 실정법*으로, '정의의 신이 주는 법'은 자연법*으로 볼 수 있습니다. 안티고네는 이런 말을 하고 싶었던 것일 테지요.

실정법
특정 국가가 그 사회의 관습이나 문화 등을 고려하여 제정한 법.

자연법
국가가 정한 법이 아니라, 자연스럽게 형성된 법. 모든 시간과 장소를 뛰어넘어 타당하다고 인정되며 그래서 보편적이고 항구적인 법이라 여겨짐.

24

국가 권력에 따르기보다 개인의 인간 존엄성을 지키기를 택했던 안티고네. 니키포로스 리트라스의 작품 〈죽은 폴리네이케스 앞의 안티고네〉.

"모든 인간은 하늘로부터 받은 특별한 권리가 있습니다. 오빠의 장례를 지내는 것은 바로 이 특별한 권리를 따라서 인간 존엄성을 지키고자 하는 행동이었습니다. 나는 정의의 신이 부여한 이 특별한 권리에 따라 행동했을 뿐입니다."

이 특별한 권리를 우리는 인권이라고 부릅니다. 그가 노예이든 죄인이든, 남자이거나 여자이거나 상관없이, 인간이라는 사실만으로 인정되는 권리가 인권입니다. 사람이라면 누구나 누리는 권리이기 때문에, 인권은 '보편적인 권리'입니다. 또한 모든 사람이 존엄성을 지키며 살아가기 위해 기본적으로 필요한 것이기에 '기본적인 권리'입니다.

인권은 국가와 개인의 관계에서 시작된다

안티고네는 삼촌인 크레온에게 온정을 베풀어달라고 사정하지 않습니다. 자신은 아무리 왕이라 해도 침해할 수 없는 인간의 권리를 위해 행동했을 뿐이라고 말합니다. 인권이 무엇인지 알아보면서 안티고네의 이야기로 시작한 이유는, 인권은 기본적으로 개인과 국가와의 관계에서 논의되어야 하기 때문입니다.

사회계약설이라는 말을 들어보았을 것입니다. 저마다의 본성에 따라 살아가는 자연 상태에 있던 개인이 계약을 맺고 국가를 만들어 국가의 통치 속에 살게 되었다는 것이지요. 인권은 이 사회계약설과도 관련이 있습니다.

계약을 하려면 뭔가를 주고받아야 합니다. 집을 사고 팔 때도 그렇고, 편의점에서 삼각김밥 하나를 사는 것도 알고 보면 계약입니다. 한쪽에서 돈을 주면 다른 쪽에서는 물건을 주어야 계약이 성립됩니다. 그렇다면, 사회계약에서는 개인과 국가가 무엇을 주고받았을까요? 바로 개인은 국가의 통치를 받아들이고, 대신 국가는 개인의 안전과 행복을 지켜주는 것이지요.

그러니까 사회계약설에 따르면, 개인은 자연 상태보다 더 나은 삶을 누리기 위해 국가의 통치를 따르기로 계약을 했다는 것입니다. 이에 따라 국가와 개인 사이에는 서로의 권리와 의무가 생겼다고 합니다. 사회계약설은 국가의 보호를 받는 것이 더 유리하기에 개인이 국가를 받아들였음을 강조합니다. 이에 따르면 국가, 즉 정부가 존재하는 이유는 바로 개인의 생명, 자유, 재산을 지켜주기 위해서입니다.

사회계약설에서 말하는 '자연 상태'에 대해 알아볼까요?

사회계약설은 말 그대로 인간이 계약을 통해 국가를 만들었다는 것입니다. 사회계약 이전의 상태는 개인이 스스로 자신의 삶을 책임져야 하는 자연 상태입니다. 자연 상태는 실제로 존재하는 것이라기보다는 국가라는 상태를 설명하기 위한 가상적인 모습이라고도 볼 수 있는데, 그 세계에 대해 학자들은 각기 다르게 묘사합니다. 홉스(Thomas Hobbes)라는 학자는 자연 상태가 '동물의 왕국'과 같은 일이 일어나는 곳이라고 봅니다. 옳고 그름을 구별하는 기준이 없는 만인 대 만인의 투쟁 상태라고 생각했습니다. 반대로 로크(John Locke)는 자연 상태는 개인의 생명권과 재산권은 인정되지만, 그러한 권리의 행사가 불확실하고 불편한 상태라고 보았습니다.

여기서 한 가지! 사회계약을 맺었다고 해서 개인이 국가에 모든 권리를 넘긴 것일까요? 그렇지 않습니다. 국가에 의해 실정법의 통제는 받지만, 자연법을 고려하면 국가는 모든 인간이 태어나면서부터 갖는 권리, 천부인권을 누리도록 해주어야 합니다.

그러니까 우리가 인권을 누린다는 말은, 국가로부터 우리의 기본적인 권리를 침해받지 않는다는 것입니다. 즉 국가는 개인의 존엄성을 침해하지 않으면서 개인이 안전하고 자유롭게 살 수 있도록 해주어야 합니다.

그런데 국가 안에는 나와 같은 권리를 가진 사람들이 무수히 존재합니다. 그렇기 때문에 모두가 자신의 권리만 주장해서는 안 되겠지요. 그래서 우리에게는 다른 사람의 권리를 침해하지 않고 지켜주어야 할 의무가 있습니다.

하지만 그것이 생각처럼 쉽지 않습니다. 실제로 우리가 공동체를 이루며 함께 살아갈 때, 다른 사람의 권리를 전혀 침해하지 않기란 매우 어렵습니다. 그래서 국가는 개인의 권리를 지켜주어야 할 뿐 아니라 어떤 사람이 다른 사람의 권리를 침해하지 못하게 막아주는 역할도 해야 합니다.

인권을 침해받았을 때는 언제인가?

자, 이제 인권에 대한 개념이 어느 정도 잡혔다면, 우리가 처음에 봤던 사례들이 인권 침해인지 아닌지 살펴볼까요?

사례 1. "길을 가다 다른 사람과 어깨가 부딪혀 넘어졌다." 그 사람이 나를 해치려 한 것이 아니고 내가 부상을 입지 않았다면, 인권 침해라기보다는 여러 사람들이 살아가면서 겪을 수 있는 기분 나쁜 일 정도로 여겨야 합니다.

사례 2. "학교에서 공부 잘하는 아이들 때문에 나만 못났다는 생각이 든다." 학교는 공부하는 곳이기에 공부를 잘한다고 해서 그 아이가 나의 권리를 침해한 것은 아닙니다. 나만 못났다는 생각이 들면 스스로 자신의 존엄성을 훼손한 것이니 자신의 문제입니다. 그런데 만약 공부를 못한다는 이유로 선생님이나 친구들에게 차별받았다면, 이때는 인권 침해일 가능성이 있습니다.

사례 3. "길을 걸어가는데 갑자기 경찰이 와서 신분증을 보자고 한다." 국가 비상 사태가 아니라면, 분명한 인권 침해입니다. 경찰은 국가 권력을 대신하는 사람인데, 사전 영장 없이는 신분증을 보자고 할 수 없

습니다. 다만 내가 법을 어겼
을 때 법을 집행하기 위해 신
분 증명을 요구하는 경우는
인권 침해가 아닙니다.

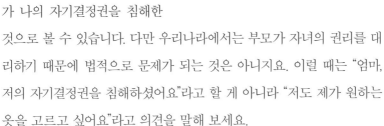

　사례 4. "엄마는 늘
내 의견은 묻지도 않고
내 옷을 사 오신다." 엄마
가 나의 자기결정권을 침해한
것으로 볼 수 있습니다. 다만 우리나라에서는 부모가 자녀의 권리를 대
리하기 때문에 법적으로 문제가 되는 것은 아니지요. 이럴 때는 "엄마,
저의 자기결정권을 침해하셨어요"라고 할 게 아니라 "저도 제가 원하는
옷을 고르고 싶어요"라고 의견을 말해 보세요.

　사례 5. "나보다 힘센 우리 반 아이가 매일 나에게 빵셔틀을 시킨다."
명백한 인권 침해입니다. 내게 강압을 사용하고 공짜로 빵을 사게 했으
니 재산권도 침해한 것입니다. 이때 "넌 나의 인권을 침해했어"라고 말
한다고 해결되지 않지요. 망설이지 말고 부모님이나 선생님에게 알려 나
의 존엄성을 회복해야 합니다.

　사례 6. "범죄 사실이 확정되기 전에 피의자의 신상이 공개된다." 인간
존엄성은 범죄 피의자에게도 있기에, 그의 개인 신상을 공개하는 것은
인권 침해입니다. 특히 그 가족의 사생활까지 노출하는 것은 더욱 심각
한 인권 침해입니다. 다만 강력 범죄가 일어났을 때는 공개 수배를 위해
얼굴을 공개하기도 합니다. 그러나 이때도 인권 침해가 아니냐 하는 논
란이 있습니다.

이처럼 인권 침해는 단순히 어떤 행동에 의해 결정되는 것이 아니라 그것을 둘러싼 구체적인 상황까지 고려해 판단할 수 있는 것입니다.

세월호 참사가 인권 문제인 이유

2014년 4월 16일, 결코 일어나서는 안 되는 일이 일어났습니다. 인천항을 출발해 제주도로 향하던 배에는 수학여행을 가는 수백 명의 고등학생과 시민들이 타고 있었습니다. 그 배가 진도 앞바다에서 침몰할 때, 뉴스에서는 '전원 구조'라는 속보가 떴습니다. 사람들은 모두 안도했습니다. 그러나 얼마 후 오보였음이 밝혀지고 대부분의 학생들이 구조되지 않았다는 거짓말 같은 뉴스가 나옵니다.

그후 언론은 두 가지에 집중합니다. 왜 그런 사고가 일어났는가? 왜 구조하지 못했는가? 혹시 이 사건에 대해 정부의 책임을 묻는 것이 이상하다고 생각해 본 적이 있습니까? 아니면 당연하다고 생각했습니까? 이 일은 왜 인권과 관련된 문제일까요?

국가는 개인의 인권을 보장해야 합니다. 어떻게 인권을 보장할 수 있을까요? 첫째, 국가가 개인이 가진 권리를 침해해서는 안 됩니다. 이를 불가침성*이라고도 합니다. 둘째, 개인이 다른 누군가로부터 권리를 침해당하지 않도록 보호해 주어야 합니다. 셋째, 누군가가 권리를 침해당했을 때, 국가는 이를 구제해 주어야 합니다.

우리가 세월호 참사를 두고 정부의 책임을 묻는 것

불가침성
외부의 어떤 것으로부터도 개입당하거나 침범을 받지 않는 특성.

30

은 이 세 가지 국가의 의무 때문입니다. 학생들은 안전하게 여행할 권리를 누려야 했습니다. 그러나 해운사는 이윤에 눈이 멀어 안전 규정을 어기면서 무리하게 운항해 학생들의 권리를 침해했습니다. 그리고 정부는 이를 감독하지 못한 책임이 있습니다. 또한 위기에 처했을 때 우리는 국가로부터 구조받을 권리가 있습니다. 그러나 국가는 이를 제대로 보장해 주지 못했습니다.

세월호 참사도 언젠가는 우리의 뇌리에서 잊히겠지만, 수많은 희생자들은 잊지 않아야 합니다. 그들을 잊지 않고 그 희생의 의미를 기억해야 합니다. 그들의 죽음은, 국가는 국민의 안전을 위해 존재해야 하며 인권을 보장해 주어야 한다는 사실을 너무도 아프게 일깨워줍니다.

 인권의 의미를 생각하면서 같이 토론해 봅시다

❶ 인간다운 삶이란 어떤 삶일까요?

❷ 국가가 인권을 보장해 주지 못할 때 개인이 자연 상태로 돌아가서 스스로 그 문제를 해결해도 될까요? 예를 들어, 국가가 범법자를 잡지 못하거나 제대로 처벌하지 못할 때 스스로 범법자를 처벌하는 것이 가능할까요?

❸ 인권이 충분히 보장되는 사회의 모습을 상상해 볼까요?

3

인간의 역사는
인권 확보를 위한 노력의 역사다

1948년 12월 10일은 〈세계인권선언〉이 선포된 날입니다. 모든 인간의 존엄성과 권리를 선언한 경사로운 날이지요. 인도의 마하트마 간디, 미국의 엘리너 루스벨트(Eleanor Roosevelt, 루스벨트 대통령의 부인) 등 여러 나라의 대표가 발의한 이 선언은 "인간은 존엄성과 권리를 가지고 자유롭고 평등하게 태어났다"고 강조합니다.

그 3년 전인 1945년은 2차 세계대전이 끝난 해였습니다. 세계대전이 일어나기 전만 해도, 산업혁명을 경험한 유럽 국가들은 인류가 과학과 기술의 발달로 무한히 행복할 거라는 희망을 가졌던 것 같습니다. 그런데 인류를 구원해 줄 것으로 믿었던 과학의 발달이 치명적인 무기와 화학품들을 만들어내고 인류의 생존 자체를 위협하게 됩니다.

2차 세계대전을 승리로 이끄는 데 주도적 역할을 한 UN은 더 이상 전쟁으로 인류가 위험해지는 것을 방치할 수 없다고 생각하고 다양한 활동을 시작합니다.

그 가운데 하나가 인간은 존엄하다는 사실을 확인하는 일이었습니다. 그래서 종전 직후부터 〈세계인권선언〉을 만드는 작업을 착수해 1948년 전 세계에 선포한 것입니다.

프랑스 시민혁명이 프랑스 대혁명으로 불리는 까닭은

그렇다고 인류가 이때 처음으로 인권을 논의한 것은 아닙니다. 기록은 남아 있지 않을지라도, 모든 나라에는 개인들이 국가나 왕권에 저항하면서 자신이 가진 권리를 주장하다가 죽음을 맞았거나 권리를 보장받았던 역사가 있습니다.

여러분도 13세기 영국에서 일어났던 〈대헌장(마그나카르타)〉 사건을 들어보았을 것입니다. 존 왕 때의 일입니다. 그는 『로빈 후드』라는 의적 소설에서도 악한 왕으로 등장하지요. 왕권이 강했던 영국에서 '실지왕(失地王)'으로 불렸을 만큼 그는 왕위에 있는 동안 국가의 영토를 잃고 통치를 제대로 못한 왕입니다. 귀족들은 존 왕의 잘못을 들어 왕권을 제한하면서 이를 문서로 만들고 왕에게 서명하게 했지요.

〈대헌장〉이라고 불리는 이 문서의 제39조 문항은 이렇습니다.

"어느 자유민도 그 동료의 합법적 재판이나 국법에 의하지 않고는 체포·감금·압류·법외 방치 또는 추방되거나 기타 방법으로 침해당하지 않는다. 짐도 그렇게 하지 않으며, 그렇게 하도록 시키지도 않는다."

자유민이었던 귀족의 권리를 보장하는 내용이지만, 핵심은 왕권의 제한이었습니다. 〈대헌장〉은 훗날 여러 시민혁명 선언문의 바탕이 됩니다. 국민의 자유를 선언하는 근대 헌법의 기반이 되기도 하지요.

귀족도 권력층이니까, 이때는 시민이라는 사람들이 아직 등장하기 전이었습니다. 그러다 17세기경 영국과 프랑스에서 도시가 발달하면서 자유민이 지속적으로 성장하여 부르주아 계층이 형성됩니다. 이들은 경제력을 바탕으로 자신들의 권리를 주장합니다.

영국은 무혈혁명(명예혁명)을 통해 정치가 안정되어 경제가 발전하면서 시민들의 권리가 더욱 커졌습니다. 이 와중에 종교의 자유를 찾아 영국에서 아메리카 대륙으로 떠난 이들도 독립전쟁을 통해 자유와 평등의 새로운 나라를 세웁니다. 바로 미국이지요. 이러한 움직임은 프랑스에 영향을 주고, 프랑스는 혁명을 통해 구체제(앙시앙 레짐)를 제거하고 공화국을 얻게 됩니다.

1789년에 시작된 프랑스 시민혁명은 앞서 살펴본 사회계약설과 자연법 사상의 영향을 받아 인권선언을 채택합니다. 어떤 내용인지 볼까요?

제1조 인간은 자유롭고 평등하게 태어나 생존한다. 사회적 차별은 공동 이익을 근거로 해서만 있을 수 있다.

제3조 모든 주권은 본질적으로 국민에게 있다. 어떠한 단체나 개인도 국민으로부터 나오지 않은 권리를 행사할 수 없다.

제11조 사상과 의견의 자유로운 소통은 인간의 가장 귀중한 권리의 하나다. 따라서 모든 시민은 자유로이 발언하고 기술하고 인쇄할 수 있다. 다만, 법에 의해 규정된 경우 그 자유의 남용에 대해서는 책임을 져야 한다.

이러한 인권선언으로 인해 프랑스 시민혁명은 '대혁명'이라 불리는 것입니다.

자유, 평등, 박애 그리고 인권

프랑스 대혁명은 인권과 함께 자유, 평등, 박애를 매우 중요하게 여깁니다. 프랑스 대혁명 당시 파리 시를 상징하는 색은 파란색과 빨간색이었고, 왕실을 상징하는 색은 흰색이었습니다. 이 세 가지 색을 더해서 만든 국민병의 모자 휘장에서 유래된 것이 현재 프랑스의 국기입니다. 프랑스 사람들은 파란색에 '자유', 빨간색에 '평등', 흰색에는 '박애'의 의미를 부여했습니다.

파란색이 의미하는 자유는 국가로부터의 자유, 즉 되도록 국가가 개입하지 않는 자유로운 상태를 말하며 '1세대 인권'이라고도 합니다.

빨간색이 의미하는 평등은 경제적으로나 사회적으로 또 문화적으로 평등한 삶을 살 수 있는 것을 말합니다. 국가가 개입해 그런 조건을 만들어주어야 가능하다는 점에서 1세대 인권과는 차이가 있어 '2세대 인권'이라고 불립니다.

마지막으로 흰색이 의미하는 박애는 한 개인의 권리가 아니라 집단의 권리를 뜻합니다. 사회적 소수자들을 위해 연대해 줄 수 있는 권리까지 포함되며, 이를 '3세대 인권'이라고 부릅니다.

프랑스 혁명기로 사용되었던 프랑스 국기에는 이렇듯 인권의 의미가 들어 있습니다. 그리고 당시 만들어진 인권선언은 근대 서구 국가들의

헌법에 큰 영향을 미치게 되지요.

　그런데 이 인권선언이 모든 사람의 동등한 존엄성과 권리를 말한 것은
아니었습니다. 계층과 성별과 피부색과 상관 없이 모든 인간은 고유의
권리를 가진다는 생각은 사실 그리 오래된 것이 아닙니다. 조금씩 보완
되어 오늘에 이른 것이지요. 초기에는 재산에 의해, 성별에 의해 또 피부
색에 의해 권리를 차별받곤 했습니다. 인간의 존엄과 권리를 제대로 누리
지 못하는 사람들이 존재했던 것입니다.

여자라서, 흑인이라서, 소수자의 권리를 위한 투쟁

1792년 메리 울스턴크래프트(Mary Wollstonecraft)는 『여성의 권리 옹호』라는 책을 써서 여성의 권리에 대한 논의에 불을 붙입니다. 여성도 선거권을 가져야 하고 자기주장을 펼 수 있어야 한다고 선언한 것입니다. 그나마 프랑스 대혁명 시기였기에 출판이 가능했을 것입니다. 그 이전만 해도 여성의 권리를 주장하다가 단두대에서 처형된 여성들도 있었거든요.

이 책이 나온 지 백 년이 넘은 1893년에야 여성도 투표권을 갖게 되었습니다. 뉴질랜드에서 최초로 여성의 투표를 허용한 것입니다. 여성의 투표권 허용은 이후 다른 나라로 확산됩니다.

인종에 따른 차별도 여성에 대한 차별만큼이나 오래되었습니다. '대항해의 시대'라는 미명 아래 유럽 여러 국가들은 아프리카와 아메리카, 아시아에 식민지를 건설하고 자기네 경제 성장에 필요한 자원과 노동력을 아무 죄의식 없이 수탈해 갔습니다. 특히 미국은 아프리카에서 흑인들을 잡아와 노예로 사고팔았지요. 인간 존엄성을 전혀 고려하지 않은 만행이었습니다.

미국이 남북전쟁 과정에서 노예 해방을 선언했다고는 하지만, 1950년대 뉴욕에서 흑인 노예는 여전히 거래의 대상이었습니다. 백인과 흑인이 이용하는 식당이 구별되어 있었고, 버스와 같은 대중교통도 출입구와 좌석이 구분되어 있었습니다.

1955년 12월 1일, 미국의 몽고메리 백화점 점원이던 로자 파크스(Rosa Parks)는 일을 마치고 버스에 올라 여느 때처럼 흑인 자리에 앉았습니다.

미국 최초의 흑인 대통령 버락 오바마가 '현대 시민권 운동의 어머니'로 불리는 로자 파크스 동상 제막식을 축하하고 있다.

그런데 백인들이 하나 둘 버스에 타면서 백인 자리가 가득 차자 운전사는 흑인 자리를 백인 자리로 바꾼 후에 흑인들에게 자리를 양보하라고 지시했습니다. 그러나 로자 파크스는 끝내 자리에서 일어나지 않았지요. 결국 그녀는 백인과 흑인을 다르게 대우하는 '분리에 관한 법률'을 어겼다는 이유로 체포됩니다.

로자가 체포되자, 그 당시 버스 승객의 대부분이었던 흑인들은 버스 탑승 거부 운동을 벌입니다. 수많은 흑인들이 운동에 동참했지만, 로자는 실형을 선고받습니다. 이 일로 직장도 잃고 남편마저 일을 그만두어야 했습니다.

흑인들을 중심으로 이 결과에 저항하는 대대적인 시민운동이 시작되고, 그 선두에 마틴 루터 킹 목사가 나서게 됩니다.

킹 목사는 "권리를 위해 싸울 권리를 보장하는 게 민주주의 아닙니까? 우리가 용기를 내어 싸운다면, 기독교적 사랑과 품위를 지켜가며 싸운다면 훗날의 역사가들은 이렇게 기록할 것입니다. '옛날 옛적 한 위대한 종족이 있었다. 흑인이라는 그 종족은 문명이라는 혈관에 새로운 의미와 존엄성을 불어넣었다!'"(『메신저』, 이남훈, 알에치케이코리아)라고 하면서, 비폭력 시민운동을 시작합니다.

결국 킹 목사와 흑인들은 버스 안에서의 분리에 관한 법률은 위헌이라는 연방 대법원의 판결을 받아냅니다. 그러나 그 이후로도 인종 차별 사건은 다양하게 일어났지요.

그래도 오늘날 인종 차별이 잘못이라는 인식은 어느 정도 자리를 잡은 것 같습니다. 물론 여전히 인간 존엄성을 인정받지 못하거나 차별받으며 억압 속에 살아가는 사람들이 많습니다. 하지만 〈세계인권선언〉에서 밝힌 "모든 인간은 존엄하고 인간으로의 삶을 위한 권리는 존중되어야 한다"라는 이 당연한 말에서 '모든'의 대상은 점점 확장되고 있습니다. 인류의 역사는 이 '모든'의 대상을 확장시켜 온 길이라고 볼 수 있습니다.

민주화 운동, 대한민국 인권의 산 역사

우리나라는 어떤가요? 유럽의 여러 나라처럼, 우리나라도 지배계급이 아닌 하층민은 국가로부터 보호받지도 권리를 인정받지도 못했지요. 이에 대한 노비들의 저항 운동 등이 역사 기록에 남아 있습니다. 그렇다고 우리나라에서 인간의 존엄성을 완전히 무시한 것은 아닙니다. 유교 등 다양한 가르침에 따라 인(仁)이나 예(禮) 등 인간관계를 규정하는 덕목을 가르치고 실천해 왔습니다. 다만 이러한 덕목은 모든 인간의 존엄성을 인정하는 인권과는 다른 것이었습니다.

인권이라는 개념은 1948년 대한민국 정부 수립과 함께 헌법이 제정되면서 시작되었습니다. 잠시 제헌 헌법의 내용을 살펴볼까요?

제2조 대한민국의 주권은 국민에게 있고 모든 권력은 국민으로부터 나온다.

제8조 모든 국민은 법률 앞에 평등하며 성별, 신앙 또는 사회적 신분에 의하여 정치적·경제적·사회적 생활의 모든 영역에 있어서 차별을 받지 아니한다.

지금의 헌법과 같이 인권을 존중하는 내용입니다. 그러나 실제로는 국민들이 인권을 잘 보장받지 못했습니다.

제헌 헌법 제정 이후, 이승만은 선거를 통해 대한민국의 첫 대통령이 됩니다. 그리고 집권당인 자유당은 오랜 기간 부정 선거로 권력을 유지합니다. 1960년 부통령 선거에서도 불법을 저질렀는데요. 이를 규탄하는 고등학생들의 시위가 전국적으로 이어지고, 그해 3월 15일 마산에서도 학생 시위가 이어지자 경찰이 진압에 나섭니다.

그리고 4월 11일, 시위에 참여했다 실종된 김주열 학생이 눈에 최루탄이 박힌 채 시신이 되어 마산 앞바다에 떠오릅니다. 분노한 시민들이 거리로 쏟아져 나오고, 4월 19일에는 전국의 대학생들이 "학생들은 더 이상 현실을 좌시할 수만은 없으며 정의와 민주 수호를 위해 궐기해야 한다"며 대규모 시위를 벌입니다.

결과는 어땠을까요? 이승만은 대통령 자리에서 물러나고, 새로운 정권이 들어섰습니다. 그러나 민주적인 정권은 아니었습니다. 새로운 독재 정권에 저항하는 학생 운동은 1980년대까지 이어집니다.

그날은 1987년 6월 9일이었습니다. 연세대 앞에서 시위를 하던 이한열 학생이 경찰이 쏜 최루탄을 맞고 사경을 헤매게 됩니다. 이번에도 시민들은 분노했고 직장인들까지 가담한 민주화 시위가 전국에서 이어집니다.

6월 29일, 결국 정부는 대통령 직선제 개헌을 선언하게 됩니다. 그동안 있었던 수차례의 개헌이 정권을 유지하기 위한 것이었던 것과 달리, 이번에는 민주주의의 실현을 위한 개헌이었습니다. 시위를 하다 목숨을 잃은 수많은 대학생들, 그들의 목숨과 바꾼 대통령 직선제였습니다. 드디어 국민들이 대통령을 직접 뽑을 수 있게 된 것입니다.

1980년대까지 이어진 민주화 운동은 국가로부터의 자유라는 1세대 인권을 위한 투쟁이었습니다. '독재 정권 물러나라'는 시위는 사실 국가로부터 사상과 표현의 자유, 신체의 자유 등 자유권을 얻기 위한 투쟁이었고, 시민적인 삶을 온전히 누리기 위한 권리 주장이었습니다.

이 과정에서 평등이라는 2세대 인권을 위한 노력도 함께 이루어졌습니다. 1960년대 청계천 봉제공장에서 일하던 전태일은 노동 환경을 개선하고 노동조합을 결성하려다 해고당합니다. 당시 노동자들은 인간으로서의 권리를 보장받지 못했습니다. 노동 시간은 길었고 임금은 낮았으며 작업 환경은 열악했습니다. 근로기준법이 지켜지지 않았습니다.

1970년 11월 13일, 이런 노동 현실을 널리 알리기 위해 전태일은 근로기준법 화형식을 준비하지만 경찰이 이를 막습니다. 그러자 그는 "근로기준법을 준수하라! 우리는 기계가 아니다!"라는 구호를 외치며 분신자살을 감행합니다. 그러나 그후로도 오랫동안 근로기준법은 제대로 지켜지지 않았습니다. 경제 성장이 먼저라는 논리에 밀려 노동자들의 인권은 보호받지 못했습니다.

지금까지도 많은 사람들이 자신의 권리 혹은 타인의 권리, 우리의 권리를 지키기 위해 성명서를 내고, 1인 시위를 하고, 촛불을 들고 거리로 광장으로 나서왔습니다. 국가로부터의 억압에서 벗어나고, 평등하고 자유로운 삶을 보장해 달라는 요청이었지요.

"모든 인간은 존엄하며 자유롭고 평등하게 태어났다."

이 아름다운 문장은 아직 실현되지 못했습니다. 지금도 이를 위해 투쟁하는 사람들이 있습니다. 인류의 역사는 위대한 통치자의 기록이 아니라 바로 인간의 존엄과 권리를 지키기 위해 노력한 사람들의 발자취입니다. 그리고 우리는 그들의 노력 덕분에 이만큼이나마 인간으로서의 존엄성과 권리를 누리고 있습니다. 인권이라는 빚을 지고 있는 셈이지요.

인권의 역사를 생각하면서 같이 토론해 봅시다

❶ 한 개인의 삶으로만 볼 때, 생명의 위협을 느끼면서도 인권을 위해 투쟁하는 삶을 살아야 할까요?

❷ 인권의 측면에서 현재 우리 사회에서 가장 문제가 되는 것은 무엇일까요?

4
1세대 인권,
시민·정치적 권리

혹시 가족들은 모두 텔레비전을 보고 있는데, 혼자만 방에 갇혀 마치 유배당하는 느낌으로 시험공부를 했던 경험이 있나요? 잠시 화장실이라도 가려 하면 "너는 왜 진득하게 앉아 있질 못하고 자꾸 왔다 갔다 하니?"라고 야단맞고, 심지어 "두 시간 공부하고 나서 화장실 가. 그전에는 방에서 꼼짝하지 말고!" 하는 통제를 받기도 합니다. 두 시간이 지나기 전에는 방문 밖을 나갈 수 없으니 이것은 거의 거주지 제한이나 감금과 비슷한 상황입니다.

나의 미래를 위해서라고는 하지만, '공부 감옥'에 갇힌 내 이동의 자유는 어떻게 해야 하나요?

국가 권력이 나의 자유를 침해한다면

이런 일은 개인과 국가의 관계에서도 일어납니다. '게토(ghetto)'라는 말을 들어본 적이 있나요? 경제적 어려움 속에서 국민의 지지를 얻고자 히틀러는 게르만이 세계에서 가장 우수한 민족이라는 주장을 폅니다. 이때 이용된 희생양이 바로 유대인이지요.

유대인은 하느님에게 선택된 민족이라는 선민사상을 가지고 있었지만, 2차 세계대전이 끝나기 전까지 자신들의 국가를 가지지 못해 여러 곳에 흩어져 살았습니다. 독일의 히틀러 정부는 우수한 게르만 민족의 혈통을 보호한다는 명목으로 이런 유대인들을 일정 지역에 모아서 밖으로 나가지 못하게 합니다.

이런 유대인 정책은 히틀러 이전에도 있었습니다. 게토는 유대인들을 강제로 집단 거주하게 만든 곳을 말하는데, 중세에도 그런 정책을 폈던 나라가 있었다고 합니다. 히틀러 정부는 이들을 게토에 가두어 거주와 이동의 자유를 제한하는 것으로 만족하지 않았습니다. 홀로코스트(Holocaust)◆라고 불리는 대학살을 자행합니다. 유대인이라는 이유만으로 그들을 가스실로 몰아넣고 죽음에 이르게 합니다.

다른 나라에만 이런 일이 있었던 것은 아닙니다. 일본은 우리나라를 비롯해서 아시아 국가의 어린 여성들을 강제로 끌고 가 자국군의 성 노예로 삼았습니다.

우리나라 말고도 여러 곳에서 '위안부'로 많은 여성들이 끌려갔지만, 아마도 우리나라의 어린 소녀들

홀로코스트
대량 학살을 뜻하는 말이지만, 특히 2차 세계대전 당시 독일이 유대인에게 자행했던 대학살을 의미하기도 한다. 2차 세계대전 이후에도 대학살은 계속되었다. 캄보디아의 '킬링필드' 등 대학살은 세계 곳곳에서 여전히 자행되고 있다.

이 제일 많이 희생되었을 것입니다.

심지어 수십 년 전 우생학*이 유행하던 때, 유럽의 어떤 나라에서는 정신적·육체적으로 장애를 가진 사람들에게 알리지도 않은 채, 그들의 의사도 묻지 않고 정부가 강제로 불임 시술을 자행했습니다. 장애가 있는 사람들은 아이를 낳지 못하게 해 '열등한' 유전자가 다음 세대로 이어지지 못하도록 해야 한다는 말도 안 되는 결정을 한 것입니다. 지금으로서는 상상도 못할 일이지요.

> **우생학**
> 인류의 유전적 형질을 고려하여 좋은 유전자인지를 정하고 이를 바탕으로 인류를 개량하려는 목적으로 행한 유전학 연구.

|세대 인권, 국가 권력으로부터 자유로울 권리|

공부 감옥, 게토와 홀로코스트, 위안부, 강제 불임 시술……. 이들의 공통점은 무엇일까요? 나의 의사와 상관없이 나의 일이 결정되었다는 것입니다. 내가 가진 권리가 정당한 이유 없이 침해당했습니다.

인권을 침해할 때 권력을 가진 이들은 늘 그럴듯한 이유를 댑니다. 앞의 네 가지 사례에서 그 이유를 살펴봅시다. 첫 번째 사례에서는 자녀의 좋은 성적을 위해서이고, 두 번째는 독일 민족의 우월성을 지키기 위해서이며, 세 번째는 일본 제국주의 수호를 위해, 네 번째 사례는 사회에서 열등한 유전자를 뿌리뽑는다는 명목입니다.

이번에는 이때 침해당한 권리를 살펴봅시다. 첫 번째 사례에서는 이동의 자유이며, 두 번째 사례에서는 거주의 자유와 생명권, 세 번째 사례에서는 성적 자기결정권과 행복추구권 등이고, 네 번째 사례에서는 출산에 대한 자기결정권과 차별받지 않을 권리입니다.

첫 번째 사례를 제외하면 모두 국가 권력이 개인의 권리를 침해한 것입니다. 이처럼 나의 자유를 침해하는 가장 큰 권력은 기본적으로 국가입니다.

종종 경찰이나 학교와 같이 국가 권력을 대신하는 단체 또는 개인이 이러한 권력을 휘두르기도 합니다. 부모님과 같이 내가 속한 작은 집단에서 권력을 가진 사람들도 나의 권리를 침해하는 경우가 있습니다.

독일 나치는 유대인을 특정 지역으로 강제 이주시켰을 뿐만 아니라 자유롭게 이동하지도 못하게 했습니다. 시험에서 좋은 성적을 받기를 원하는 부모님의 마음과 유대인을 통제하고자 하는 나치의 마음은 물론 완전히 다르지요. 그러나 타인의 이동의 자유를 허락하지 않은 점에서 공통점이 있습니다.

모두 자신의 일을 스스로 결정하고 자유롭게 행동할 수 있는 권리를 침해받았습니다. 이런 권리는 자유권과 관련이 있습니다. 자유권은 국가 권력으로부터 자유로울 권리로, 국가가 적극적으로 침해하지만 않는다면 그 권리를 누릴 수 있기에 '소극적 권리'라고도 부릅니다. 사람들이 가장 먼저 쟁취한 권리이면서 가장 기본적인 권리라서 흔히 '1세대 인권'이라고 하는 것이지요.

우리는 국가에 참여하고 대항할 수 있다

자유권은 공식적으로 '시민·정치적 권리'라는 표현을 사용합니다. 이 권리를 좀더 잘 이해하기 위해 우선 '시민'이라는 개념을 살펴봅시다. 시민은 단순히 개인을 말하는 것이 아니라 공동체 안에서 살아가는 사람을 말합니다. 시민은 자신이 속한 공동체 그리고 그 공동체 안의 사람들과 관계를 맺고 살아가지요. 따라서 시민적 권리란 공동체의 권력으로부터 또 타인으로부터 자유로울 권리입니다.

정치적 권리란 공동체의 의사결정에 참여할 수 있는 권리입니다. 그러므로 시민·정치적 권리란 공동체의 권력이나 타인으로부터 자유로울 권리이자 공동체 안에서 자신의 의견을 표명하거나 의사결정에 참여할 수 있는 권리입니다.

우리에게는 왜 이러한 권리가 있는 것일까요? 우리는 인형이나 기계가 아니라 인간이기 때문입니다. 그래서 스스로 생각하고 결정할 수 있

여기서 잠깐 **시민·정치적 권리에 해당하는 권리들**

- 생명과 자유, 안전에 대한 권리
- 노예나 노예적 예속 상태로부터의 자유
- 고문, 비인간적인 처우나 처벌로부터의 자유
- 자의적인 체포, 구금, 또는 추방으로부터의 자유
- 법의 동등한 보호를 받고 공정하고 공개적인 재판을 받을 권리
- 사생활에 대한 권리
- 사상, 양심, 종교의 자유
- 표현의 자유
- 평화적 집회 및 결사의 자유
- 자유로운 선거를 통해 정부에 참여할 수 있는 권리

습니다. 개인들이 사회계약을 맺고 개인의 권리를 위탁했다 할지라도 정부가 개인이 가진 권리를 침해해서는 안 되는 이유입니다. 자유권, 혹은 시민·정치적 권리는 이 점을 강조합니다.

이 권리가 있기에 우리는 개인의 자유를 침해하는 권력에 대항할 수 있습니다. 또한 우리가 원하는 국가를 만들어나가기 위해 의사결정에 참여할 수 있습니다. 그런 점에서 시민·정치적 권리는 국가로부터 자유로울 권리이면서 국가에 참여할 수 있는 권리이기도 합니다.

피 흘려 얻어낸 권리를 제대로 누리며 지키고 있나?

인류의 역사에서 매우 중요한 사건이었던 시민혁명과 이후 이어진 다양한 권리 투쟁은 시민·정치적 권리를 얻기 위한 투쟁이었습니다. 신분이 낮아서, 여자라서, 또 흑인이라서 공동체의 의사결정에 참여하지 못했던 사람들이 이제는 모두 정치에 참여할 권리를 갖게 되었습니다. 누구나 투표를 할 수 있게 되었고 선거에 출마할 수 있게 되었습니다.

지금 우리는 너무나 당연하게 여기지만, 결코 거저 얻은 권리가 아닙니다. 많은 사람들이 피 흘리며 싸워서 얻어낸 권리입니다. 이런 소중한 권리를 우리는 어떻게 취급하고 있나요?

최근 우리 사회의 투표율을 한번 생각해 봅시다. 공휴일로 정해진 정기적인 선거에서 투표율이 60퍼센트 이하로 떨어진 지가 꽤 되었습니다. 평일에 치러지는 보궐선거는 30퍼센트에 못 미치는 경우도 많습니다. 물론 선거에 참여할지 말지는 개인의 자유이지만 참정권을 갖기 위해 싸워온 수많은 시민들을 생각한다면 그렇게 쉽게 저버릴 수 있는 권리는 아닙니다.

그래서일까요? 유럽의 몇몇 국가에서는 투표하지 않으면 벌금을 물리거나 투표권을 행사하면 공무원 임용 시 점수를 더 주기도 합니다. 투표할 권리를 행사할 것인지 말 것인지는 개인의 자유인데 벌금을 물리거나 가산점을 주는 것은 옳지 않다는 주장도 있지만, 권리를 제한하는 것이 아니라 권장하기 위한 것이니 바람직하다는 주장도 있습니다.

이렇듯 스스로 권리를 포기하는 경우도 있지만, 국가로부터 권리를 제한당하기도 합니다. 여러분의 나이는 어떻게 되나요? 만 18세 이상이라면 근로할 권리를 누릴 수 있습니다. 만약 만 15세 이상이지만 만 18세가 되지 않았다면 부모님의 허락을 받아서 근로할 수 있습니다. 그런데 그보다 더 어리다면 노동과 관련하여 정부를 대신하는 고용노동부장관의 허락을 얻어야 근로를 할 수 있습니다.

이 경우는 권리 침해라고 하지 않아요. 여러분이 가진 다른 권리, 학습권을 보호하기 위해서 제한하는 것일 뿐이지요.

권리를 제한하는 또다른 이유는, 다른 사람들의 권리나 안보 등을 위해서입니다. 만약 어떤 운전자가 이동의 권리를 주장하면서 반대 차선으로 달리겠다고 한다면 모두의

안전을 위해 그 권리를 제한해야겠지요. 더불어 국가 안보가 위기에 처했을 때도 상당히 많은 권리들이 제한당합니다.

그렇다면 이런 경우는 어떤가요? 속옷 차림으로 학교를 돌아다니는 학생에게 옷차림에 대한 자기결정권을 인정해야 할까요? 아니면 미풍양속을 해친다는 이유로 그 권리를 제한해야 할까요?

개인의 시민·정치적 권리, 어디까지 보장할 수 있을까?

10여 년 전 어느 미술 교사가 만삭의 아내와 함께 찍은 누드 사진을 개인 홈페이지에 올렸습니다. 이 일로 그는 고발당했습니다. 여러분은 어떻게 생각하나요? 미술을 하는 사람으로서 그의 예술적인 표현의 자유를 인정해야 할까요? 아니면 교사로서 학생의 모범이 되지 못하고 공공의 윤리에 어긋나기 때문에 사진을 삭제해야 할까요?

결국 이 사건은 재판까지 갔습니다. 학부모들은 "성기를 직접 드러낸 작품은 제자들에게 부정적인 영향을 주는 것이기에 해당 사진을 삭제해야 한다"고 주장했고 교육청도 삭제하도록 권고했습니다. 미술 교사는 항변했습니다.

"누드 사진을 올린 내 홈페이지는 미술 작가로서 작품 활동을 하는 공간이다. 또한 수많은 예술 작품이 성기를 노출하고 있는데, 그런 작품들도 문제가 되는 것인가."

재판에서는 "누드 사진에 음란성이 있다고 보기 애매하고, 현직 교사인 본인이 '예술'이라고 주장하고 있다"며 기각 결정이 났습니다. 표현의 자유가 인정된 셈이지요. 그런데 표현의 자유가 어떤 경우에 제한되는지는 항상 논란입니다.

우리나라 헌법 제37조는 이렇게 말합니다.

"국민의 모든 자유와 권리는 국가 안전 보장·질서 유지 또는 공공복리를 위하여 필요한 경우에 한하여 법률로써 제한할 수 있으며, 제한하는 경우에도 자유와 권리의 본질적인 내용을 침해할 수 없다."

그러나 여기서도 문제는 있습니다. '국가 안전 보장, 질서 유지, 또는 공공복리를 위하여 필요한 경우'란 어디까지일까요? 이를 결정하는 것이 쉽지 않기에, 국가로부터 권리를 침해당했다는 주장들이 끊이질 않습니다. 그래서 '국가로부터의 자유'를 강조하는 1세대 인권이 어느 부분에서 어떤 경우에 제한되는지는 여전히 중요한 논쟁거리로 남아 있습니다.

스스로 자신의 자유권을 침해할 때

그런데 이런 경우도 인권 침해일까요? 예를 들어 기말고사를 준비하면서 부모님에게 "두 시간이 지나기 전에 제가 방에서 나오려 하면 절대 못나오게 해주세요"라고 부탁하는 경우 말입니다. 대부분의 학자들은 이를 합의에 의한 인권 제한이라고 하여 인권 침해로 보지 않을 것입니다.

그럼 '난쟁이 던지기 대회'는 어떨까요? 1980년대 호주에서 시작된 이 대회는 말 그대로 난쟁이, 즉 왜소증이 있는 사람을 더 멀리 던지는 사람이 이기는 게임입니다. 이들 왜소증이 있는 사람들은 스스로 계약을 맺고 자신의 몸을 날리도록 허락합니다. 이 경우에는 인권 침해일까요,

아닐까요?

『삶의 격』이라는 책에서 페터 비에리(Peter Bieri)는, 돈을 받는 대신 자신의 몸을 제공한 이들은 자신의 인권을 판 것이며, 스스로 인권 침해를 했다고 봅니다. 차별받지 않을 권리 혹은 신체의 자유를 돈과 교환한 것입니다. 우리의 권리는 돈으로 교환할 수 있는 것일까요?

제가 아는 어떤 사람은 절대로 서커스를 보지 않습니다. 아무리 직업이라고 해도 그들이 하는 일은 자신의 신체의 자유를 스스로 침해하는 것이며, 그것을 관람하는 것도 이에 동조하는 일이라고 보기 때문입니다.

최근 집 안에 두는 '독서방'이 나왔다고 합니다. 어떤 제품은 밖에서만 문을 열 수 있다고 합니다. 스스로 원해 그런 공간에 들어가는 것은 스스로 이동의 자유를 포기하는 셈입니다. 공부를 잘하는 것도 중요하지만, 그것을 위해 스스로 자신의 권리까지 포기해야 하는지는 한번 생각해 볼 일입니다.

 시민·정치적 권리를 생각하면서 같이 토론해 봅시다

❶ 투표에 참여하지 않는 사람들에게 벌금을 부과해도 될까요?

❷ 대통령을 희화화한 그림을 전시하는 것은 표현의 자유에 해당할까요?

❸ 훌륭한 목적을 위해서라면 자신의 인권을 스스로 침해해도 될까요?

5

2세대 인권,
경제·사회·문화적 권리

2014년 초, 송파동의 어느 반지하 주택에서 어머니와 두 딸의 주검이 발견되었습니다. 70만 원이 들어 있는 봉투도 함께 발견되었는데, 봉투에는 이렇게 씌어 있었습니다.

"죄송합니다. 마지막 월세와 공과금입니다."

30대인 두 딸만 열심히 일해도 세 식구가 최소한의 생계는 유지할 수 있었을 텐데 왜 스스로 죽음을 택했는지 의아한 생각이 드나요?

그런데 말처럼 쉬운 일이 아니었나 봅니다. 어머니는 10여 년 전 남편을 암으로 잃고 치료비로 재산도 잃었습니다. 그후로 60대가 될 때까지 식당 일을 하며 두 딸과 함께 살았습니다. 그런데 그만 몸을 다쳐 더 이상 일을 할 수 없게 되었습니다. 이 가족의 유일한 수입원이 사라진 것입니다.

국민기초생활보장제도

가족이나 스스로의 힘으로 생계를 유지할 능력이 없는 절대빈곤층에게 국가가 최소한의 생계와 교육·의료·주거 등 기본적인 생활을 할 수 있도록 지원해 주는 제도.

긴급복지지원제도

국민기초생활보장제도의 대상이 아니더라도 갑작스러운 사정으로 지원이 필요한 이들에게 기본적인 생활을 할 수 있도록 지원하여 위기에서 벗어날 수 있도록 돕는 제도.

두 딸은 중병을 앓고 있기도 했지만, 아버지의 암 치료 때문인지 신용불량 상태여서 취업 자체가 어려웠습니다. 결국 세 모녀는 살길이 막막해 죽음을 선택하고 맙니다.

우리나라에는 이처럼 생활이 어려운 사람들을 돕는 국민기초생활보장제도♦가 있습니다. 소득이 최저생계비보다 적은 가정에 매달 지원금을 주어 생계를 유지할 수 있도록 하는 것이지요. 그러나 이 가정은 어머니가 식당 일을 하면서 번 소득이 있어 지원 대상이 아니었다고 합니다. 기초생활 보장을 위한 수급 대상이 되지 못하더라도 긴급복지지원제도♦를 통해 경제적 지원을 받을 수 있었지만, 안타깝게도 세 모녀는 그 제도를 몰라 신청을 못했다고 합니다.

'빵'과 함께 '장미'를!

송파 세 모녀 사건만이 아닙니다. 최근 비슷한 사건들이 뉴스를 통해 계속 들려옵니다. 생활고에 시달리다 견디지 못하고 목숨을 끊는 사람들, 이들에게 필요한 것은 무엇일까요?

사람들은 억압적인 왕의 통치에서 벗어나 시민·정치적 권리를 갖게 되면 인간다운 삶을 살 수 있으리라 생각했습니다. 그런데 여기서 한 가지 짚고 넘어갈 것이 있습니다. 처음 시민·정치적 권리를 주장한 사람들은 부르주아 계급이었다는 점입니다. 이들은 자유민으로 도시에 살면서 경제적인 여유를 누리고 있었습니다. 그들에게 부족한 것은 정치 권력을 가진 자들에게서 자유로울 권리였습니다. 그래서 1세대 인권을 주장하게 된 것입니다.

시민혁명을 통해 비로소 인간의 자유와 평등이 인정되었지만, 그 자유와 평등은 모든 사람의 것이 아니었습니다. 계급에 따라 또 경제적 지위에 따라 차이가 있었습니다. 그러다 참정권이 확대되고 국가로부터 자유로울 권리도 모두에게 보장되었지요. 그러나 평등권의 문제는 자유권과는 조금 다른 양상을 보입니다.

시민혁명 이후 산업혁명으로 인류 모두는 풍성한 성장의 열매를 누릴 수 있을 것 같았습니다. 그러나 실상은 달랐습니다. 수많은 사람들이 공장 노동자가 되었습니다. 임금은 적은데 사야 할 것들은 점점 더 늘어만 갔습니다. 과거의 신분 제도가 사라진 대신 경제적·사회적 지위의 격차가 생겨났습니다. 그로 인한 차별도 새롭게 생겨났습니다. 왕이나 귀족 등 권력자들에게만 있던 자유권이 모두에게 확장되는 사이에, 새로운 경제적 불평등이 생긴 것입니다.

특히 자본주의 사회에서 삶에 필요한 모든 것은 돈을 주고 사야 합니다. 그래서 경제적 어려움은 인간다운 삶을 힘들게 합니다. 일을 못하게 되는 상황이 생기기도 하고, 잘 다니던 회사가 갑자기 망해 실직하는 경우도 생깁니다.

지금도 마찬가지이지만, 산업혁명 초기에는 일하다가 크게 다치는 경우가 많았습니다. 결국 일을 하고 싶어도 할 수 없는 이들도 늘어났습니다. 그래서인지 산업혁명 이후 가난은 끊임없이 사회 문제가 되었고, 최

소한의 생계 유지가 어려운 사람들도 지속적으로 나타났습니다.

가난을 구제하는 가장 좋은 방법은 일자리를 주는 것입니다. 하지만 일할 수 있다고 해서 모든 문제가 해결되는 것은 아닙니다. 그저 일만 하는 것이 아니라 일하는 가운데 인간의 존엄성을 유지할 수 있어야 합니다.

"우리에게 빵과 함께 장미를 달라!"

사람은 '빵'을 얻기 위해 일하지만, '장미'로 상징되는 인간다운 존엄한 삶을 위한 영혼의 양식과 아름다운 것들도 누릴 수 있어야 한다는 말입니다.

켄 로치 감독의 영화 〈빵과 장미〉에는 이 점이 잘 그려져 있습니다.

우리의 노동은 착취당하지 않아야 합니다. 일을 할 때 인간다운 대우를 받아야 하며, 일한 대가로 정당한 임금을 받아서 사회·문화적으로도 복지를 누릴 수 있어야 합니다.

인간다운 삶을 위한 최소한의 조건, 2세대 인권이 중요한 이유

인간에게는 일을 할 수 있는 권리가 있고, 우리에게는 빵뿐만 아니라 장미도 필요합니다. 그런데 일을 하고 싶어도 어쩔 수 없는 상황으로 일을 할 수 없을 때는 어떻게 할까요? 동냥을 하거나 남의 것을 훔치거나 굶어야 합니다. 이 모두는 인간 존엄성에 어긋나지요. 그래서 국가는 최소한 살아갈 수는 있도록 경제적 지원을 해야 합니다. 송파 세 모녀에게 이런 지원이 이루어졌다면 어머니와 두 딸이 함께 스스로 목숨을 버리는 비극은 없었겠지요.

여기서 우리는 '국가로부터 자유롭다고 해서 존엄한 인간다움을 유지할 수 있는가'라는 의문을 갖게 됩니다. 그래서 필요한 것이 바로 경제·사회·문화적 권리입니다. 우리는 국가로부터 자유로울 권리를 보장받아야 할 뿐만 아니라, 국가가 개입해서 경제적인 어려움이나 사회·문화적인 불평등을 해결해 주어야 인간다운 삶을 누릴 수 있습니다.

그래서 1세대 인권인 시민·정치적 권리와 달리 이 권리는 '적극적인 권리'라고 하며, 시민·정치적 권리 다음으로 주장되었다고 해서 '2세대 인권'이라고 하는 것이지요.

경제적 권리뿐 아니라 사회·문화적인 권리도 중요합니다. 최진실이라는 배우를 기억하나요? 어린 시절 그녀는 수제비만 먹고 살았을 만큼 가난했다고 합니다. 그런데도 용돈이 생기면 머리핀을 샀다고 해요. 예뻐 보이고 싶었던 것이지요. 그 마음이 이해가 될 것입니다. 먹고사는 가장 기본적인 문제도 중요하지만, 마음을 풍족하게 하는 문화적인 환경을 누리는 것도 중요하거든요.

2013년 프랑스 니스에서 몇몇 요리사들은 '마음의 식당(Restos du coeur)'에 고급 코스 요리 130인분을 제공했습니다. 가난한 이들을 위한 이 이동 식당에서 노숙인들은 값진 요리를 대접받았습니다. 그날 노숙인들은 자신이 매우 존엄한 대우를 받았다고 느꼈을 것입니다. 그날의 요리를 준비하는 데 든 비용을 돈으로 준다면, 노숙인들의 한 달 식비로도 충분했을 것입니다.

여기서 잠깐 경제·사회·문화적 권리에 해당하는 권리들

- 사회보장을 받을 권리
- 노동할 수 있는 권리, 실업으로부터 보호받을 권리
- 유급휴가 등 휴식과 여가를 누릴 권리
- 의식주와 의료 등 적절한 생활 수준을 누릴 권리
- 교육에 대한 권리
- 문화에 대한 권리

그러나 존엄한 대우에 대한 느낌은 한 달치 식량보다 더 소중하고 값진 기억으로 삶에 오랫동안 남았을 것입니다.

책을 읽고 음악을 듣고 미술을 감상하고, 사람들과 어울리고 대화하는 등의 사회·문화적 활동은 인간다운 삶을 위한 매우 중요한 조건입니다. 그러나 이 또한 현대 사회에서는 경제적 여유가 있어야 누릴 수 있습니다. 그런 측면에서 2세대 인권을 경제·사회·문화적 권리라고 부르는 것입니다.

왜 불평등을 해소하기 위해 정부가 개입해야 하는가?

사실 경제적 어려움에 처한 사람에게는 당장 지원금을 주기보다 장기적으로 돈을 벌 수 있게 하는 것이 중요합니다. 이를 위해서는 교육도 중요합니다. 제가 아는 지인은 네덜란드에서 유학을 하면서 잔디깎기 아르바이트를 했습니다.

그런데 가만 보니 옆집에서 잔디깎기 아르바이트를 하는 유학생이 자신보다 돈을 두 배나 더 받는 게 아닙니까. 그래서 주인에게 항의했더니, 그 사람은 기술이 있지 않느냐고 해서 자신도 기계 사용하는 법을 배웠다고 합니다.

타고난 능력의 차이도 있겠지만, 많은 경우 적절한 교육을 받기만 한다면 더 일을 잘할 수 있고, 더 많이 돈을 벌 수도 있습니다.

나는 가난해서 교육을 많이 받지 못했고, 그래서 교육을 받아야 할 수 있는 일을 할 기회를 갖지 못했다면, 현재 내가 돈을 적게 버는 것은 단순히 내 능력이 부족해서일까요?

장애를 가진 탓에 교육을 받을 수 없다거나 여성이라서 어떤 직업을 가질 수 없다고 하는 경우도 생각해 봅시다. 단순히 어떤 조건을 가졌다는 이유로 혹은 어떤 조건이 안 된다는 이유로 일할 수 없거나 교육받을 수 없다면, 그러한 차별은 인간 존엄성을 훼손하는 것에서 끝나지 않고 교육이나 노동에 대한 권리까지 부당하게 제한하는 조건으로도 작동합니다.

그래서 사람을 뽑을 때 '용모 단정한 165센티미터 이상의 여성' 혹은 '30세 미만의 대졸 군필 남성'과 같은 조건을 내거는 것은 문제가 됩니다. 그리고 정부가 이를 제재하지 않는다면 차별과 불평등은 사라지지 않을 것입니다.

'국가로부터 자유로운 상태'가 인권의 핵심이라고 생각하는 사람들이 있습니다. 이들은 국가로부터 자유로운 상태에서 모든 개인이 최선을 다해 살기만 하면 된다고 주장합니다. 태어나면서부터 신분이 정해지던 과거와 달리, 오늘날의 불평등은 개인의 노력과 능력에 따른 결과로 봅니다. 그래서 이들은 국가가 개입해서 불평등을 바로잡는 것은 지나친 간섭이라고 생각합니다.

그런데 앞에서 보았듯이, 경제적 불평등은 종종 능력의 차이가 아니라 개인이 어찌할 수 없는 기본적인 조건의 차이 때문에 생기기도 합니다. 이런 상태를 그대로 두면 불평등은 점점 더 심해지고, 경제적으로 힘든 사람들은 현실의 무게에 더해 스스로 노력하지 않는다는 비난마저 견뎌야 할지 모릅니다.

게다가 경제적 불평등은 기본적인 자유권마저 누리지 못하게 만듭니다. 먹고 사는 문제가 더 급해서 선거 일에도 일을 해야 하기에 선거를 못하는 사람들, 투표장이 지하에 있어서 투표를 못한 장애인들을 생각해 보세요.

또다른 경우를 생각해 봅시다. 죄를 지은 두 사람이 있습니다. 한 사람은 경제적 여유가 있어서 좋은 변호사를 선임해 무죄 선고를 받았지만, 다른 한 사람은 변호사를 구할 돈이 없어서 제대로 변론하지 못해 감옥에 가게 됩니다. 결국 경제적 차이 때문에 신체의 자유에서 불평등이 생깁니다. 이런 경우 모든 인간이 동등하게 권리를 누린다고 말할 수 있을까요?

가난은 가난한 사람만의 잘못이 아니다

경제·사회·문화적 권리가 충분치 않을 때 시민·정치적 권리도 제약받을 수 있습니다. 여러분은 경제·사회·문화적 권리가 왜 중요한지, 왜 이 권리가 생존에 필요한 기본적인 권리라 해서 '생존권'이라고도 불리는지 이해가 될 것입니다.

〈세계인권선언〉을 선포한 이후 UN은 이를 실현하기 위한 국제협약을 만들었습니다. 가장 대표적인 것이 인권에 관한 A규약과 B규약입니다. A규약은 경제·사회·문화적 권리, B규약은 시민·정치적 권리를 다루고 있습니다. 알파벳 순서상 A규약이 먼저 발표되었겠지요. 경제·사회·문화적 권리가 우선해야 시민·정치적 권리가 이루어진다는 것이 항상 참은 아니지만, 그런 현실이 어느 정도는 반영되었다고 해야겠지요.

사회가 복잡하게 변하면서 경제·사회·문화적 권리도 점점 더 다양해지고 있습니다. 2005년에 일어났던 한 사건을 살펴보지요. 당시 전기 요금을 내지 못해 전기가 끊긴 집에서 촛불로 인한 화재가 일어나 중학생 소녀가 사망한 일이 있었습니다.

이 사건을 계기로 에너지에 대한 권리가 논의되었고, 정부는 에너지권을 인정하여 기초생활 수급자와 차상위 계층*에게 전기와 도시가스 요금을 할인해 주는 정책을 도입했습니다. 또 요금을 내지 못했더라도 아주 추울 때나 더울 때는 공급을 중단하지 못하도록 했습니다.

혹시 주위에 인간의 존엄을 유지하기 힘들 만큼 경제적 곤경을 겪고 있는 사람이 있나요? 그들만의 잘못이 아닙니다. 인간다운 삶의 조건을 갖추어주는 것이 정부가 할 일이라고 말할 용기가 필요합니다. 이는 나와 당신, 우리 모두가 가진 마땅한 권리이기 때문입니다.

경제·사회·문화적 권리를 생각하면서 같이 토론해 봅시다

❶ 경제·사회·문화적 권리가 확대되면 열심히 일하는 사람들만 손해를 보게 될까요?

❷ 현대 사회에서는 경제·사회·문화적 권리가 자유권보다 더 중요한 것일까요?

6

3세대 인권, 인류를
하나로 묶어주는 연대권

길거리에 나가면 참 많은 커피 전문점들이 있습니다.
이런 곳에서 파는 커피 한 잔의 가격은 얼마일까요? 커피 원두와 물만 사용해서 만드는 원두커피는 조금 싼 곳에서도 2천 원이 넘고, 이름난 브랜드의 커피숍에서는 5천 원 내외입니다. 7천 원 이상을 받는 곳도 있지요. 그런데 우리가 지불한 커피 값 가운데 커피 원두를 직접 딴 사람에게 돌아가는 돈은 얼마나 될까요? 몇천 원 가운데 몇십 원도 안 되는 경우가 많습니다.

왜 그들은 노동의 대가를 제대로 받지 못할까요?

남아메리카와 아시아, 아프리카 등지의 커피농장에서 커피나무를 재배하고 커피콩을 따서 씻어 말리면 유럽이나 북아메리카 기업들이 이를 사다가 제품으로 만들어 팝니다. 이들은 원재료를 싸게 사서 비싸게 팔

브라질의 어느 커피농장에 남아 있는 노예 노동자들의 흔적. 그들은 하루 종일 일하고 밤이 되어서야 열악한 숙소에 피곤한 몸을 누일 수 있었다.

아야 이익이 많이 남으니, 최대한 싼 값에 커피 원두를 사오려고 하지요. 그러다 보니 커피 원두를 재배하는 아프리카나 남아메리카 지역의 노동자들은 노동 착취를 당하는 경우가 많습니다. 그래서 그런 기업들을 통하지 않고 직접 커피를 거래하는 '공정무역(fair trade)'이 생긴 것입니다.

공정무역이란 경쟁에 뒤처진 가난한 나라의 생산자들과 노동자들의 권익을 보호하기 위해 공정한 가격에 무역 상품을 구입하는 것을 말합니다. 싼 가격을 주고 사면 그 나라의 생산자들이 적은 임금을 받으며 일하게 되고 결국 가난에서 벗어날 수 없을 테니까요. 공정무역 상품을 사는 일이 초콜릿이나 커피에서 시작되어 요즘엔 여행으로까지 확장되고 있는데요. 즉 이는 내가 사려는 제품이 노동자들이 인권을 존중받고 정당한 임금을 받으며 생산한 물건인지, 그 생산 과정에서 생산지의 문화와 환경을 고려하면서 만든 물건인지를 고려하며 산다는 것을 말합니다.

내 권리보다 다른 사람의 권리를 생각하는 것

월드컵 대회를 비롯해 다양한 축구 경기에 사용되는 축구공은 누가 만드는지 알고 있나요? 파키스탄 등 가난한 아시아 나라의 아이들입니다. 이 아이들은 하루에 고작 몇백 원을 받고 축구공을 만듭니다. 아이들이 임금을 착취당하면서 노동하는 것도 문제지만, 더 나은 미래를 위해 공부할 권리를 누리지 못하는 것은 더 큰 문제입니다.

공정무역은 이렇듯 노동 착취로 만들어지거나 가난한 나라의 아이들이 만들거나 자연을 파괴해 가며 만든 제품을 사지 말고, 좋은 환경에서 정당한 노동의 대가를 지불하고 생산한 물품을 공정한 거래를 통해 사자는 것입니다. 요즘에는 공정무역을 위해 노력하는 NGO*나 협동조합을 어렵지 않게 볼 수 있습니다.

공정무역 제품은 그렇지 않은 제품보다 당연히 가격이 높겠지요. 그럼에도 나의 권리보다는 어려움에 처한 사람들의 권리를 지켜주기 위해 공정무역 제품을 사는 것입니다. 지구촌에 살아가는 모든 사람이 제대로 자신의 권리를 누리며 살 수 있도록 하자는 것이지요.

원래 인권이라는 것은 인간으로서 나의 존엄성을 존중받는 데서 출발했습니다. 이 점을 고려하면, 나

> **NGO**
> 'Non-Governmental Organization'의 약자로 비정부기구 혹은 비정부단체라고도 불린다. 말 그대로 정부기관이나 정부와 관련된 단체가 아니라 민간이 순수하게 조직한 단체로, 시민단체가 대표적이다. 국내의 일을 하는 경우도 있고 국제적인 사안을 다루는 경우도 있다.

의 권리보다는 타인의 권리를 위해 노력하는 것은 인권의 기본 성격과 배치되는 것 같기도 합니다.

그런데 이렇듯 다른 사람의 권리를 위해 애쓰는 것은 나의 권리를 주장하는 것이 아니라 나의 책임을 강조하는 것입니다. 그러니 인권에 어긋나는 것일까요? '그렇지 않다'고 답해야 할 것 같습니다. 이제 그 이유를 살펴봅시다.

공동체에 대한 책임, 우리에게는 갚아야 할 빚이 있다

인권은 누구나 갖는 보편적인 권리이지만, 실제로는 이 권리를 누리지 못하는 사회적 약자들이 존재합니다. 그러나 사회적 약자들은 목소리를 내어 자신의 인권을 주장할 여유가 없거나 자신이 가진 권리 자체를 모르는 경우가 많습니다.

인류의 역사를 돌이켜보면 현재 우리가 누리는 권리는 우리가 노력해서 얻은 것이 아니라 수많은 사람들이 목숨과 맞바꿔가면서 얻은 권리들입니다. 우리는 앞선 사람들에게 빚을 지고 있는 셈이지요. 이 빚을 갚을 길은 없을까요? 사회적 약자들이 그들의 권리를 누릴 수 있도록 돕는 것이 그 빚을 갚는 길이 아닐까요?

또 한 가지 생각해 볼 점이 있습니다. 개인의 인권이 각기 독립적인가 하는 점입니다. 우리의 삶은 타인의 삶과 밀접하게 연결되어 있습니다. 앞에서 '시민'은 공동체 안의 개인을 말한다고 했던 것 기억하나요?

우리는 지구촌, 국가, 지역사회 안에서 함께 살아가고 있습니다. 다른 사람들의 삶은 나의 삶과 무관하지 않습니다. 사람만 이동하는 것이 아니라 쓰레기나 오염 물질, 바이러스마저 국경을 넘나드는 요즘의 우리 삶을 생각해 보면, 결국 지구촌의 모든 이들이 인간다운 삶을 누릴 때 나의 인간다운 삶도 존중받을 수 있습니다.

내가 사는 곳이 인권을 존중하는 사회라면, 나의 인권도 존중될 것입니다. 우리의 지구촌이 평화롭고 안전하고 인권 친화적이라면, 나의 권리는 더 많이 존중받을 수 있습니다.

나와 관계가 없어 보이는 다른 사람, 어려움에 처한 집단을 위해서, 또 내가 살아가는 환경이나 공동체의 발전을 위해서 의견을 내거나 지지하는 것은 연대권과 관련이 있습니다. 연대권은 내가 속한 공동체의 모든 구성원들, 가장 크게는 인류 공동체의 지속가능한 발전이나 행복, 평화 등을 추구할 권리입니다.

연대권은 국가 권력으로부터 자유로운 상태(1세대 인권) 그리고 국가의

여기서 잠깐 **연대권에 해당하는 권리들**

- 자결권 : 정치적 지위를 자유롭게 결정하고 경제·사회·문화적 발전을 자유롭게 추구할 수 있는 권리
- 평화에 대한 권리
- 발전권
- 인도주의적 재난 구제를 받을 권리
- 다를 수 있는 권리
- 지속가능한 환경에 대한 권리

적극적인 개입으로 인간다운 삶의 조건을 누리는 상태(2세대 인권)를 뛰어넘어, 공동체에 대한 연대 책임을 강조하는 것입니다. 그래서 3세대 인권이라고 합니다.

양쪽의 권리가 충돌할 때, 어느 쪽을 선택해야 할까?

연대권을 발휘해서 이제 우리는 파키스탄 어린이들이 만든 축구공을 사지 않기로 합니다. 그럼 어떤 일이 벌어질까요? 축구공 회사는 파키스탄 성인을 고용하여 축구공을 만들기보다는, 다른 나라로 공장을 옮겨서 또다시 그 나라 어린이들을 고용해 축구공을 생산하려 할 것입니다. 여전히 축구공 생산에는 어린아이의 손동작이 더 적합하고, 어른보다 적은 돈을 주어도 되니까요. 결국 파키스탄 아이들은 그나마 있던 일자리마저 잃고 더 가난해지는 것은 아닌지 걱정이 됩니다.

또다른 경우를 살펴볼까요? 아마존 강 유역의 열대밀림 지역은 지구의 허파라고 불립니다. 지구의 산소 중 20퍼센트가 이곳에서 나오기 때문이지요. 그런데 브라질이 아마존 강 유역을 개발하겠다고 합니다. 이 문제로 지구 전체가 들썩였습니다. 많은 나라들이 개발에 의해 아마존 밀림이 사라지는 것에 반대하고 있습니다.

개발로 인해 밀림이 사라지면, 아마존 지역에 사는 원주민들은 삶의 터전을 잃는 심각한 권리 침해를 당하게 됩니다. 하지만 브라질은 국가의 경제 발전을 위해 꼭 필요한 일이라고 이야기합니다. 아마존 원주민의 생존권과 브라질의 발전권이 대립합니다.

아마존 개발 문제를 우리는 남의 나라 이야기로만 치부해야 할까요? 그렇다면 중국의 황사 문제나 세계 여러 곳에서 내뿜는 이산화탄소로 인한 오존층 파괴 문제는 어떻게 생각해야 할까요? 남극과 북극의 얼음이 줄어드는 것과 그곳에 사는 동물들의 삶에 대해서는 어떻게 해야 할까요? 환경권을 강조해야 할까요, 아니면 발전권을 강조해야 할까요?

환경권이냐 발전권이냐, 둘 다 공동체와 관련된 문제입니다. 그런데 '지속가능한 발전'이라는 말이 있습니다. 지금 우리가 누리는 것들은 미래를 살아갈 사람들에게도 필요한 것이기에 필요한 만큼만 적정하게 자연을 이용하자는 것입니다.

양쪽의 권리가 충돌할 때, 우리는 어떻게 해야 할까요? 이럴 때는 제일 먼저 생각해야 할 것이 있습니다. 바로 사회적 약자의 권리입니다. 연대권이 대립할 때도 이는 마찬가지입니다.

허들링하는 펭귄처럼 행동으로 참여하기

MBC 다큐멘터리 〈남극의 눈물〉을 보면 허들링(huddling)하는 펭귄들이 나옵니다. 허들링은 부화를 앞둔 알을 보호하려는 아빠 펭귄들의 연대적인 행동입니다. 먹이를 구하러 간 엄마 펭귄들 대신 아빠 펭귄들이 추위로부터 알을 지키는데요. 발아래에 알을 놓고 털로 감싸지만 남극의 추위는 너무 혹독합니다.

그래서 아빠 펭귄들은 회오리 모양을 이루면서 서로를 둘러싼 형태의 군집을 이룹니다. 바깥쪽에 있는 펭귄이 가장 춥겠지요. 그래서 어느 정

도 시간이 지나면 안쪽에서 몸이 좀 따뜻해진 펭귄이 밖으로 나오고, 추운 곳에 있던 펭귄은 안으로 들어가서 몸을 데우도록 서로의 위치를 조금씩 바꿉니다.

펭귄들의 허들링에서 우리는 연대권이 어떻게 작동해야 하는지를 배울 수 있습니다. 인권을 어느 정도 누리고 있는 사람들이 그렇지 못한 사람들과 자리 바꿈을 해서 그들을 보호하는 것입니다. 즉 타인을 위해 목소리를 내고 행동하는 것이지요.

많은 종교인들이나 유명 인사들이 자신과는 상관 없어 보이는 아프리카의 가난한 지역에 가서 봉사하거나 그들의 권리를 보장해 달라고 주장하는 이유는 바로 연대권이 있기 때문입니다. 그린피스 활동가들은 지구촌의 환경을 위해 온갖 어려움을 무릅쓰고 자신의 삶을 바칩니다. 국경없는 의사회에 소속된 의사들은 편한 삶을 포기하고 전쟁터나 난민촌으로 달려가 어려움에 처한 사람들을 돕습니다. 이들은 또 하나의 허들링입니다.

가장 숭고하고 가장 아름다운 권리

추운 곳에 있는 펭귄을 안쪽으로 들여보내고 그 자리를 대신해 주는 것, 권리를 직접 쟁취하지 못하는 사람들 대신 목소리를 내는 것, 나보다 어려운 사람들을 돕는 것, 나 혼자만을 위한 일이 아니라 공동체 전체를 위한 일을 하는 것, 이 모두 연대권이 있기에 가능합니다.

파리에서는 대중교통 노동자들이 파업을 할 때 아무도 투덜대지 않는다고 합니다. 그들은 정당한 권리를 주장하고 있고, 그러한 주장에 대해 투덜대면 나의 권리를 주장하는 것도 불가능해진다고 생각하기 때문입니다.

이처럼 연대권을 위해 가장 쉽게 할 수 있는 일은, 다른 사람이 자신의 권리를 주장할 때 그로 인해 내 생활이 조금 고달파지더라도 감내하는 것입니다. 조금 더 나아가면, 길을 가다 잠시 멈추고 그들을 위해 서명을 할 수도 있습니다. 공정무역 커피나 초콜릿을 사면서, 보다 싼 물건을 살 수 있는 나의 권리를 조금 포기해도 좋습니다. 나중에 어른이 되면 편안한 삶을 뿌리치고 고통받는 사람들의 권리를 위해 일할 수도 있습니다.

내가 가진 권리를 조금 포기하더라도 같이 나아가려는 것, 즉 연대권은 지구촌에서 함께 살아가는 모든 사람이 존엄한 인간이라는 인식에서 나옵니다. 어쩌면 인권 중에서도 가장 숭고하고 아름다운 권리가 연대권일 것입니다.

 연대권을 생각하면서 같이 토론해 봅시다

❶ 국경없는의사회 회원들처럼 나의 권리를 포기하고 타인의 권리를 위해 노력하는 것은 인간의 본성일까요, 아니면 특별한 사람에게만 있는 품성일까요?

❷ 연대권은 경제적·사회적 위치가 어느 정도 있는 사람들이 이끌어 나가는 것이 더 효과적일까요?

7

인권 가치는
보편적일까?

"인류 가족 모두의 존엄성과 평등하고 양도할 수 없는 권
리를 인정하는 것이 세계의 자유, 정의, 평화의 기초다"로 시작되는 〈세
계인권선언〉은 국제 법률인 조약이나 협약과 달리 선언 형태로 선포되
었습니다. 그러나 UN 회원국 전체의 동의를 얻어야 했는데요. 1948년
당시 UN 회원국은 56개국이었습니다. 이 가운데 소련·벨라루스·체코
슬로바키아·우크라이나·폴란드·유고슬라비아·사우디아라비아·남아
프리카공화국이 기권하고, 나머지 48개국이 모두 찬성해 선언이 채택
되었습니다.

이들 8개 국가는 반대가 아니라 기권함으로써 〈세계인권선언〉이 만장
일치로 채택될 수 있게 해주었습니다. 투표권을 포기했다는 점에서 이들
은 자신의 권리를 포기한 것인데, 이유가 무엇이었을까요?

공식적인 기록은 남아 있지 않지만, 〈세계인권선언〉 조항을 만드는 논의 과정에서 각 나라들이 어떤 주장을 했는지 살펴보면 이유를 짐작할 수 있습니다.

대표적으로 사우디아라비아는 이슬람 국가로서 종교의 자유나 남녀평등에 관한 조항이 자국의 가치와 배치되어 기권한 것으로 보입니다. 그리고 소련·벨라루스·체코슬로바키아·우크라이나·폴란드·유고슬라비아는 당시 공산주의 국가였습니다. 아마도 시민·정치적 권리 부분이 문제가 되어 기권을 선택했을 것입니다. 백인 우월주의 제도가 남아 있던 남아프리카공화국은 인종 차별을 금하는 조항에 찬성하기 어려웠을 테고요.

그럼에도 불구하고 반대 표를 던지지 않았던 것은, 세부 조항에서는 자신의 국가가 지향하는 가치와 배치되더라도 인권이 보편적인 가치라는 점에는 동의하기 때문이었을 것입니다.

하지만 여전히 인권이 보편적인 가치인가에 대한 논쟁은 존재합니다.

인권은 유럽의 발명품?

서구중심주의라고도 불리는 유럽중심주의(eurocentrism)에 대해 들어본 적 있나요? 어떤 판단이나 선택, 행동을 할 때 유럽의 가치관을 중심에 놓는 것을 말하는데요. 재미있게도 '서구중심주의'라는 단어 자체에도 유럽중심주의 관점이 들어 있습니다.

유럽의 관점에서 보면 아시아는 동쪽에 있고, 그래서 동양입니다. 그에 대응하는 것이 서쪽이니 유럽은 서양(서구)이지요. 그러니 서구라는 표현도 유럽중심주의의 결과입니다.

유럽중심주의는 자유주의와 관련이 있습니다. 자유주의는 헤겔의 역사주의 철학에 기초하여 발전한 사상으로, 이성을 가진 인간의 자유를 강조합니다. 그래서 개인에 대한 국가의 구속을 부정적으로 봅니다.

이러한 사상은 민주주의나 시장 경제의 발달에 기여하기도 했습니다. 이런 점에서 인권을 유럽의 자유주의에서 나온 하나의 사상으로 볼 수 있지 않느냐고 주장하는 이들이 있습니다.

중세를 지나 근대 사회로 넘어가면서, 유럽은 변화하는 사회에 맞춰 사상과 제도를 완성해 갔습니다. 우리가 앞에서 인권 확장의 역사에서 보았듯이 과정에서 내세운 것이 인권인데, 이것을 마치 인류 보편적인 가치인 양하는 것이 옳은가 하는 비판이 있습니다.

사상이든 제도이든 유럽의 것은 보편적이므로 다른 나라도 당연히 따라야 한다는 느낌이 유럽중심주의에 담겨 있는데, 인권을 보편적인 가치

여기서 잠깐 유럽중심주의와 오리엔탈리즘

유럽중심주의는 유럽의 가치관으로 세계를 바라보는 시각을 말합니다. 이 관점에서 보면 인류는 유럽의 발전 경로를 따라 발전해 가는 것이고, 따라서 유럽의 가치관이나 과학기술은 우월한 것입니다. 이러한 유럽중심주의는 유럽이 다른 지역을 지배했던 역사를 정당화하는 논리로 사용됩니다. 이러한 유럽중심주의의 한 단면이 오리엔탈리즘(orientalism)입니다. 오리엔탈리즘은 아시아와 같은 비유럽 지역을 유럽인들의 관점에서 비하하거나 왜곡해서 이해하는 것을 말합니다.

라고 하는 것도 그런 맥락일 수 있다고 보는 것입니다. 인권을 중요하게 여기는 것은 유럽중심주의 때문이지 인권 자체가 보편적인 가치이기 때문은 아니라는 의혹을 받을 수 있는 것이지요.

더구나 시민적 권리는 처음 고대 그리스의 시민권과 연관지어 논의가 시작되었고, 영국과 프랑스 등에서 일어난 시민혁명을 통해 확립되었습니다. 즉 인권은 유럽의 역사적 발전 과정에서 나타난, 특수한 가치가 아닌가 하는 의문이 남아 있는 것입니다.

그럼에도 불구하고 인권을 보편적 가치로 강조하는 사람들은, 누구라도 인간이 존엄성을 가진 존재라는 점에는 반대하지 않을 것이라고 봅니다. 인간 존엄성은 유럽 사람들에게만 적용되는 것이 아니라 인류 전체에 적용되어야 한다는 것을 인정하지 않을 사람이 있는지 반문합니다. 유럽에서 시작되었다는 이유로, 또 유럽이나 미국이 강조한다는 이유로 인권을 보편적인 가치가 아니라고 할 이유가 없다는 것이지요.

아시아는 인권을 중시하지 않는다고?

1994년 미국인 마이클 페이는 싱가포르에 여행을 왔다가 길가에 주차되어 있던 여러 대의 차에 페인트를 뿌리고 도로 표지판까지 훔쳐 달아났습니다. 10대 소년이었지만 그는 싱가포르의 법에 따라 태형 여섯 대와 벌금 그리고 징역 4개월을 선고받았습니다.

여기서 태형이 문제였습니다. 태형은 예전에 우리나라에 있었던 곤장처럼 매를 때리는 형벌이지요. 유럽이나 미국에서는 이러한 신체형이 인

간 존엄성을 침해한다는 이유로 금지되어 있습니다.

당연히 미국 언론은 전근대적인 처벌이며 비인권적인 행위라고 반격했습니다. 국제사면위원회(Amnesty International)까지 나서서 소년을 용서하라고 요청했지만, 엄격한 법 집행으로 이름난 싱가포르는 여섯 대에서 네 대로 줄여 태형을 집행했습니다.

바로 이 나라, 싱가포르의 수상이었던 리콴유가 강조한 것이 '아시아적 가치'입니다. 미국인 범법 소년에게 내린 태형과 그에 대한 미국 언론의 인권 논의는, 어쩌면 아시아적 가치와 인권은 다른 것이 아닌지 고민하게 합니다.

'아시아적 가치'는 1970년대에 한국·홍콩·대만·싱가포르·일본 등

아시아 국가의 경제 발전을 설명하기 위한 표현이었습니다. 사실 이들 나라는 아시아 전체라기보다는 유교주의적인 동아시아 국가들이기에 '동아시아적 가치'가 더 적절한 표현일 것입니다.

여하튼 아시아적 가치는 기본적으로 유교 이념과 관련이 있습니다. 특히 가부장제와 관련이 깊지요. 예를 들어 아버지와 딸은 동등한 인간으로서 똑같은 인권을 가진다고 생각하기보다 '부-녀', '남-녀'라는 위계에 따른 상대적인 의무나 예의를 강조합니다. 또 개인보다는 국가를 강조하기에 국가 전체의 발전을 위해 개인이 희생하고, 국가의 지시에 따라 이루어지는 경제 개발이 가능했습니다.

그러다 보니 아시아적 가치는 공동체보다는 개인의 권리, 가부장적 권위나 예의보다는 동등한 개인 간의 자유와 평등을 강조하는 인권과는 대립되는 것이 아닌가 하는 논의가 생겨났습니다. 즉 인권은 유럽에서 발전한 개념이기에 아시아의 역사와 전통을 반영한 아시아적 가치에 어긋난다는 것입니다.

아시아적 가치를 주장하는 사람들은 유럽중심주의에 기반한 인권은 무질서와 방종을 조장하며, 이기적 개인주의와 물질주의를 강조하며 윤리의식의 쇠퇴를 가져온다고 비판합니다. 결국 국가의 유지와 발전을 위해서는 인권보다는 공공질서와 권위의 존중이 더 중요하며, 국가가 책임지고 국민의 번영과 안녕을 지켜주는 것이 더 바람직하다고 주장합니다.

그렇지만 유교 사상에도 저항권과 유사한 맹자의 역성혁명론*이 있습니다. 민본(民本) 정치* 개념도 있습니

맹자의 역성혁명론

역성혁명이란 혁명을 통해 왕조를 바꾸는 것을 말한다. 맹자는 중국 역사에 민심에 따른 두 번의 역성혁명이 있었다고 보았다. 탕왕이 폭군 걸왕을 몰아낸 사건과 무왕이 주왕을 몰아낸 사건이다.

민본 정치

맹자는 왕이 하늘과 백성이 내린 것이라 했다. 즉 백성을 근본으로 하는 정치 사상을 말한다.

다. 여기에서도 알 수 있듯이 유교 사상이 인간 존엄성이나 인권의 가치 자
체를 반대했다고 보기는 어렵습니다. 게다가 오늘날은 국가로부터의 자유
만을 주장하는 것이 아니라 경제적·사회적·문화적 권리와 연대권을 주장
합니다. 이 두 가지는 아시아적 가치와 완전히 배치되지 않는 것이지요.

아시아적 가치를 강조한다고 해서 인권의 가치를 반대하는 것은 아닐 것
입니다. 문제는 아시아를 비롯한 비유럽 국가들이 인권을 중시하지 않는다
고 보고 이를 전근대적이라고 생각하는 유럽중심주의 시각일 것입니다.

인권을 빌미로 한 내정 간섭

한편 인권이 유럽을 비롯한 서구 중심의 특수한 가치라고 주장하는
이유는 다른 데 있는지도 모르겠습니다. 유럽중심주의가 이제는 미국
중심으로 나아가는 양상인데요. 냉전 체제가 무너진 후 자유민주주의
국가의 선봉장으로 떠오른 미국이 너무 무리하게 '세계 경찰' 역할을 하
고 있다는 비판의 소리가 있습니다.

서남아시아의 이란·이라크·아프가니스탄 등과 벌인 전쟁을 대표적
인 예로 들 수 있습니다. 2001년 9월 11일 미국 뉴욕에서 벌어진 9.11 테
러 이후 미국은 북한·이란·이라크를 '악의 축'으로 규정하고 세계 평화
를 위해 이들 테러 집단을 처단하려 했습니다. 그래서 이라크와 전쟁을
벌입니다.

사실 미국은 9.11 테러가 있기 전에도 이라크와 전쟁을 벌였습니다. 쿠
웨이트가 원유를 대량생산하여 이라크를 경제 위기에 빠뜨렸다고 생각한

이라크 정부는 1990년 쿠웨이트를 침공합니다. 쿠웨이트는 친미 국가이고, 그러자 미국을 포함한 34개국의 다국적군이 쿠웨이트 편에 서서 싸움을 벌였지요. 바로 걸프전입니다. 걸프전은 100일 만에 다국적군의 승리로 끝나고, 이 지역에서 미국은 보이지 않는 강력한 힘을 행사하게 됩니다.

미국은 이 모든 일이 세계의 평화를 위해서라고 주장합니다. 서남아시아 여러 나라에서 전쟁과 테러가 일어나고 있고, 전쟁이나 테러는 인권을 위협하는 일이므로 이를 종식하기 위해 미국이 전쟁을 할 수밖에 없다고 합니다.

그러나 서남아시아의 석유 자원이 미국과 유럽의 경제 성장에 중요한 역할을 하기에 인권을 빌미로 이들 국가의 내정에 지나치게 간섭하고 있다는 비판을 받기도 합니다. 비판자들은 인권과 세계 평화를 강조하는 미국이 정작 자국 내에서 일어나는 인종 차별이나 난민 문제는 해결하지 못한다는 점을 지적하기도 합니다.

인권이 보편적인 가치가 아니라는 주장이 여전히 나오지만, 인간은 존엄하고 모든 인간의 존엄성은 인정받아야 한다는 점은 누구도 부인하지 않을 것입니다. 결국 인권 자체가 문제가 아니라, 각자 자신의 이익에 유리하게 '인권'을 해석하고 이용하는 것이 문제입니다. 그래서 인권이 상대적인 가치로 해석되는 것은 아닌지 생각해 보아야 할 것입니다.

 인권의 보편성과 특수성을 생각하면서 같이 토론해 봅시다

❶ 미국 등의 나라가 다른 나라에서 인권이 보장되지 않는다고 문제를 제기하는 것은 옳은 일일까요, 아니면 다른 나라에 대한 내정 간섭일까요?

인권운동사랑방에서 쉽게 풀어 쓴
〈세계인권선언〉

♆ 제1조: 우리는 모두 형제자매다

우리 모두는 태어날 때부터 자유롭고, 존엄성과 권리에 있어서 평등하다. 우리 모두는 이성과 양심을 가졌으므로 서로에게 형제자매의 정신으로 행해야 한다.

♆ 제2조: 차별은 안 돼!

피부색, 성별, 종교, 언어, 국적, 갖고 있는 의견이나 신념 등이 다를지라도 우리는 모두 평등하다.

♆ 제3조: 안심하고 살아간다

우리는 누구나 생명을 존중받으며, 자유롭고 안전하게 살아갈 권리가 있다.

♆ 제4조: 노예는 없다!

어느 누구도 사람을 노예처럼 다루거나 물건처럼 사고팔 수 없다.

♆ 제5조: 고문이나 모욕은 싫다!

사람은 누구나 고문이나 가혹하거나 비인도적이거나 모욕적인 처우 또는 형벌을 받지 않는다.

ψ 제6조: 법의 보호를 받는다
우리는 모두 어디서나 똑같이 법의 보호를 받으며 인간답게 살아간다.

ψ 제7조: 법은 누구에게나 똑같다
법은 누구에게나 평등해야 하며 차별적이어서는 안 된다.

ψ 제8조: 억울할 때는 법의 도움을 청하라
우리는 누구나 기본적인 권리를 침해당했을 때 법의 도움을 구할 수 있다. 그리고 재판을 해서 그 권리를 되찾을 수 있다.

ψ 제9조: 제멋대로 잡아 가둘 수 없다
사람은 정당한 법률에 의하지 않고는 제멋대로 잡히거나 갇히거나 그 나라에서 쫓겨나지 않는다.

ψ 제10조: 재판은 공정하게
우리는 어느 누구를 편들지 않는 독립되고 편견 없는 법원에서 공정한 재판을 받을 권리를 갖는다.

ψ 제11조: 잡혀도 반드시 유죄라고 볼 수 없다
공정한 재판으로 유죄가 결정될 때까지는 어느 누구도 죄인이 아니다. 또한 자신을 변호할 수 있는 모든 방법을 보장받아야 한다. 그리고 사람은 죄를 범했을 때에 존재하는 법률에 따라서만 벌을 받는다. 나중에 만들어진 법률로는 처벌받지 않는다.

ψ 제12조: 나만의 세상을 가질 수 있다
나의 사생활, 가족, 집, 편지나 전화 등 통신에 대하여 아무도 함부로 간섭할 수 없다. 나의 명예와 신용에 상처 입지 않는다. 만약 그런 일이 있을 때는 법의 보호를 받을 수 있다.

🎵 제13조: 떠나고 돌아올 수 있다

우리는 모두 지금 살고 있는 나라 안에서 어디든 오고 갈 수 있으며, 살고 싶은 곳에서 살 수 있다. 어떤 나라에서도 떠날 수 있고 또 자기 나라로 돌아올 수 있는 권리가 있다.

🎵 제14조: 도망치는 것도 권리다

누구나 괴롭힘을 당하면 다른 나라로 도망쳐 피난처를 찾아 살 권리가 있다. 그러나 그 사람이 누가 보아도 나쁜 짓을 저지른 경우는 제외된다.

🎵 제15조: 어느 나라 사람이든 될 수 있다

우리는 누구나 한 나라의 국민이 될 권리를 가지며, 국적을 바꿀 권리도 가진다. 누구도 함부로 나의 국적을 빼앗거나 국적을 바꿀 권리를 방해할 수 없다.

🎵 제16조: 사랑하는 사람끼리

어른이 되면 누구나 결혼하여 가정을 가질 수 있다. 인종, 국적, 종교를 이유로 제한을 받아서는 안 되며 결혼할 두 사람 사이의 자유로운 동의에 의해서만 결혼할 수 있다. 결혼을 할 때나 가정생활을 할 때나 이혼할 때에도 남녀는 동등한 권리를 갖는다. 가정은 나라의 보호를 받는다.

🎵 제17조: 재산을 갖는다

사람은 누구나 혼자 또는 다른 사람과 함께 재산을 가질 수 있다. 재산은 함부로 빼앗기지 않는다.

🎵 제18조: 생각하는 것은 자유다

우리는 누구나 사상, 양심, 종교의 자유를 누릴 권리를 갖는다. 스스로 자유롭게 생각할 수 있으며, 생각을 바꾸는 것도 자유이고, 혼자서 또는 여럿이 함께 자기의 생각을 표현할 자유도 있다.

Ψ 제19조: 표현하는 것도 자유다

우리는 누구나 의견을 가질 수 있고 또 표현할 수 있다. 누구도 그것을 방해해서는 안된다. 사람은 누구나 모든 매체를 통해 국경과 상관 없이 다른 나라 사람들과 정보와 의견을 교환할 수 있다.

Ψ 제20조: 모일 수 있다

우리는 누구나 평화롭게 집회를 열고 단체를 만들 자유가 있다. 그러나 싫어하는 사람에게 소속을 강요할 수는 없다.

Ψ 제21조: 선거할 수 있다

우리는 모두 선거로 자기 나라 정치에 참여할 권리를 가진다. 그리고 누구나 공무원이 될 수 있다. 선거는 올바르고 평등하게 해야 하며, 누구에게 표를 찍는지는 비밀로 할 수 있다.

Ψ 제22조: 사회보장제도를 누릴 수 있다

우리는 모두 사회의 일원으로서 사회보장제도에 대한 권리를 가진다. 각 나라의 구조와 자원에 따라서 또한 국제 협력을 통해서 사람답게 살 수 있는 권리를 실현할 수 있다.

Ψ 제23조: 마음 놓고 일하기 위하여

사람은 직업을 자유롭게 골라서 일할 권리를 갖는다. 노동 조건은 일하는 사람에게 공정하고 유리한 것이어야 하며, 일터를 잃지 않도록 보호받을 권리가 있다.

차별 없이 동일 노동에 대해서는 동일 임금을 받을 권리를 갖는다. 일에 대한 대가는 일한 사람과 그 가족이 인간다운 생활을 누릴 수 있는 수준이어야 한다.

일하는 사람의 이익을 보호하기 위하여 노동조합을 만들고 노동조합에 참여할 권리를 갖는다.

Ψ 제24조: 쉬는 것도 중요하다

사람에게는 쉴 권리가 있다. 무한정 일하는 것이 아니라, 노동 시간은 합리적으로 제한돼야 하며, 정기적인 유급 휴가를 포함한 휴식과 여가를 누릴 권리를 갖는다.

ψ 제25조: 적합한 생활 수준을 누릴 권리

누구에게나 가족과 함께 건강하고 행복하게 살아갈 권리가 있다. 이 권리를 위하여 실업, 질병, 장애, 배우자와의 사별, 노령 또는 자신이 어찌할 수 없는 상황에서는 나라가 제공하는 보장 제도를 누릴 권리를 갖는다. 어머니와 아이는 특별한 보살핌과 도움을 받을 권리를 갖는다.

ψ 제26조: 배울 수 있다

누구나 교육을 받을 수 있다. 초등 기초 단계의 교육은 무료여야 한다. 기술교육과 직업교육은 원하는 누구나 받을 수 있어야 하며, 고등교육은 실력 있는 모든 사람에게 평등하게 개방돼야 한다.

교육을 통해 우리는 자기의 인격을 발전시키고 사람의 권리와 자유가 소중하다는 것을 배워야 한다. 그리고 전 세계 모든 나라와 모든 인종과 모든 종교 간에 서로를 이해하고 우호적으로 지내는 법을 배워야 한다.

ψ 제27조: 즐거운 생활

누구나 자유롭게 문화생활에 참여하고 예술을 감상할 권리를 갖는다. 과학의 진보와 그 혜택을 나눠 가질 권리를 갖는다. 그리고 사람은 자기가 만들어낸 과학·문학·예술의 산물에서 나오는 이익을 보호받을 권리를 갖는다.

ψ 제28조: 이 선언이 바라는 세상

우리 모두는 이 선언에 선포된 권리와 자유를 충분히 실현할 수 있는 사회적·국제적 질서를 누릴 권리를 갖는다.

ψ 제29조: 우리의 의무

우리에게는 모든 사람의 자유와 권리를 지키고 살기 좋은 세상을 만들기 위한 의무가 있다. 다른 사람의 권리와 자유를 존중하기 위하여 필요한 경우에만 우리의 자유와 권리는 법률에 따라 제한된다.

🎵 제30조: 권리를 짓밟는 권리는 없다

이 선언에서 말한 어떤 권리와 자유도 다른 사람의 권리와 자유를 짓밟기 위해 사용될 수 없다. 누구에게도 어떤 나라에도 남의 권리를 파괴할 목적으로 자기 권리를 사용할 권리는 없다.

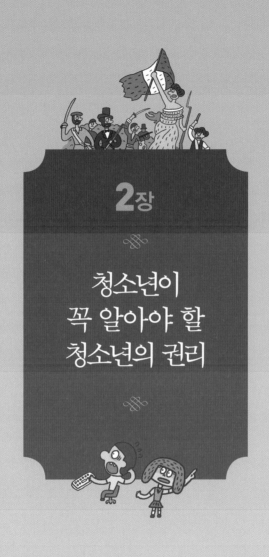

2장

청소년이
꼭 알아야 할
청소년의 권리

1

청소년은 스스로
권리를 행사할 수 있는가?

 1945년부터 1982년까지 우리나라에는 '야간 통행 금지'라는 제도가 있었습니다. 말 그대로 밤에 나다니는 것을 금지하는 것입니다. 단지 늦은 시간이라는 이유로 국가가 내 이동의 자유를 제한한다니, 야간자율학습이나 야근으로 늦은 귀가가 흔한 지금의 현실에 비춰보면 상상도 못할 일이지요.

 사실 통행 금지는 당시의 예외적인 일은 아니었습니다. 『조선왕조실록』과 『경국대전』을 보면 조선 시대에도 이런 제도가 있었고, 전근대 사회 대부분의 나라에도 있었던 제도입니다. 그런데 국민의 기본권을 보장하는 근대 헌법을 가진 대한민국에서 어떻게 이런 제도가 있을 수 있었을까요? 바로 분단이라는 현실에서 국가 안보 유지에 도움이 된다고 보았기 때문입니다.

사실 오늘날에도 야간 통행 금지를 실시하는 나라가 있습니다. 몇몇 유럽 나라들과 미국의 일부 주 정부나 시 정부는 어린이와 청소년(14~16세 이하)의 야간 통행을 금지하고 있습니다. 청소년들이 밤늦게 거리를 배회하다 범죄의 피해자가 되지 않도록 보호하기 위해서인데요.

실제로 청소년 대상 범죄가 급격하게 줄어들자, 다른 지역이나 국가들도 이 제도를 도입하려는 움직임이 있습니다. 한편에서는 아동과 청소년의 이동권을 침해하는 제도라는 비판도 나오고 있습니다.

청소년 인권 문제에서는 청소년의 권리를 제한하는 것을 두고, 흔히 '청소년의 권리를 보호하기 위해서'라는 표현이 자주 나옵니다. 권리를 제한하는 것이 권리를 보호하는 것이라니, 도대체 청소년은 어떤 존재이기에 그런 단서가 붙을까요?

청소년은 몇 살부터 몇 살까지일까?

먼저 청소년은 누구인지 알아봅시다. 영어권에서는 10대를 '틴에이저(teenager)'라고 부르고 이들을 청소년으로 여기는데, 보통 13세부터 19세까지를 뜻합니다. 영어로 13부터 19까지는 어미에 '-teen'이 붙기 때문입니다. 한국에서는 대체로 중고등학교에 다니는 나이의 사람을 청소년으로 봅니다.

법적으로는 조금 다릅니다. 한국의 청소년기본법에 따르면 9세부터 24세까지가 청소년입니다. UN아동권리협약(Convention on the Rights of the Child, CRC)*에서는 18세 미만을 통틀어 아동(child)이라고 합니다. 또 한국의 민법에서는 청소년이라고 이름 붙이지 않고 성인과 구분해 '미성년'이라는 표현을 씁니다. 형법에서는 '소년'이라는 표현을 사용하고요.

UN아동권리협약

1989년 UN 총회에서 만장일치로 채택된 국제 협약으로, 18세 미만 아동들의 인권을 확인하고 이들이 인권의 주체임을 밝히고 있다. 한국은 1991년 이 협약에 가입해 국내법과 같은 효력을 갖는다.

일단 민법부터 살펴봅시다. 민법에서는 만 19세 이상은 성인, 만 18세까지는 미성년입니다. 민법에 따르면 만 18세까지는 개인 간의 거래나 계약을 할 때 보호자의 도움을 받아야 합니다. 결혼을 할 때도 보호자의 동의가 필요하지요.

만 19세 미만까지를 청소년으로 보는 청소년보호법에서도 민법을 따라 18세까지의 청소년을 유해 환경이나 물품으로부터 보호해야 할 대상으로 삼습니다. 만 나이를 적용하는 민법과 달리 이 법에서는 연 나이를 적용하는 점이 다릅니다. 만 나이는 태어난 생년월일을 기준으로 하지요. 그래서 민법상 성인은 태어난 날부터 정확히 19년이 지난 날부터입니다. 만약 내가 2000년 7월 26일에 태어났다면 2019년 7월 26일 이후에 성인이 되는 것입니다.

이와 달리 연 나이로 따지면 태어난 해에 19년을 더한 해부터 성인이 되었다고 봅니다. 즉 2019년 7월 26일이 아니라 2019년 1월 1일부터 성인이 되는 것이지요. 청소년보호법에서 술과 담배를 구할 수 있는 나이는 19세부터인데, 연 나이입니다.

그렇다면 형법에서는 어떨까요? 형법에서는 만 13세를 중요한 연령 기준으로 삼습니다. 예를 들면, 어떤 학생이 폭력을 썼는데 만 13세가 넘었다면 형법에 따라 처벌받게 됩니다. 하지만 만 10세~만 13세라면 형사 처벌을 받는 것이 아니라 소년법을 적용받습니다. 감호 위탁, 수강 명령, 사회

봉사 명령, 보호관찰 등 보호 처분을 받는 것이지요.

만약 만 10세가 안 되었다면 보호 처분도 받지 않습니다. 그렇다고 마음대로 폭력을 휘두를 수 있다는 뜻은 아니겠지요. 이때는 손해 배상 등 보호자가 민사적으로 책임을 져야 합니다.

이런 점들을 보면 청소년은 대체로 10대이고, 일정한 책임이 면제되며 그들을 보호하기 위해 다양한 법적 노력이 이루어지고 있다는 사실을 알 수 있습니다.

그런데 '보호'에는 권리의 제한이 뒤따른다는 점에서, 청소년 인권 문제는 때로 매우 복잡한 사회적 논쟁거리가 됩니다.

권리 보호인가, 권리 침해인가

몇 살까지가 청소년인가를 법으로 정하고 성인과 다르게 대우하는 이유는 크게 두 가지입니다.

첫째, 청소년의 성장과 발달을 위해 유해 요소로부터 보호하겠다는 것입니다. 음란하거나 폭력적인 영상물을 보지 못하게 하고 술·담배를 사지 못하게 합니다. 술집이나 유해 숙박업소 출입도 금지합니다.

여기까지는 큰 논란이 없습니다. 사회적으로 논란이 되는 것은 외국의 청소년 야간통행금지제도, 우리나라의 셧다운제(심야 시간대에 청소년의 인터넷 게임을 제한하는 제도)나 10시 이후의 학원교습금지제도 등입니다. 청소년을 보호한다는 관점과, 청소년의 이동·문화·학습의 자유 등을 침해한다는 관점이 충돌하기 때문입니다.

둘째, 청소년은 미성숙하기 때문에 법적 책임을 어느 정도 면제해 주겠다는 것입니다. 민법에서 청소년 단독 거래나 계약 시 법적 책임을 지지 않아도 되도록 한 것이나, 청소년이 범죄 가해자일지라도 법적 처벌을 면하게 해주는 것 등이 이에 해당합니다. 특히 형법상 범죄 가해자일지라도 책임을 면제해 주는 제도는 대부분의 국가가 가지고 있습니다.

어떤 나라에서는 범죄 집단이 이를 악용해 아이들을 거리의 범죄에 이용하기도 합니다. 예를 들어 마약 판매에 아이들을 동원합니다. 이런 문제 때문에 형법상 책임을 면제해 주는 나이의 상한선을 더 낮추자는 의견도 나오고 있습니다.

두 관점 모두 청소년이 사회적 약자인 점을 고려하여 그들이 어려움에 놓이지 않도록 보호하려는 의지가 담겨 있습니다. 그런데 이것이 정말로 청소년의 권리를 보호하는 것인지 의문을 품는 관점도 있습니다.

우선 '미성년(未成年)'이라는 표현부터 문제가 있다고 봅니다. 성년은 완성된 인간, 미성년은 아직 완성되지 못한 상태의 인간처럼 받아들여질 수 있다는 것입니다. 우리 사회에서 어른들이 청소년을 나무랄 때 흔히 "어린 것들이 뭘 안다고" 같은 말을 하지요. 이런 말은 청소년은 아직 완성되지 않은 사람이고, 그래서 권리도 갖고 있지 않다는 생각에서 나오는 것일 수 있습니다.

또 민법상 성인은 만 19세부터인데요. 도대체 청소년과 성인을 구분하는 나이가 무엇을 근거로 정해지느냐는 비판도 있습니다. 만 18세에서 19세로 넘어가는 그 하루 차이로 누구는 자신의 행동에 책임을 져야 하고 누구는 책임을 면제받는 것이 공평한가 등의 문제 제기도 있습니다.

어떤 사람들은 청소년의 연령을 너무 높게 잡음으로써 더 많은 사람들의 권리를 제한하려는 술수가 아니냐고 비판하기도 합니다. 과거 조선 시대에는 오늘날 청소년이라고 불리는 16~18세에도 관직에 나가고, 가족을 이루어 성인으로서 역할을 다했다는 점을 그 근거로 듭니다.

여러분은 어떻게 생각하나요? 청소년을 법적으로 다르게 대우하는 이유가 정말로 청소년을 보호한다는 명목으로 청소년이 독자적인 권리 행사를 못하게 한 것일까요?

청소년, 더 많은 권리를 필요로 하는 존재

우리나라에서도 비준하여 적용하고 있는 UN아동권리협약 전문을 보면, 모든 인간이 가진 인권에 대해 이야기한 뒤, "아동은 신체적·정신적으로 미성숙하기 때문에 출생 전후를 막론하고 적절한 법적 보호를 포함한 특별한 보호와 배려가 필요하다"고 말합니다.

그렇다면 의문이 생깁니다. 아동(청소년)은 신체적·정신적으로 미성숙하기 때문에 스스로 의사결정을 하거나 자신의 권리를 주장해서는 안 되는 것일까요? 먼저 UN아동권리협약에서 강조하는 네 가지 원칙을 살펴보겠습니다.

첫째, 아동의 최선의 이익 원칙(제3조)입니다. 관련 정책을 만들 때, 아동의 권리와 이익을 최우선으로 삼아야 한다는 것입니다. 즉 어떤 사회적 결정을 내릴 때, 사회 전체나 성인들이 아니라 아동과 청소년에게 유익해야 한다는 것입니다. 성인 대상 성범죄에 비해 아동 대상 성범죄를 더욱 엄하게 처벌하는 것도 이런 원칙이 적용된 예라고 볼 수 있습니다.

둘째, 생존 및 발달 보장의 원칙(제6조)입니다. 이는 아동과 청소년의 인권이 성인의 인권과 구별되어 논의되는 가장 큰 이유입니다. 다른 생애 주기와 달리 아동기와 청소년기에는 생존과 발달 면에서 특별히 더 많은 보호와 지원을 받아야 한다는 것입니다.

이 원칙은 아동과 청소년이 성인이 누리는 보편적인 권리 외에도 특별한 권리를 더 누려야 하는 존재라는 점을 강조하는 것입니다. 그러니까 청소년들은 기본적인 인권을 보장받는 동시에 생존과 발달을 위한 권리를 더 보장받아야 한다는 것이지요.

셋째, 무차별의 원칙(제2조)입니다. 예를 들어 인종, 국적, 종교 등을 이유로 차별받지 않아야 한다는 것입니다. 이에 따르면 아동 및 청소년은 부모가 불법체류자나 범죄자일지라도 이와 상관 없이 권리를 보장받아야 합니다.

넷째, 아동 존중 혹은 아동 참여의 원칙(제12조)입니다. 아동과 청소년의 권리를 보장하는 일에는 아동과 청소년이 참여해야 한다는 뜻입니다. 자신에게 있는 권리를 이해하고, 직접 의견을 표현해 권리를 주장할 수 있어야 하며, 이를 통해 스스로 권리의 주체임을 선포하는 것입니다. 이는 아동과 청소년이 자신의 삶에 대해 스스로 판단할 수 있는 존재임을 밝히는 것이기도 합니다.

많은 학자들이 아동 혹은 청소년에게도 자기결정권이 있음을 강조합니다. '의사를 표시할 권리'나 '부모의 통제에서 벗어나 독립적으로 행동할 권리'를 갖고 있다는 것이지요. 청소년의 권리를 부모와 같은 보호자가 대행한다고 해서 청소년에게 무조건 어떤 것을 강제할 수 있는 게 아니라, 당사자의 의견을 구하고 그에 따라 최상의 것을 해주어야 한다는 말입니다.

더구나 UN아동권리협약은 우선 '모든' 인간이 누려야 하는 보편적 권리로서의 인권을 전제한 후에 아동의 권리에 대해 이야기하고 있음을 기억해야 합니다. 그런 점에서 청소년은 권리가 없는 것이 아니라 더 많은 권리를 필요로 하는 사람이라고 이해해야 합니다.

청소년에게 더 강조하는 네 가지 권리

지역마다 청소년 수련관이나 청소년 복지관이 있는 이유를 알고 있나요? 심야 학원 교습을 금지하는 이유에 대해 진지하게 생각해 본 적이 있나요? 학교 교육에서 의무교육을 강조하는 이유는요? 그 이유는, 청소년 시기에는 더 누려야 할 권리가 있기 때문이랍니다.

1998년에 선포된 우리나라의 〈청소년헌장〉*은 청소년의 권리를 이렇게 명시하고 있습니다.

〈청소년헌장〉
1990년에 정부가 선포한 후 1998년에 개정한 것으로, 우리 사회에서 청소년이 누릴 권리를 명시하고 있다. 정부를 중심으로 다양한 사회 주체들이 청소년을 보호하고 육성하기 위해 해야 할 역할과 책임에 대해서도 밝히고 있다.

청소년은 생존에 필요한 기본적인 영양, 주거, 의료, 교육 등을 보장받아 정신적·신체적으로 균형 있게 성장할 권리를 가진다.

청소년은 물리적 폭력뿐만 아니라 공포와 억압을 포함하는 정신적인 폭력으로부터 보호받을 권리를 가진다.

청소년은 출신, 성별, 종교, 학력, 연령, 지역 등의 차이와 신체적·정신적 장애 등을 이유로 차별받지 않을 권리를 가진다.

청소년은 배움을 통해 진리를 추구하고 자아를 실현해 갈 권리를 가진다.

청소년은 사적인 삶의 영역을 침해받지 않을 권리를 가진다.

청소년은 자신의 생각과 느낌을 자유롭게 펼칠 권리를 가진다.

청소년은 자유로운 의사에 따라 건전한 모임을 만들고 올바른 신념에 따라 활동할 권리를 가진다.

청소년은 일할 권리와 직업을 선택할 권리를 가진다.

즉 성인의 권리와 청소년의 권리가 기본적으로 크게 다르지 않습니다. 그럼에도 청소년들에게 더 제공되는 권리가 있습니다.

UN아동권리협약에 따르면 아동(청소년)의 권리는 네 가지로 나눌 수 있습니다. 첫째는 생존권입니다. 영양가 있는 음식을 제공받고 가족과 사회로부터 사랑과 보호를 받을 권리, 의료 혜택을 받을 권리, 살아가는 데 필요한 기술을 익히고 교육을 받을 권리, 집과 양부모를 가질 권리 등입니다.

만약 어떤 친구가 입양아이거나 집단 시설에서 산다면, 그 친구의 생존권을 보장하기 위해 사회적으로 지원하는 것은 당연한 일입니다. 그 친구가 마땅한 권리를 누리는 것이므로 그것에 대해 이상하게 생각하면 안 되겠지요.

둘째는 보호권입니다. 아동과 청소년이 양육을 받고 있는 동안, 신체적·정신적 폭력, 상해나 학대, 유기나 유기적 대우, 성적 학대를 포함한 혹사나 착취로부터 아동을 보호하기 위해 정부는 모든 적절한 입법적·행정적·사회적·교육적 조치를 취해야 한다고 되어 있습니다.

실제로 어떤 부모들은 자녀를 돌보지 않거나 때리거나 학대합니다. 종교적 신념을 이유로 병든 자녀를 병원에 데려가지 않고 내버려두기도 합니다. 이때 부모로부터 자녀를 떼어놓거나 부모의 친권을 빼앗는 것 같은 경우에는 보호권이 작동한 것입니다.

더불어 청소년은 차별이나 처벌로부터 보호받아야 하고, 착취로부터 보호받아야 하며 위기와 응급 상황에서 보호받아야 한다고 명시하고 있습니다.

셋째, 발달을 위해 필요한 권리입니다. 교육받을 권리, 놀이와 오락을 즐길 권리, 문화 활동을 할 권리 등이 여기에 속합니다. 심야 학원 교습을 금지하거나 청소년 놀이·문화 시설을 짓거나 청소년증을 발급해 적은 비용으로도 문화 활동을 할 수 있게 하는 것은 이러한 권리를 위해서입니다.

그렇다면 인터넷 게임도 문화 활동인데 이를 즐길 권리는 왜 막느냐고 반문하는 사람도 있을 거예요. 이는 충분히 잠을 자야 신체 발달에 도움이 된다는 점에서, 수면권을 문화 활동 참여권보다 더 중시한 결과로 보입니다.

넷째, 참여할 권리입니다. 표현의 자유, 결사의 자유, 적당한 정보에 접근할 권리, 아동권리협약과 관련된 정보에 접근할 권리 등이 포함되지요. 아동과 청소년이 자신들을 위한 주장을 할 수 있는 길을 마련한 것입니다.

아시다시피 대다수의 청소년에게는 선거권과 피선거권이 없습니다. 투표를 할 수도 없고 선거에 나갈 수도 없습니다. 이를 보완하기 위해 청소년 의회나 청소년 행정부 등의 제도를 마련하는 것입니다. 청소년들이 직접 청소년 정책에 대해 의견을 낼 수 있도록 말이지요.

 청소년 인권에 대한 관점을 떠올리며 같이 토론해 봅시다

❶ 청소년이 형법상 책임을 지지 않는다는 점을 악용하여 청소년을 범죄에 이용하는 일이 일어나고 있습니다. 이런 이유로 형법상 책임을 면제해 주는 나이를 지금보다 낮춰야 한다는 논의가 있는데, 어떻게 생각하나요?

❷ 고등학생은 스스로 어떤 일을 결정하고 그것에 대하여 책임을 지기엔 미성숙할까요?

❸ 대학생이 되어서도 정신적으로나 경제적으로 부모의 도움을 받고 의존한다면, 부모의 결정을 따라야 할까요?

2
학교 내 체벌 문제와
신체의 자유

2014년에 한 고등학생이 뇌사 상태에 빠졌습니다. 그 학생은 지각했다는 이유로 교실 콘크리트 벽에 스스로 머리를 찧는 벌을 받았습니다. 그것도 학급 친구들이 다 보는 앞에서 말입니다.

그 학생이 머리를 살살 부딪치자 교사는 머리를 잡아 벽에 세게 부딪쳤습니다. 그날 오후에는 청소를 빠진 벌로 오리걸음을 걸어야 했습니다. 학교가 끝난 후 학생은 태권도장에 가 운동을 했습니다. 그러다 의식을 잃고 쓰러져 뇌사 상태에 이른 것입니다. 결국 학생은 22일 만에 숨지고 말았습니다.

학생이 쓰러진 곳이 학교 밖이고 체벌 직후에 일어난 일도 아니어서, 정말 체벌 때문에 이런 일이 일어났는지는 충분히 따져봐야 하는 사건이기는 합니다. 그럼에도 학생 인권단체 등은 이 사건과 관련해서 학교

담임교사의 체벌로 숨진 한 학생의 장례식장에 그의 명복을 기리는 메모가 남겨져 있다. 세상을 떠난 학생과 그를 그리워하는 아우가 만날 좋은 그곳은 체벌 없는 세상이 아닐까.

에서의 모든 체벌을 금지시켜야 한다고 주장했습니다.

전통적으로 우리나라에서는 회초리를 들어서라도 자녀를 엄하게 가르치는 것이 인정되는 문화였습니다. '사랑의 매'라는 표현이 있을 만큼 체벌은 자녀와 학생을 지도하는 한 방법이었지요.

체벌, 정말로 사라져야 할 인권 침해 행위일까요? 아니면 학생을 지도하는 하나의 방법으로서 인정해야 할까요?

교사와 학생, 서로의 인격과 권리를 존중하는 관계로

나이 들어 학창 시절을 추억할 때, 사람들은 선생님 이야기를 빠뜨리지 않습니다. "그 선생님 덕분에 지금의 내가 있다"거나 "그 선생님 덕에 사람 되었다"는 말을 하곤 합니다.

반면 누군가는 이렇게 말하지요. "매일 때리기만 하던 그 인간, 지금도 그러는지 모르겠다.""비인간적인 교사들이 많았어. 그런 학교는 두 번 다시 못 다닐 것 같아." 또 저마다의 경험과 기억에 따라 같은 교사를 다르게 평가하기도 합니다.

그런데 이렇게 주관적인 교사-학생의 관계가 아니라, 학교라는 공식적인 교육 기관에서 교사-학생은 어떤 관계여야 할까요?

교사와 학생, 즉 사제지간을 보는 전통적인 관점은 크게 두 가지입니다. 첫째는 교사는 부모를 대행하는 보호자라는 관점입니다. 이를 친권이양설(또는 부모대위설)이라고도 하는데요. 쉽게 말해 집에서는 부모가 보호자이지만 학교에서는 교사라는 것입니다. 이에 따르면 가정에서 보호자가 체벌하는 것이 허락된다면, 학교에서 교사가 체벌을 가하는 것도 허락되는 셈입니다.

둘째는 사제간에는 특별한 권력 관계가 형성되어 있다는 관점입니다. 이를 특별권력 관계론(특별신분관계설)이라고도 하는데요. 특별권력 관계론은 19세기 독일의 입헌군주제에서 군주와 시민의 관계를 표현하는 말이었습니다. 군주라는 특별한 권력을 통해 시민의 기본권을 어느 정도 제한할 수 있다는 것이지요.

이렇듯 특별 권력 관계가 일어나는 곳은 군대나 교도소가 대표적입니다. 전염병 환자를 격리하거나 공무원의 노조 설립을 제한하는 것도 이러한 측면에서 가능하다고 해석합니다. 그런데 이를 학교에도 적용하는 경우가 있습니다. 학생이 공부를 잘하도록 지도하기 위해 교사에게는 일정한 권력이 부여되고, 학생의 기본권은 일부 제한될 수밖에 없다는 것이지요. 체벌도 허용합니다.

이 두 가지 관점은 이제 거의 사라지고 있습니다. 〈세계인권선언〉 제26조 2항은 "교육을 통해 우리는 자기의 인격을 발전시키고 사람의 권리와 자유가 소중하다는 것을 배워야 한다"라고 규정하고 있습니다. 따라서 학교는 인격과 권리가 존중되는 곳이어야 합니다. 교사와 학생은 서로 인격과 권리를 존중하는 관계여야 합니다.

체벌, 훈육의 방법인가 신체의 자유를 침해하는 것인가?

그럼 본격적으로 체벌 문제를 살펴봅시다. 체벌은 신체적 고통을 가하는 벌을 말합니다. 그런데 벌은 왜 필요할까요? 행동을 변화시키기 위해서겠지요. 이에 대해 스키너라는 심리학자의 연구를 살펴볼까요? 그에 따르면, 학습은 학습자의 동기와 보상에 의해 결정된다고 합니다. 여기서 보상이란 학습을 잘하기 위한 조건을 만들어주는 것입니다.

먼저 '파블로프의 개'에 대해 이야기해 봅시다. 러시아의 생리학자인 파블로프는 개를 이용해 재미있는 실험을 했습니다. 개에게 먹이를 줄 때마다 종소리를 들려주었더니 나중에는 종소리만 나도 개가 침을 흘렸습니다. 자극에 대한 반응이 학습된 것이죠. 이때 개에게 제공되는 먹이가 바로 종소리를 들을 때 침 흘리는 반응을 학습시키는 촉진제가 됩니다.

스키너는 이를 인간의 학습에 적용합니다. 강화와 벌이 학습에 미치는 효과를 연구한 것인데요. 강화는 어떤 행동을 더 많이 하거나 잘하도록 즐거움을 제공하는 것을 말합니다. 반대로 벌은 어떤 행동을 줄이거나 못하게 하기 위해 고통을 가하는 것을 말합니다.

예컨대 성적이 오르면 맛있는 음식을 사주거나 용돈을 주는 등 학습자가 좋아하는 것으로 보상하거나, 청소처럼 하기 싫어하는 것은 줄여주는 것이 강화입니다. 반면 성적이 내려가면 종아리 열 대를 때리는 등 혐오스러운 자극을 주거나, 인터넷 이용을 금지하는 등 학습자가 좋아하는 것을 금지하는 것이 바로 벌입니다.

벌은 좋지 않은 행동을 줄이거나 없애기 위해 사용합니다. 그 가운데서도 신체에 고통을 가하는 것이 체벌입니다. 종아리나 뺨 때리기, 벽에 머리 부딪치기와 같이 손이나 도구로 몸에 직접 고통을 가하는 것이 대표적입니다. 오리걸음이나 제자리뛰기같이 직접적인 접촉이 없더라도 신체에 고통을 주었다면 그 또한 체벌입니다. 체벌의 핵심은 신체적 고통입니다.

부모나 교사는 자신이 체벌을 가하는 것이 자녀나 학생을 위해서라고 합니다. "네가 미워서가 아니라 다 너 잘되라고" 체벌을 한다고 말하지요. 스키너에 따르면 벌을 통해 잘못된 행동을 교정할 수 있으니 이 말이 맞을 것입니다. 지금 행동이 잘못되었고 그것을 고치기 위한 수단으로 체벌을 선택한 것이니까요. 이렇게 보면 체벌은 교사가 사용할 수 있는 학생 지도의 한 방법입니다.

그런데 여기서 생각해 봐야 할 점이 있습니다. 동물 실험에 사용한 방식을 인간에게 적용하여 학습 효과만 고려하는 것은 문제가 아닐까요? 성적을 올리고 바른 습관을 익히게 하기 위해서라면 비인간적인 지도 방식을 사용해도 될까요?

설령 인간의 행동을 고치기 위해 동물에게 사용한 방식을 취할 수 있다 하더라도, 벌보다는 강화를 사용할 수 있지 않을까요? 만약 벌을 주어야 한다면, 그것이 굳이 신체에 가하는 고통이어야만 할 이유가 있을까요?

여기 영어 학원에 다니는 20대 직장인이 있습니다. 그런데 학원에서 내준 숙제를 안 해왔어요. 강사는 그 벌로 손바닥을 때릴까요?

성인을 대상으로 하는 교육에서는 어떻게 하면 열심히 배우도록 잘 가르칠 것인가를 고민하지, 체벌할 생각은 하지 않습니다. 그런데 왜 유독 청소년들에게만은 체벌을 허락해야 할까요? 미성숙한 존재여서 '좋은 말'로 하면 못 알아듣고, '맞아야 정신을 차리기' 때문일까요? 아무리 미성숙한 존재라 할지라도, 인간 존엄성을 고려한다면 다른 방법을 찾아야 합니다.

더구나 많은 사람들이 체벌을 단순한 벌이 아니라 폭력이라고 봅니다. 체벌과 같은 폭력은 특히 사회 전반에 폭력을 재생산하는 데 영향을 끼치기에 더 문제가 됩니다. 아이들이 체벌을 많이 받고 자라면 무기력해지거나 낮은 자존감*을 갖게 됩니다. 그래서 어떤 문제가 발생했을 때 스스로도 폭력을 통해 해소하려고 합니다. 이렇게 폭력의 피해자가 다시 가해자가 되고, 가정이나 학교에서 시작된 폭력이 사회로 이어질 수 있습니다.

자존감

자아존중감이라고 볼 수 있으며, 자기 자신을 가치 있고 사랑받을 만한 존엄한 존재로 인식하는 것을 말한다. 자존감이 높은 사람은 자신을 긍정적으로 보며, 타인도 존중할 가능성이 높다.

간접적인 체벌은 허용해도 좋을까?

한편 손으로 뺨을 때리는 것과 같은 직접적이고 모욕적인 체벌은 금해야 하겠지만, 오리걸음 혹은 그보다 조금 약한 '벽 보고 서 있기' 같은 간접적인 체벌은 허용해야 한다는 주장이 있습니다. 사회에서 잘못한 사람들을 교정하기 위해 교도소에 구금하는 것처럼, 신체의 자유를 제한하는 정도의 간접 체벌은 허용하자는 것입니다.

여러 명의 학생을 한꺼번에 지도해야 하는 교사들에게 그 정도 벌을 줄 권리는 있어야 한다는 것이지요. 그러나 국가인권위원회*나 청소년 인권단체에서는 이 또한 명백하게 신체의 자유를 침해하는 것이라고 봅니다.

국가인권위원회
모든 인간이 인간답게 사는 것을 목적으로 설립된 국가 기관으로, 입법부, 행정부, 사법부 어느 부처에도 소속되지 않는 독립 기관이다. 국가인권위원회법에서는 인권을 이렇게 정의한다. "헌법 및 법률에서 보장하거나 대한민국이 가입 비준한 국제인권조약 및 국제관습법에서 인정하는 인간으로서의 존엄과 가치 및 자유와 권리." 국가인권위원회는 인권이 침해된 사례를 조사하고 차별을 구제하며 인권 교육 등을 담당한다.

사회에서 잘못을 저지른 사람을 처벌할 때도 반드시 재판을 거칩니다. 이처럼 처벌은 여러 과정을 거쳐 신중하게 이루어집니다. 청소년에게는 더욱 신중해야 하고, 교사와 학생의 관계에서는 더욱 조심스럽겠지요. 그래서 처벌을 해야 하는 경우라면 사제 관계를 규정하는 교육기본법 등 실정법이나 학생인권조례를 고려해야 합니다. 이런 법에서도 대부분 간접 체벌에 대해서도 금지하는 양상을 보입니다.

만약 교사와 학생이 합의하여 간접 체벌을 허용하는 규칙을 만들었다면, 이 경우 간접 체벌이 가능할 수도 있을 것입니다. 하지만 스스로 자유를 포기하는 것은 그 자체로 자신의 인간 존엄성을 훼손하는 것이기에 학생들이 간접 체벌을 허용하는 것에 동의해 주지는 않을 것 같습니다.

교사와 학생 모두가 존중받는 즐거운 학교를 위해

어떤 선생님들은 체벌을 금지하는 조례가 채택된 이후 학생들이 교사의 지도를 따르지 않는다고 문제 제기를 합니다. 심지어 "선생님, 저 때릴 수 없잖아요. 마음대로 해보세요"라고 학생들이 대들거나 무시하는 경우도 있다고 합니다.

체벌 금지는 학생의 인권 침해를 막기 위해 만든 것입니다. 그런데 이를 오해하여, 선생님께 함부로 대해도 된다고 잘못 생각하는 학생들이 있는 것 같습니다.

체벌 금지에는 인간 존엄성을 훼손하는 방식이 아니라 자존감을 높여주는 방식으로 학생을 지도하라는 의미도 담겨 있습니다. 따라서 선생님들은 강화와 같은 긍정적인 방식으로 학생을 지도하는 방법을 계발해 나가는 것이 필요합니다. 칭찬은 고래도 춤추게 한다고 했으니까요. 또 교사 한 명이 여러 학생들을 지도하기 어려우니

간접 체벌이라도 허용해 달라고 요구할 게 아니라, 먼저 인격적인 가르침이 가능하도록 한 명의 교사당 적은 학생 수를 배정해 달라고 요구해야 할 것입니다.

학생들은 선생님이 수업 지도를 잘 할 수 있도록 돕는 방법을 궁리해야 합니다.

학생들도 선생님의 자존감을 지켜주는 방식으로 호응해 주어야 인권친화적인 학교가 될 것입니다. 인권을 제대로 누리기 위해 그것을 빌미로 다른 사람을 괴롭히고 무시해서는 안 됩니다. 내가 존엄한 인간이라면 다른 사람의 존엄함도 인정해야 하는 것 아닐까요?

이것이 바로 교사와 학생 모두의 존엄성을 유지하는 길, 즐거운 학교를 만드는 길입니다.

 체벌의 의미를 생각하면서 같이 토론해 봅시다

❶ 선생님과 학생들이 의견을 모아 어떤 잘못을 했을 때 종아리 열 대를 맞는 벌을 정했다면, 그대로 시행해도 될까요?

❷ 여러분이 교사라면 학생들이 교사의 지도를 전혀 따르지 않을 때, 체벌 말고 어떤 방법을 쓸 수 있을까요?

3
학생의 사생활 보호는
어디까지일까?

해마다 수학여행철이 되면 인터넷에 종종 올라오는 질문들이 있습니다.

"내일 수학여행 가는데요. 소지품 검사에 안 걸리고 술이나 담배를 가져가는 방법은 없을까요?"

"수학여행 갈 때 화장품 가져가면 소지품 검사에 걸리나요?"

교실에서 벗어나 오랜만에 누리는 자유로운 시간이기에 술이나 담배 같은 금지 품목을 가지고 가고 싶은 마음도 들 것입니다. 금지된 것일수록 더 하고 싶은 게 사람 마음이지요.

하지만 술과 담배는 청소년에게 유해한 것으로 금지되어 있는 데다, 수학여행에서 학생들이 술과 담배를 하다가 사고가 나는 일을 많이 겪은 교사들로서는 소지품 검사를 포기하기가 어려울 것입니다.

그러니 수학여행을 갈 때 소지품 검사를 해야 할까요? 만약 그렇다면 수학여행이 아니라 교실에서 소지품을 검사하는 일은 어떤가요? 미국의 일부 학교들은 따로 사물함을 두고 아예 소지품은 투명한 비닐백에 넣어 들고 다니게 합니다. 끔찍한 교내 총기 난사 사건을 여러 번 겪은 나라이니 이해도 됩니다.

출입문에 금속탐지기를 설치해 드나드는 사람 모두를 검사하는 학교도 있습니다. 등교할 때마다 금속탐지기를 통과해야 하는 학교, 상상이 되나요? 어쩌다 한 번 소지품 검사를 하는 한국의 학교는 그나마 인간적인 걸까요?

학교라는 공간을 둘러싼 인권 논쟁

학교는 다수의 학생이 모여 있는 곳이자 교육을 목적으로 하는 공간입니다. 그러다 보니 두 가지 측면에서 인권 논쟁이 벌어지고는 합니다. 하나는 학생들에게 자기결정권을 얼마나 보장해야 하는가이고, 다른 하나는 전체 학생의 안전이나 교육을 위해 개별 학생의 권리를 제한할 수 있는가 하는 점입니다.

일기장 검사를 예로 들어봅시다. 대부분의 초등학교에서는 매일 일기장 검사를 하고 방학 숙제로도 많이 내줍니다. 또 대부분의 교사는 일기장 검사가 학생의 사생활을 엿보기 위한 것이 아니라 교육적 효과 때문에 숙제로 내주는 것이라고 생각합니다. 그러니 이를 감독하는 것이 당연하다는 입장입니다.

교사들이 말하는 일기 쓰기의 장점은 세 가지입니다. 첫째는 하루를 반성하는 시간을 가질 수 있다는 것, 둘째는 글쓰기 훈련이 된다는 것, 셋째는 교사가 학생을 더 잘 이해하게 된다는 것입니다.

그런데 2004년 국가인권위원회는 일기장 검사는 사생활 침해라는 의견을 냈습니다. 이에 반대 의견을 내는 학부모들이 많았고, 교사들은 학생의 사생활을 엿본 가해자가 된 듯한 낭패감을 느끼며 "일기장 검사 안 하면 나도 편하지 뭐!"라고 반응하는 경우도 있었습니다.

그러나 학생들의 입장에서는 드디어 학교에서 사생활의 자유를 누릴 권리를 얻은 셈이었습니다. 아무리 나이가 어려도 사생활이 노출되는 것은 인권 침해라는 사실을 배운 사건이기도 했습니다.

그러나 학생의 사생활의 자유와 관련해서는 여전히 논란이 많습니다. 일기장 검사 외에 휴대전화 금지, 소지품 검사, 학교 내 CCTV 설치 등이 학생의 사생활 침해인지, 학생 지도를 위한 교육적 방법인지, 혹은 학생의 안전과 보호를 위한 권리 제한인지 판단하기 쉽지 않은 것입니다.

청소년에게 있는 권리를 고려하면 학생의 인권이 교문을 들어서는 순간 사라지는 것은 아니라는 사실을 알 수 있습니다. 동시에 교육이라는 목적을 위해 일부 권리가 제한받을 수 있다는 점도 생각해야 합니다. 이 두 가지를 같이 고려하면서 이 문제를 생각해 봐야 할 것 같습니다.

학교에서의 휴대전화 사용에 대해

대중교통을 이용할 때는 휴대전화를 진동으로 바꾸고, 음악을 들을 때는 이어폰을 사용해야 하며, 통화는 작은 소리로 해야 한다고 하지요. 휴대전화는 개인의 소유물이니 마음대로 사용할 수 있지만, 타인에게 피해를 주어서는 안 된다는 인권의 기본 정신 때문입니다. 이런 점은 도서관과 같은 공공시설에서도 마찬가지입니다.

학교도 다르지 않습니다. 다른 사람의 권리를 침해하지 않는 범위 내에서 휴대전화를 사용해야 합니다. 그래서 수업 시간에 사용을 금지하는 것은 인권 측면에서도 큰 문제가 없습니다.

그런데 그 정도에 대해서는 논란이 있습니다. 대부분의 학교는 휴대전화 사용과 관련된 세 가지 방법 가운데 하나를 선택하고 있습니다. 첫째는 학교에 휴대전화를 아예 못 가져오게 하는 방법, 둘째는 등교하면서 수거하고 하교하면서 돌려주는 방법, 셋째는 수업 시간에만 금지하는 방법입니다.

이 세 가지를 하나하나 살펴볼까요? 수업 시간에 휴대전화 사용을 금지하는 것은 학생들의 학습권을 보호하기 위한 것이니 인권 침해는 아닌 것 같습니다. 하교할 때 돌려주는 것도 학교에서의 모든 활동을 교육의 과정으로 보면 그렇게 인정할 수 있을 것 같습니다. 이를 확장하면 학교에 가져오지 못하게 하는 것도 교육적 목적의 지도로 볼 수 있을 것 같습니다.

그런데 몇몇 학생인권조례에는 학교에서 휴대전화 소지를 금지해서는 안 되며, 수업 시간이라도 학생들과 합의를 통해서만 금할 수 있다는 조항이 있습니다.

그러니 학교와 학생들이 충분히 이 문제를 논의해 보아야 합니다. 급박한 상황에서 학부모와 학생이 연락하기 위해 필요한지, 쉬는 시간에 학생들이 문화를 향유할 권리를 위해 필요한지, 쉬는 시간에 들리는 휴대전화 소음이 다른 학생의 권리를 침해하는 것은 아닌지 등등 따져볼 점이 많을 것입니다. 이러한 논의를 통해 학생의 인권과 학교라는 공간의 의미를 함께 고려한 선택을 하고 합의하는 것이 필요하겠지요.

소지품 검사는 인권 침해인가?

학생의 소지품도 사생활 영역에 속합니다. 예전에 한 여학교에서 소지품 검사를 하던 중 짝사랑하는 남자 선생님에게 생리대를 들킨 여학생이 몹시 수치심을 느꼈다는 이야기를 들은 적이 있습니다.

학교는 여러 가지 이유로 소지품 검사를 합니다. 누군가가 중요한 물건을 잃어버렸을 때도 소지품 검사로 훔쳐간 사람을 찾아내려 합니다. 이상한 만화나 성인용품(콘돔 등), 화장품을 가지고 다니지는 않는지 감시하기 위해 소지품 검사를 하는 학교도 있습니다.

학교는 소지품 검사를 통해 유해 물품으로부터 학생들을 보호할 수 있다고 주장합니다. 하지만 학생인권조례 등을 보면, 소지품 검사는 기본적으로 인권 침해라는 입장입니다.

다만 교육이나 안전을 위해서는 학생의 동의하에 소지품 검사를 할 수 있도록 허용하고 있습니다. 학생의 '동의'란 소지품 검사를 할 때마다 동의를 구하거나, 학생이 동의한 학교 규칙에 소지품 검사가 포함된 경우 모두 해당될 것입니다.

또한 소풍이나 수학여행을 갈 때 소지품 검사를 하는 이유가 술, 담배, 흉기 등 금지 품목을 찾아내는 것이고, 학생의 안전을 위해 꼭 필요하다면, 이때는 인권 침해가 아닐 수도 있습니다.

그러나 만약 학생들을 억압하거나 쉽게 통제하기 위한 목적이라면 문제가 됩니다. 더구나 학생들이 없는 틈에 소지품 검사를 한다면 어떨까요? 인권에서는 어떤 행위를 했는지가 제일 중요하지만, 왜 그런 행위를 했고, 당사자의 동의를 구했는지도 중요합니다.

그래서 학생의 안전 등의 이유로 불가피하게 소지품 검사를 해야 할 때도 다음과 같은 몇 가지 지켜야 할 점이 있습니다. 첫째, 소지품 검사를 하는 이유가 타당해야 합니다. 또한 학생에게 미리 이야기하고, 이에 대해 합의해야 합니다. 둘째, 공개된 장소보다는 다른 사람이 없는 곳에서 학생이 지켜보는 가운데 이루어져야 합니다. 셋째, 검사하는 선생님이 학생과 같은 성별이거나 학생이 신뢰하는 사람인 것이 좋습니다. 넷째, 소지품 검사를 하는 과정에서도 학생의 인격과 인간 존엄성을 최대한 지켜주어야 합니다.

학교에서도 나의 개인 정보는 충분히 보호받아야 한다

요즘 여러분의 학교 명찰은 어떻게 되어 있나요? 예전에는 이름표를 교복에 박음질하여 아예 고정했습니다. 요즘은 예능 프로그램 〈런닝맨〉에서 나오는 이름표 떼기처럼 찍찍이를 사용하거나 명찰을 따로 만들어 뗐다 붙였다 하는 것 같더군요. 이름표를 교복에 고정할 경우 학교 밖에서도 학생 이름이 그대로 노출되는 것을 막기 위해서겠지요. 이름표를 보고 학년과 반, 이름을 알아내어 범죄에 악용하는 경우가 있기 때문입니다.

작은 정보도 원치 않게 노출되면 문제가 됩니다. 요즘은 어디를 가든지 개인 정보를 요구하는 일이 줄었습니다. 그만큼 개인 정보 보호가 중요한 시대입니다. 그런데도 종종 학교에서 나오는 폐지에 학생의 개인 정보가 담겨 있어서 문제가 되곤 합니다.

학교에서는 학생이나 보호자의 정보가 필요한 일이 많지만, 최대한 이를 보호해야 합니다. 담임 선생님 이외에 다른 사람이 학생의 정보를 입력하거나 파악하는 것을 금지하여 학생의 인권을 보호해야 합니다. 나의 정보는 어느 곳에서나 충분히 보호받아야 합니다. 그러니 나의 개인 정보를 타인에게 함부로 알려주는 일 역시 없어야 하겠지요.

CCTV 설치, 독일까 약일까?

최근 어린이집 아동 학대 사건이 이어지면서 어린이집 내에 CCTV를 설치하는 문제가 논란이었는데요. 사실 학교에서는 CCTV가 설치된 모습을 많이 볼 수 있습니다.

외부인이 침입해 학생을 대상으로 범죄를 저지르거나 체육 시간에 비어 있는 교실에 들어가 물건을 훔치는 등 학교 안에서 범죄가 발생하면서 CCTV의 필요성은 더욱 높아지고 있습니다.

그러나 CCTV는 외부인만 찍는 것이 아니라 학생도 찍습니다. 누군가가 마음먹고 CCTV를 뒤진다면, 내가 학교에서 어떤 행동을 하는지 알 수 있지요. 나의 사생활이 온전히 타인에게 노출되는 것입니다. 현재는 학교 교실 밖에만 CCTV를 달지만, 교실에서 많은 문제가 발생하면 교실 안에도 CCTV를 다는 날이 오지 말라는 법은 없습니다.

학생인권조례에 따르면, 사생활 침해 가능성이 있기 때문에 CCTV를 달 때는 학생의 동의를 구해야 합니다. 여러분이라면 동의하겠습니까, 하지 않겠습니까? CCTV를 달았을 때 보호받을 수 있는 나의 안전권과 CCTV로 인해 침해받을 수 있는 나의 사생활 가운데 어느 쪽을 더 중요하게 여기느냐에 따라 달라지겠지요.

기본적으로 사생활과 개인 정보는 타인들이 지켜주어야 하는 것입니다. 하지만 나 스스로도 항상 주의해야 합니다. 나의 사생활이 공개되는 것을 감수하고라도 얻을 수 있는 나의 권리는 무엇이고 사생활 공개로 인해 일어날 수 있는 문제는 무엇인지 충분히 생각해 봐야 합니다.

사생활 보장의 의미를 생각하면서 함께 토론해 봅시다

❶ 학교에 달린 CCTV는 범죄 예방을 위해 꼭 필요한 것일까요, 아니면 범죄 예방도 못하면서 괜히 학교 구성원의 사생활만 침해하는 것일까요?

❷ 외부인의 침입을 막기 위해 학교 출입카드를 만들고, 그것으로 출석을 확인하는 제도를 도입하는 것은 괜찮을까요?

4
안녕들하십니까,
학교에서 표현의 자유는?

2013년 말 〈안녕들하십니까〉라는 대자보 열풍이 불었던 일을 기억하나요? 한 대학교 후문 게시판에 〈안녕들하십니까〉가 붙은 날은 파업을 했다는 이유로 코레일 노동자 수천 명이 일자리를 잃은 다음 날이었습니다. 대자보를 쓴 대학생은 파업권이 인정되지 않는 사회와 그밖에 우리 사회에서 일어나고 있는 여러 문제를 들며 자신이 안녕하지 못한 이유를 썼습니다.

먹고사는 데 바빠 타인의 삶에 관심을 가질 수 없는 현실을 개탄하며 우리 사회에서 벌어지고 있는 일에 관심을 갖자는 내용이었습니다. 그런 문제들에 학생들이 침묵하는 것은 몰라서가 아니라 그동안 공부만 강요받았지 자기 의사를 표현하는 것을 허락받지 못했기 때문이라는 내용도 있었습니다. 투박한 손글씨로 써내려 간 진정성 있는 글이 많은 사람들의 공감을 불러일으키며 〈안녕들하십니까〉 열풍은 전국으로 퍼져나갔습니다.

요즘 들어 대학의 게시판은 과외를 구하거나 집을 구한다는 등의 실생활과 관련된 내용이 대부분이지만, 1990년대까지만 해도 사회 문제를 비판하는 글들이 대부분이었습니다. 자신의 생각을 써서 논의를 이끌어내고자 하는 이러한 글들을 '대자보'라 불렀습니다. 자신의 의견을 널리 밝힌다는 점에서, 대자보는 표현의 자유를 누리는 가장 단순한 방법입니다.

교문을 들어서는 순간에도
학생들의 표현의 자유는 사라지지 않는다

누구나 자신의 생각을 표현할 자유가 있습니다. 개인들의 의견이 모여 여론이 되고, 여론은 사회가 나아갈 방향의 근간으로 작동합니다. 민주주의 사회를 유지하기 위해서도 표현의 자유는 매우 중요한 권리입니다.

그렇다고 무엇이나 다 표현할 수 있는 것은 아닙니다. 타인의 인권을 침해하거나 사생활을 드러내는 것이어서는 안 되고, 공적인 업무를 방해하는 것도 안 됩니다. 국가 안보와 공공복리를 해쳐서도 안 됩니다.

그런데 표현의 자유를 행사하기 위해서는 표현할 공간이 필요합니다. 블로그나 SNS 등 온라인에는 다양한 공간이 있습니다. 그렇다면 오프라인에서는 어떤 장소가 가능할까요? 나의 의견을 전달하려면 사람들이 많은 곳이어야 좋겠지요. 광장이나 공원, 길거리는 오래전부터 표현의 공간으로 이용되어 왔습니다. 문제는 특정한 목적으로 지어진 학교라는 공간에서도 표현의 자유가 가능한가 하는 것입니다.

대학교는 외부인도 마음대로 드나들 수 있고, 광장과 같은 넓은 공간도 많은 편입니다. 게다가 학생 게시판이 따로 마련되어 있습니다.

이에 반해 초·중·고등학교는 외부인의 출입이 제한되고, 학생을 위한 공개 게시판이 마련되어 있는 경우도 드뭅니다. 이런 공간에서 대학교에서처럼 대자보를 붙이는 것이 가능할까요? 특히 수업

전국으로 퍼져 나간 〈안녕들하십니까〉 대자보 물결. 답답한 사회 현실에 대한 관심과 변화를 호소하는 표현의 자유를 엿볼 수 있었다.

을 목적으로 하는 공간인 교실에서 자신의 주장을 담은 옷을 입고 있는 등 표현의 자유를 누릴 수 있을까요?

대자보, 고등학교에서는 안 될까요?

〈안녕들하십니까〉 이후 다른 대학에서도 게시판에 비슷한 내용의 대자보가 속속 나붙었습니다. 직장인들도 온라인을 통해 비슷한 형식의 글들을 올렸습니다. 고등학교에서도 마찬가지였습니다.

대전의 한 고등학생은 왜곡된 역사 교과서로 공부하는 스트레스에 대해 말하며 자신이 안녕하지 못하다고 주장했고, 서울의 한 고등학교에는 국영수 위주의 입시 교육, 경쟁 시스템 때문에 안녕하지 못하다는 내용의 대자보가 붙었습니다.

그런데 유독 고등학교에 붙은 대자보는 한 시간을 못 넘기고 학교 당국에 의해 떼어졌습니다. 교육 당국은 각 학교에 공문까지 보냈습니다.

"최근 일부 학생들이 사회적 문제와 관련된 특별한 주장이나 개인적 의견을 학교 내에서 벽보 등을 통해 표현함으로써 면학 분위기에 부정적 영향을 끼칠 우려가 제기된다. 각 고등학교에서는 학생들이 학업에 전념할 수 있도록 학생 생활 지도에 더욱 철저를 기해주길 바란다."

학생들이 더 이상 대자보를 붙이지 못하도록 하라는 뜻이었습니다. 그러자 이는 학생들의 표현의 자유를 침해하는 것이라는 비판이 일었습니다. 교육부는 대자보를 금지하라는 것이 아니라 교육적으로 지도를 하라는 말이기 때문에 표현의 자유 침해가 아니라는 해명을 했지요.

아직 한국에는 학교 안에서 학생들의 표현의 자유와 관련된 대법원 판례가 없습니다. 그러니 다른 나라의 판례를 살펴보면 이 문제를 이해하는 데 도움이 될 것입니다.

학교에서의 표현의 자유를 제한할 수 있을 때

2003년 미국의 고등학생 바버는 당시 대통령이던 부시의 얼굴이 그려진 티셔츠를 입고 등교했습니다. 교감은 당장 옷을 뒤집어 입지 않으면

조퇴시키겠다고 했지요. 부시 얼굴 아래 씌어진 '국제 테러리스트'라는 문구가 문제였습니다. 바버는 부시 정부의 이라크 전쟁에 반대하는 자신의 의견을 표현하고 싶었던 것입니다.

바버는 옷을 뒤집어 입지 않겠다고 했고, 결국 집으로 돌려보내졌습니다. 이 일로 바버는 '틴커(Tinker) 사건'을 언급하면서 학교가 표현의 자유를 침해했다고 주장했지요. 미국에는 학생의 표현의 자유와 관련된 몇 가지 중요한 판례가 있습니다. 틴커 사건도 그 가운데 하나입니다.

틴커 사건

1965년 고등학생 틴커는 베트남 전쟁에 반대하는 의미로 친구와 함께 검은 완장을 차고 등교했다가 정학을 당합니다. 법정에서 학교는 교육을 위한 합법적인 조치였다고 주장했고, 틴커와 친구는 자신들에게도 헌법이 보장한 표현의 자유가 있다고 강조했습니다.

연방 대법원은 학교 안의 학생도 한 사람의 시민으로서 표현의 자유가 있다며 학생들의 손을 들어줍니다. 또 학교의 교육 운영을 방해하지 않고 다른 사람들의 권리를 침해하지 않는 한, 학교의 모든 공간에서 표현의 자유는 인정되어야 한다고 밝힙니다. 단 이 학교는 공립이어서 가능하지만, 국가가 공적으로 설립하지 않는 사립학교는 사적인 부분이 있기에 동일하게 적용하기 어렵다는 점도 밝혔습니다.

프레이저 사건

1984년 워싱턴 주의 한 고등학교 선거에서 프레이저라는 학생은 학생회 후보를 지지하는 연설을 했습니다. 이 과정에서 프레이저는 성적인 표현을 합니다. 교사들이 미리 연설 내용을 검토하고 이미 주의를 준 상황이었습니다. 만약 문제의 표현을 하면 퇴학 조치를 할 가능성에 대해서도 언급했습니다.

연설을 마친 뒤 학교는 프레이저의 퇴학을 결정합니다. 연방 대법원까지 간 이 사건에서 프레이저는 결국 패소합니다. 자라나는 학생들에게 필요한 것을 가르치는 곳이 학교이며, 이를 위해 학교는 학생을 제재할 수 있다는 것이 학교가 승소한 이유였습니다. 즉 학생과 교사 모두에게 성적인 수치심을 주는 표현을 사용한 프레이저의 행동은 학교의 교육 운영을 방해하는 것이며, 이런 이유로 표현의 자유는 제한될 수 있다는 것이지요.

쿨마이어 사건

1987년 헤이즐우드 고등학교에 다니던 쿨마이어는 언론학 수업의 일환으로 신문을 발행했는데, 자신이 쓴 일부 기사가 삭제된 것을 발견했습니다. 교장이 삭제한 기사는 〈어떤 학생의 임신 경험담〉과 〈이혼한 부모가 학생의 생활에 미치는 영향〉이었습니다.

쿨마이어는 교장이 표현의 자유를 침해했다고 항의했지만, 교장은 그의 기사가 다른 학생의 사생활을 침해할 수 있기에 삭제했다고 주장했습니다. 실명을 밝힌 것은 아니지만 내용을 보면 누구인지 짐작할 수 있다는 것이지요. 신문은 수업 과정에 따라 발행된 것이어서 당연히 지도교사가 있었고, 학교장이 발행인으로 표시되어 있었습니다.

이 사건도 연방 대법원까지 갔습니다. 쿨마이어는 패소했습니다. 하위 법원에서는 틴커 사건처럼 교문에 들어서는 순간 학생의 인권이 사라지는 것은 아니라는 점을 강조했고, 상급 법원에서도 이를 인정했습니다.

하지만 대법원에서는 기사가 10대 임신과 이혼 가정에 대한 편견을 담고 있으며 당사자에게 모욕감을 줄 수 있는 내용은 교육적으로 문제가 된다고 보았습니다. 따라서 학교장이 기사를 삭제한 것은 교육적 목적에 부합하는 행동이라는 것이지요.

위의 몇 가지 판례를 참조하면, 이렇게 생각해 볼 수 있습니다. 기본적으로 학교(공립)에서도 학생은 사회에서와 동일한 인권을 가지며, 그렇기 때문에 표현의 자유를 누릴 수 있습니다.

다만 그 내용이 선정적이거나 편견을 담은 것이거나 타인에게 모욕을 주는 등의 것이어서는 안 됩니다. 더불어 학교의 교육 운영을 방해하거나 교육이 추구하는 목적에 위배되는 내용이어서도 안 됩니다.

우리나라의 학교에서 표현의 자유는?

한국에는 학교에서의 표현의 자유와 관련해 대법원까지 간 사건은 없지만, 참조해 볼 수 있는 사건이 있었습니다.

혹시 '강의석 사건'에 대해 들어보았나요? 그는 2004년에 서울의 모 사립 고등학교에 다니고 있었습니다. 그런데 이 학교는 어느 종교재단이 세운 학교로 모든 학생이 종교 수업을 들어야 했습니다. 더구나 학생회 임원이 되려면 해당 종교 교인이어야 한다는 규정도 있었습니다. 그는 이에 반대하여 교육청 앞에서 1인 시위를 벌였습니다. 학교에서는 학교의 명예를 훼손하는 일을 그만두지 않으면 전학을 가야 할 수도 있다고 경고했습니다. 그는 거부했고, 결국 퇴학 처분을 받게 됩니다.

이 일로 퇴학 처분에 따른 피해 보상을 요구하는 재판이 이루어졌는데요. 1심에서는 강의석의 승, 2심에서는 학교의 승, 그리고 최종심에서는 다시 강의석의 승으로 판결이 납니다. 하지만 이 재판은 표현의 자유보다는 학생이 가진 종교의 자유와 종교 계열 학교가 가진 종교 교육의 자유의 대립이 핵심이었습니다. 그 과정에서 일어난 학생의 행동과 학교의 퇴학 처분이 타당했는지가 재판의 주요 내용이었지요.

1심 판결에서는 "학생에게 종교와 표현의 자유 등 인권이 보장돼야 하고"라는 표현이 나옵니다. 그러나 대법원 판결에서는 표현의 자유에 대해서는 논의되지 않았습니다.

그러나 대한민국 헌법도 미국의 수정 헌법처럼 표현의 자유를 보장하고 있습니다. 또 UN아동권리협약을 비준하여 국내법과 동일하게 적용하고 있습니다. 시·도 교육청에서 제정한 학생인권조례에도 대부분 표현의 자유가 포함되어 있습니다. 그러니 학생의 표현의 자유에 대한 대법원 판결이 나온다면 아마 미국과 크게 다르지 않을 것입니다.

〈안녕들하십니까〉 대자보 사건에서, 교육 당국은 대자보를 금지하라는 것이 아니라 교육적으로 지도하라는 취지로 공문을 보냈다고 해명했습니다. 뒤집어 생각해 보면, 학교에 대자보를 붙일 수 있다는 말입니다. 학생들은 표현의 자유를 누릴 수 있습니다. 다만 용기가 필요하겠지요. 법정 다툼으로까지 이어질 가능성도 있습니다. 이렇게 보면 권리는 손쉽게 얻어지는 것이 아닌가 봅니다.

표현의 자유와 학교의 의미를 생각하면서 같이 토론해 봅시다

❶ 학교에 대통령을 희화화한 옷을 입고 등교하는 것은 표현의 자유로서 괜찮을까요?

❷ 실명을 밝히지 않은 친구의 사생활을 적은 글을 게시판에 공개하는 것은 표현의 자유이니 괜찮은 것일까요?

5

편애에서 우열반까지, 교실에서 일어나는 차별들

고등학교 시절을 떠올리면, 1등부터 100등까지 2개 반을 따로 구성해서 '똘반'이라 부르며 다른 반들과 구분했던 기억이 납니다. 교사들은 그 외의 반을 '나머지 반'이라고 불렀고, 그 반 학생들을 약간 무시했던 기억도 납니다.

그렇다고 똘반 학생들이 마냥 좋았던 것은 아닙니다. 100등 밖으로 밀려나 '나머지 반'으로 가게 될지 모른다는 공포를 안고 생활했기 때문입니다. 다행히 2학년 중반에 학생들과 학부모들이 문제 제기를 하면서 3학년 때는 똘반과 나머지 반은 사라졌지만, 몇몇 반에서는 여전히 성적 때문에 차별받는 학생들의 이야기가 심심찮게 전해졌습니다.

특히 성적 차별이 심했던 어떤 반에서는 한 학생이 심한 두통으로 조퇴를 신청하자 담임선생님이 "너는 공부도 못하는 애가 아플 머리가 어디 있다고 두통으로 조퇴를 신청하니?" 하고 반 아이들 앞에서 창피를 주었다고 하더군요.

최근에도 이와 비슷한 일을 겪었거나 지켜본 경험이 누구나 한 번쯤은 있을지 모르겠습니다. 공부가 가장 중요한 한국 청소년의 삶에서 성적은 청소년을 분류하는 매우 중요한 평가 기준이 되는 경우가 많기 때문입니다.

그런데 학교에 성적 차별만 있는 게 아닙니다. 성별, 외모 등 사회에서 성인들이 경험하는 차별이 학교에서도 일어나고 있습니다. 또한 차별은 선생님과 학생의 관계에서만이 아니라 학생과 학생 사이에서도 나타납니다. 차별이 심해져서 '왕따'라는 치명적인 문제가 일어나기도 합니다.

차이와 차별 사이

그런데 차별이란 무엇일까요? 먼저 차이에 대해서 알아봅시다. 차이는 '다름'을 말합니다. 예를 들어 어떤 학생이 전 과목에서 1등급을 받고 또다른 학생은 9등급을 받는다면, 그것은 두 학생의 성적 차이입니다. 그런데 1등급부터 3등급까지는 파란색 교복을 입고 4등급부터는 보라색 교복을 입게 한다면, 그것은 성적에 따른 차별입니다.

차이는 말 그대로 서로 다른 것입니다. 차별은 차이에 대해 편견을 가지고 가치를 부여하거나 비합리적인 평가에 기초하여 다르게 대우하는 것입니다.

그렇다면 키가 큰 학생보다 작은 학생을, 눈이 좋은 학생보다 나쁜 학생을 앞자리에 앉히는 것은 차별일까요? 이는 편견을 가지고 다르게 대우하는 것이 아니라, 앞자리에 누가 앉아야 모두가 공평하게 학습권을 보장받을 수 있는지를 판단한 결과입니다. 따라서 차이를 반영한 합리적인 선택이라고 봐야 합니다. 그런데 성적이 3등급 이상일 때만 앞자리에 앉을 수 있다고 한다면 이는 비합리적인 평가에 의해 일어난 차별입니다.

만약 이런 차별이 어떤 집단에서 공공연히 일어나거나 제도화된다면, 이는 인간의 존엄성을 훼손하고 인권을 침해하는 것입니다. 학교에서도 이런 차별이 일어날 수 있습니다. 더구나 학교는 국가의 교육 제도 안에서 운영되는 곳이기에, 학교에서의 차별은 사회적으로도 큰 문제가 됩니다.

자존감에 상처를 주는 성적에 의한 차별

학교에서 가장 많이 경험하는 차별은 아마도 성적에 의한 차별일 것입니다. '우열반'을 편성하는 것이 대표적입니다. 학교를 운영하는 입장에서는 학업 수준에 따라 반을 나눠 가르치는 것이 모두에게 도움이 된다고 주장합니다. '수준별 학습'이 있듯이, 성적에 따라 학생들이 배울 내용을 달리하여 가르쳐야 한다는 것이지요. 학생이나 학부모 가운데 우열반 편성을 선호하는 경우도 있고요.

그런데 여기서 우리는 학교가 왜 존재하는지 먼저 생각해 보아야 합니다. 물론 학업 성적을 높이는 것은 중요합니다. 하지만 학생들이 다양한 사람들과 함께 살아가는 법을 배우게 하는 것도 그에 못지않게 중요합니다. 학교는 학생들을 성적순으로 줄을 세워 서로 경쟁하게 할 것이

아니라, 공부를 하면서도 공존을 배울 수 있도록 해야 합니다.

협동학습 이론에 따르면, 다양한 수준의 학생들이 모둠을 이루어 같이 배울 때 사회성도 길러지고 성적도 높아진다고 합니다. 다양한 성적의 학생들이 한 반에서 더불어 학습하는 것이 더 효과적인 교육 방법이라는 이야기지요.

우열반 운영은 다양한 측면에서 학생의 인권을 침해합니다. 학생들의 성적을 공개하는 것이기에 사생활 침해입니다. 학생들은 학교에서 평등한 대우를 받아야 합니다. 우수반과 그렇지 않은 반에 학습 자료를 다르게 주거나, 우수반에 더 많은 지원을 하는 경우도 있는데, 이는 학습 과정에서 차별받는 셈이 됩니다. 이로 인해 학생들은 교육에서의 불평등을 경험하기도 합니다.

더구나 우수반에 들어간 학생들은 다음 해에 우수반에 다시 들어가지 못할까 염려하고, 우수반에 들어가지 못한 학생은 공부 못하는 아이로 낙인 찍혀 심리적으로 위축될 수 있습니다. 공부를 잘하거나 못하는 학생 모두 자아존중감에 상처를 받게 되는 것이지요.

어느 한 시기의 성적에 따라 우열반을 나누는 것은, 학생들이 학교 교육의 중요한 목적인 다양성을 배우는 것을, 또 모든 학생이 긍정적으로 성장하는 것을 방해합니다.

2008년 국가인권위원회는 우열반 편성은 헌법이 정한 행복추구권과 평등권에 위배된다고 공지했습니다. 게다가 유네스코의 교육차별금지조약에도 위배될 수 있습니다. 이 조약은 교육의 과정에서 "어느 개인 혹은 집단에게 인간의 존엄성에 모순되는 조건을 부과하는 것"을 금지하고 있습니다.

임원 등 어떤 학생을 뽑을 때 성적을 근거로 삼는 경우도 차별입니다. 반장이나 전교 회장은 성적이 상위 30퍼센트 안에 들어야 한다거나, 4등급 안에 들어야 한다는 등의 조건을 정하는 것 자체가 차별입니다.

'등골 브레이커'를 만드는 경제적 조건에 의한 차별

경제적 조건에 따른 차별도 있습니다. 어느 초등학교의 신입생 예비소집일, 학교는 아파트 이름을 적은 피켓을 세워두고 그 앞에 학생들을 줄 서게 했습니다. 아파트 이름에 따라 임대 아파트인지 대형 아파트인지 알 수 있어 경제 수준이 다 드러나게 되는데도 말입니다.

관련 뉴스를 보니, 이 학교는 반 배정을 효율적으로 하기 위해 그렇게 했고, 이미 오랜 기간 그렇게 해왔기 때문에 당연히 여기는 듯했습니다. 그러나 학부모들 입장에서는 사는 곳에 따라 아이가 차별받는 것은 아닌지 걱정되지 않을 수 없지요.

예전에는 학생에 대해 알아야 한다는 이유로 교사가 학부모의 학력과 직업, 경제 수준(집이 자가인지 전세인지, 차가 있는지 등등), 주소 등을 적은 기록을 가지고 있었습니다. 요즘은 이런 정보를 교사가 직접 관리하지 않습니다. 학생과 학부모의 개인 정보를 보호하기 위해서이기도 하고, 부모의 경제 수준에 따라 차별이 일어나는 것을 방지하겠다는 의도도 담겨 있을 수 있습니다.

옷이나 신발의 브랜드 때문에 학생 간에도 차별이 일어날 수 있습니다. 부모의 등골을 빼먹는다는 의미로 '등골 브레이커'라 불리는 고가의 브랜드 옷이 유행한 적이 있었지요. 너도 나도 그 옷을 입고 다녔던 것은 가난하다고 알려지면 친구들에게 차별당할지 모른다는 두려움 때문이 아니었을까요.

자본주의 사회에서 가장 나쁜 일은 경제 수준으로 사람을 평가하는 것입니다. 우리는 과거 신분에 따른 불평등과 차별이 매우 부당했다는 것을 알고 있습니다. 경제 수준이란 어떤 시점의 한 사람의 삶의 수준일 뿐인데, 그것으로 마치 신분제 사회처럼 위아래를 구분하고 사람을 차별하는 것은 인권 면에서 명백하게 문제가 있습니다.

경제적으로 어려운 삶을 사는 사람들이 아니라, 경제적으로 어려운 삶을 사는 사람을 차별하고 무시하는 정신을 가진 사람들이 문제입니다.

성, 연령, 외모…… 학교 안의 보이지 않는 차별들

학교에서는 앞의 경우들 외에도 보이지 않는 많은 차별이 있습니다. 성차별도 그 가운데 하나입니다. 출석부에서 항상 남학생이 앞 번호를 차지하는 것은 성차별입니다. 청소할 때 남학생에게 어렵고 힘든 일을 시키고 여학생에게는 가벼운 일을 시키는 것도 성차별입니다. 남학생에게는 축구를 하게 하고 여학생에게는 손수건 돌리기를 시킨다면 그것도 성차별이지요. 여학생에게 치마 교복만 입게 하고 원할 때 바지 교복을 입지 못하도록 하는 것도 성차별입니다. 선생님이 "여학생은 시집 잘 가는 게 제일 큰 성공이다"라고 말하는 것도 성차별입니다. 기숙사가 있는 학교에서 여학생과 남학생의 통금 시간을 달리 정하는 것도 차별이 됩니다.

연령이나 학년에 의한 차별도 있습니다. 특별한 이유 없이 상급 학년을 우선하는 것이 그 예입니다. 고3 학급 근처에 1, 2학년의 출입을 막는 것이나 고3 학생에게 급식 우선권을 주는 것을 차별로 보기도 합니다. 회장 선거에서 2학년과 1학년이 똑같이 득표했을 때 2학년을 당선자로 하는 규정도 학년 차별이 될 수 있습니다.

외모에 의한 차별도 있습니다. 키가 작거나 눈이 작아서, 머리가 크거나 살이 쪄서, 다양한 이유로 외모에 의한 차별이 일어납니다. 다문화 가정 자녀는 피부색 때문에 차별받기도 합니다. 만약 어떤 학생에게 "너는 눈이 작아서 공부하기 어렵겠다"라고 말한다면 그것은 외모를 이용한 차별이며, 인격 모독입니다.

또한 특정 종교를 믿는다는 이유로, 수업 시간에 발표를 잘 못한다는 이유로 차별받기도 합니다.

혼인이나 출산에 의한 차별도 나타납니다. 과거 몇몇 여자대학교에는 혼인한 학생은 더 이상 학교에 다닐 수 없다는 규칙이 있었습니다. 규칙으로 정해져 있는 것은 아니지만, 요즘도 고등학교에서는 미혼모에게 전학을 가게 하는 등 학생으로서의 삶을 유지하지 못하게 하는 경우가 있습니다. 당연히 차별이며 학습권을 침해하는 것입니다.

특정 집단을 구분하여 다른 수업이나 프로그램을 운영하는 것도 때로는 차별입니다. 예를 들어 다문화 가정 학생들에게 특별한 활동을 따로 하도록 강제하는 것도 차별이나 인권 침해가 될 수 있습니다.

선생님이 특정 아이만 예뻐한다면

학생들도 어떤 선생님은 좋아하고 어떤 선생님은 싫어하는 경우가 있지요. 선생님도 마찬가지입니다. 어떤 학생은 정말로 마음에 들어서 잘해주고 싶지만, 어떤 학생은 제발 내가 담당하는 학급의 학생이 아니었으면 하는 마음이 생길 수 있습니다.

이렇게 사람이 사람에게 갖는 선호는 기본적으로 차별이 아닙니다. 그런데 만약 그것을 공개적으로 드러내 특정 학생을 편애하거나 합리적인 이유 없이 다르게 대우하면 차별입니다.

그렇다면 이런 경우는 어떨까요? 시험 결과가 나온 날, 선생님이 성적이 오른 학생만 칭찬하는 것은 차별일까요? 이 경우 차별이라고 보기는 어려울 것 같습니다. 노력한 결과에 대해 칭찬하고 더 잘하도록 격려하는 것은 교육적으로 타당한 지도 활동이기 때문입니다.

학생 입장에서는 이번에는 칭찬받지 못했더라도 열심히 노력해서 다음에 좋은 성적을 받는다면 칭찬받을 수 있습니다. 아무리 노력해도 성적이 오르지 않는다면 "저도 좋은 점수를 얻어서 선생님께 칭찬받고 싶은데 열심히 해도 성적이 오르지 않습니다. 어떻게 공부하면 좋을까요?"라고 상담해 볼 수도 있겠지요.

또다른 경우를 봅시다. 똑같이 학교 규칙을 어겼는데, 선생님이 편애하는 학생은 야단치지 않고 다른 학생들만 벌을 세우거나 야단치는 경우 말입니다. 당연히 차별입니다. 수업 시간에 몇몇 학생이 준비물을 가져오지 않았을 때 어떤 학생은 봐주고 다른 학생은 야단친다면, 역시 차별입니다.

따돌려도 되는 사람, 때려도 되는 사람은 없다

이번에는 학생들 간에 일어나는 차별을 살펴보기 위해 먼저 사춘기의 인간관계에 대해 이야기해 봅시다. 보통 초등학교 시절에는 여러 명이 같이 친하게 지내며 우정을 맺습니다. 중학생이 되면서는 마음 맞는 친구 한두 명과 긴밀한 우정을 맺는 경우가 많습니다.

그래서 중학교에 입학한 후에는 종종 이전과는 다른 교우 관계를 맺게 됩니다. 전에는 여러 친구들이 다 같이 친하게 지냈는데, 한순간에 자신만 소외되고 나머지 친구들끼리 더 친하게 지내는 모습을 봐야 하는 경험을 하기도 합니다. 몇몇이 우정을 더 돈독하게 하기 위해 전에 친했던 아이들 가운데 한두 명을 따돌리고 자기들만의 비밀을 만드는 경우도 있습니다. 이 과정에서 한 아이에게 폭력을 행사하기도 하고, 한 아이를 이상한 아이로 만들기도 합니다.

친구는 오랜 시간을 함께하며 서로 신뢰를 쌓아가는 관계입니다. 그래서 한때 잘 지내다가 헤어진 친구일지라도 예전에 나누었던 우정과 신뢰를 깨뜨리는 행동을 하는 것은 잘못이지요. 또한 나와 친하지 않았다고 해서 특정 친구를 드러내놓고 싫어하거나 미워하는 행동을 하는 것은 그 친구의 인간 존엄성을 침해하는 무서운 일입니다.

또한 청소년 시기에는 공부를 잘하거나 힘이 세거나 잘생겼거나 키가 큰 경우처럼, 내가 다른 사람들이 선망하는 조건을 가졌다고 생각할 때, 그렇지 못한 친구들을 무시하는 마음이 생기기도 합니다. 나보다 못났다고 여기는 친구를 놀리고, 때리고, 따돌리고, 물건을 빼앗고, 빵셔틀을 시키는 등 괴롭히는 경우도 있습니다.

또한 청소년기에는 필요 이상으로 자신이 어른 같다고 생각하는 경향이 있습니다. 이것이 지나치면 힘과 같은 강제적인 것으로 남을 제압하려는 마음이 나타나기도 합니다.

그런데 잘 생각해 보세요. 힘을 이용해서 약자를 괴롭히는 것은 우리가 '조폭'이라고 부르는 사람들이나 하는 짓입니다. 자신의 힘만 믿고 남을 괴롭히는 것은 차별을 넘어 폭력이고 범죄 행위입니다. 그리고 폭력이라는 범죄 행위에는 반드시 대가가 따릅니다.

친구들이 당하는 폭력이나 따돌림을 모른 체하거나 지지하는 것 역시 문제입니다. 프랑스에는 사마리안 법*이라는 것이 있습니다. 고통에 처한 사람을 돕지 않는 경우도 범죄라고 보는 것입니다. 그런 점에서

> **사마리안 법**
> 『신약성경』의 「누가복음」 10장 30~37절에 나오는 선한 사마리아인 이야기에서 따온 표현으로 '선한 사마리아 법'이라고도 불린다. 형법에서는 보통 가해자에게만 형벌을 가한다. 그러나 사마리안 법에서는 직접 범죄 행위를 가하지 않았더라도, 자신이 위험에 처할 상황이 아닌데도 피해자를 구조하지 않은 사람도 처벌한다. 인간에 대한 도덕적인 책임을 강조하는 법으로 볼 수 있다.

다른 학생이 따돌림을 당할 때 그것을 당연시하거나, 따돌림을 당하는 학생에게 문제가 있다고 여기거나, 따돌림을 주도하는 학생을 지지하는 것도 직접 가해하는 학생과 마찬가지로 피해자에게 고통을 주는 행동이며 인권을 침해하는 행동입니다.

여러분은 학교에서 어느 쪽에 가까운가요? 다른 친구를 차별하는 쪽인가요, 아니면 차별을 받는 쪽인가요, 또는 그런 것에 무관심한 쪽인가요?

만약 다른 친구들이 자신을 멀리하거나 따돌린다면, 내가 잘못한 게 무엇일까 생각하며 고통받지 마세요. 잘못은 따돌리는 사람들에게 있습니다. 이 세상에 차별받거나 폭력을 당할 만한 이유를 가진 사람은 아무도 없습니다. 만약 친구들이 나와 어울리지 않는다면, 신경 쓰지 말고 새로운 친구를 만들어보세요. 분명히 마음이 맞는 친구를 만날 수 있을 것입니다.

 학교에서의 여러 차별 문제를 생각하면서 함께 토론해 봅시다

❶ 학교에서 경험하는 다양한 차별 대우에 대하여 사례를 들어 이야기해 보고, 그런 경험을 했을 때 어떤 느낌이 들지 생각해 봅시다.

❷ 성적, 가정의 경제 수준, 신체적 특징으로 인한 차별 대우 가운데 가장 나쁜 것은 무엇일까요?

6

아르바이트,
청소년의 노동 문제

매년 11월 수학능력시험이 끝나면, 시험을 치른 많은 학생들이 아르바이트에 나섭니다. 방학을 맞은 고등학생이나 학교를 중퇴한 청소년들도 용돈이나 생활비를 벌기 위해 아르바이트를 시작하지요.

일을 하기 시작한다는 것은 곧 자신의 삶을 책임지기 시작한다는 것이며, 처음으로 보호 장치 없는 사회에 발을 들여놓는 것이기도 합니다.

직장인들이 흔히 하는 말이 있습니다. "회사는 전쟁터지만, 회사 밖은 지옥이다." 아르바이트를 하는 학생들은 이렇게 말할 수 있겠지요. "학교는 전쟁터지만, 아르바이트하는 곳은 지옥이다."

아르바이트를 하는 청소년들에게서 많은 이야기를 듣습니다. "음식이 조금 늦게 나왔다고 손님에게 입에 담지 못할 막말을 들었어요." "처음 약속한 급여를 다 안 줬어요. 제 친구들 중에는 아예 떼인 경우도 있어요." "처음에 들었던 것과 다른 일을 시켰어요."

사실 이 정도는 소소한 일에 속합니다.

몇 살부터 일할 수 있을까?

인구를 연령으로 구분할 때, 만 15세와 만 65세는 중요한 기준이 됩니다. 만 15세 미만을 유소년인구라고 부르고, 만 15세부터 만 64세까지는 생산가능인구, 만 65세부터는 노년인구라고 부릅니다. 생산가능인구란 일할 수 있는 인구를 뜻하는데, 이들이 일을 해서 어린 사람들과 나이든 사람들을 부양합니다. 그래서 유소년인구와 노년인구는 부양인구라고도 불립니다.

그렇다고 노년인구가 노동을 못하도록 금지하고 있는 것은 아닙니다. 노년인구는 생산가능인구에 해당되지는 않지만, 원한다면 일할 수 있으며 법적으로도 문제가 되지 않습니다. 그러나 유소년인구인 만 15세 미만은 아주 특별한 경우가 아닌 한 노동이 금지되어 있습니다.

그런데 드라마나 영화, CF를 보면 만 15세가 안 된 아이들도 많이 나옵니다. 아역 탤런트나 영화배우, 모델도 일을 해서 돈을 버는 것이니 분명한 노동인데 어떻게 가능할까요? 일정한 조건을 갖추면 가능합니다. 만 15세 이상에서 만 18세 미만인 경우에는 부모 등 보호자의 동의하에 일을 할 수 있습니다. 만 13세에서 15세 미만인 경우에는 고용노동부 장관으로부터 취직인허증을 받아 일할 수 있습니다. 만 13세 미만인 경우에는 좀더 복잡한 조건이 작용합니다.

물론 허가만 받는다고 자유롭게 일할 수 있는 것은 아닙니다. 보통 만 17세까지는 친권자나 후견인의 동의를 받아, 구체적으로 어디서 어떤 일을 하고 보수는 얼마를 받을지 등을 적은 근로 계약을 체결해야 합니다. 그러니 부모님의 동의 없이 일할 수 있는 나이는 만 18세부터라고 보면 됩니다.

청소년들의 일할 권리와 일하지 않을 권리

재미있는 일을 하면서도 대중의 환호를 받으며 많은 돈을 벌 수 있다고 생각하기 때문일까요? 한국 청소년들이 가장 원하는 직업 가운데 하나가 연예인입니다. 그래서 연예인이 되려는 경쟁은 날로 치열해지고, 유명 연예 매니지먼트 회사에 연습생으로 들어가고 싶어 하는 청소년들이 점점 늘고 있습니다.

그런데 많은 인권 단체에서는 청소년들이 연예 매니지먼트 회사에 연습생으로 들어가는 것을 포함해 과도하게 일하는 것을 사회 문제로 여깁니다. 국가인권위원회도 청소년의 노동 시간을 더 줄이도록 법을 바꾸어야 한다는 의견을 내놓았지요. 왜 이렇게 청소년의 노동권을 제한하려 하는 걸까요?

먼저 청소년의 노동을 허락하자고 주장하는 사람들의 의견을 들어봅시다. 이들은 청소년 시기에는 경험을 통해 무엇인가를 배우는 것이 중요한데, 실제로 일을 해봄으로써 노동과 직업에 대해 배울 수 있다고 봅니다. 또한 자본주의 사회에서는 올바른 소비에 대해 가르치는 데만 치중하지만, 소비 이전에 돈을 벌어보는 경험을 해볼 필요가 있다고 주장합니다. 다만 청소년들의 권리를 잘 보호하고 감독할 수 있는 환경을 만들어 노동을 건강하게 경험할 수 있게 해야 한다고 주장하지요.

이에 반대하는 사람들도 있습니다. 이들은 청소년 시기에 일을 시작하면 노동 시장에 일찍 진입하게 되고, 이 시기에 매우 중요한 교육받을 권리나 놀 권리를 제대로 누리지 못하게 된다는 점을 염려합니다. 또한 일찍부터 노동을 시작하면 앞으로 더 나은 직업을 가질 기회마저 잃을 수 있다는 주장도 합니다.

요즘에는 가능한 한 청소년이 노동을 시작하는 연령을 늦추고, 일찍

여기서 잠깐 **세계의 어린이 노동자들**

많은 사람들이 열광하는 축구, 그 축구공은 대부분 파키스탄의 어린아이들이 만듭니다. 섬세한 손동작이 필요하다는 이유 때문입니다. 아이들이 학교도 가지 못하고 하루 내내 일해서 만든 축구공은 수억 원의 연봉을 받는 프로 축구 선수들의 발끝에서 놀지만, 정작 그 공을 만든 아이들은 최소한의 노동의 대가도 받지 못하고 있습니다.

이와 같은 아동 노동 착취는 전 세계 많은 곳에서 일어납니다. 기업은 임금을 적게 주어 이윤을 많이 남기기 위해 아동을 고용합니다. 우리가 입는 운동복, 우리가 신는 운동화, 우리가 먹는 초콜릿, 그리고 다이아몬드 등 많은 물품들이 세계 여러 나라 아동의 눈물 속에서 만들어지는 경우가 많습니다. 아이들을 학교에 보내는 대신 공장에 보내는 부모들이 더 나쁘다고 생각할 수 있겠지만, 지독한 가난 때문에 어쩔 수 없이 그런 선택을 해야 하는 부모의 마음도 이해해야 할 것 같습니다.

아프리카 말리의 한 쓰레기 하치장에서 금속을 골라내는 소년. 이 일을 하고 소년이 받는 돈은 얼마일까.

시작하더라도 엄격하게 보호해야 한다는 관점이 더 많은 지지를 받고 있습니다. 청소년들이 신체적으로나 정서적으로 충분히 발달할 시간을 주고 나중에 더 나은 노동을 할 수 있도록 준비하게 하려는 것입니다. 이렇게 보면 청소년 노동을 법적으로 제한하는 것은 오히려 청소년 노동을 보호하려는 장치일 것입니다.

불안정한 일자리, 아르바이트생의 비애

많은 학생들이 용돈이라도 벌어볼까 하는 생각에 아르바이트를 시작합니다. 그러나 용돈이 아니라 생활비를 벌기 위해 일하는 청소년들도 많습니다. 생계를 위해 일하는 사람들은 아르바이트보다는 안정된 일자리를 원하지만, 청소년 일자리는 정규직이 아니라 아르바이트가 대부분입니다.

아르바이트는 말 그대로 '임시로 하는 일'이기에 노동 시간이나 급여 등 근로 조건이 불안정합니다. 질 좋은 일자리로 보기 어렵습니다.

사회에 일자리가 많을 때는 아르바이트의 경우도 근로 조건이 그리 나쁘지 않을 것입니다. 반대로 일자리가 적을 때는 나쁜 조건의 일자리도 경쟁이 치열합니다. 그러다 보니 아르바이트 가운데서도 제일 조건이 나쁜 곳이 청소년에게 갈 가능성이 큽니다.

실제로 청소년들은 편의점 점원, 음식점 배달, 식당이나 패스트푸드점 서빙 같은 아르바이트를 하고, 이 대부분이 서비스업입니다. 공장에서 일하거나 막노동을 하는 것보다는 몸이 편하겠지만, 이 또한 노동입니다. 서비스업은 기본적으로 손님을 접대하는 일이기 때문에 생각보다 힘든 일이 많습니다. 이상한 손님을 만나 거친 말을 들을 수도 있고 모멸감을 주는 눈빛이나 몸짓도 경험하게 됩니다.

일하는 곳 주인에게 비인권적인 대우를 받기도 합니다. 어리다고 하대하는 것은 약과이고, 성희롱이나 성폭행 같은 범죄에 노출되기도 쉽습니다. 뉴스에서 아르바이트 학생이 가게 주인에게 성폭력을 당한 사건을 종종 보았을 것입니다.

최저임금을 보장받지 못하거나 일한 것보다 훨씬 적은 임금을 받기도 합니다. 일을 해본 경험이 없다 보니 나의 노동력이 얼마만큼의 가치가 있는지 잘 모르기 때문입니다.

처음 약속한 것과 다른 일을 시켜도 항의하지 못하고, 일을 못한다고 구박받다 중간에 쫓겨나기도 합니다. 물론 항상 나쁜 일만 있는 것은 아닙니다. 제대로 대우받으며 성실하게 일해 좋은 인간관계를 맺고 유익한 사회 경험을 쌓는 경우도 많으니까요.

일을 한다는 것은 돈을 받고 내 노동력을 파는 것입니다. 그런데 내 노동력이 얼마인지도 모르고 팔 수는 없겠지요? 일하는 동안 보장받아야 할 권리는 무엇인지도 알아야 합니다. 그런 다음 일을 시작해야 합니다. 나 자신이 소중한 만큼 나의 노동과 그에 따른 권리도 소중합니다.

그렇다고 나를 고용해 준 사람이나 일터에서 만나는 사람들에게 함부로 해도 된다는 이야기는 아닙니다. 주인, 아르바이트생, 손님 모두 서로의 권리를 지켜주어야 합니다. 서로 권리를 지켜주는 것이 무엇인지 생각해 보고 실천할 수 있다면, 내가 일해서 번 돈보다 더 가치 있는 것들을 얻을 수 있을 것입니다.

아르바이트, 꼭 근로계약서 쓰고 시작하자

청소년 노동은 법으로 제한하고 있고, 이는 청소년을 보호하기 위한 것이라고 했습니다. 일을 해보지 않아 이해하기 어려울 수 있을 테니 구체적으로 다시 한 번 알아보겠습니다.

먼저 청소년은 연소노동자로 분류됩니다. 만 18세 미만까지는 부모 등 보호자의 동의가 있어야 근로 계약을 할 수 있습니다. 청소년의 자기결정권을 무시해서가 아니라, 청소년들이 부당한 계약의 피해자가 되지 않

도록 방지하기 위해서입니다.

일하는 공간에도 제한이 있습니다. 술집 등 청소년보호법에 의해 청소년이 손님으로 들어갈 수 없는 곳은 일하는 것도 금지됩니다.

근로 시간도 제한을 받습니다. 2019년 근로기준법에 따르면 연소자 노동은 하루 7시간, 일주일에 35시간을 초과하면 안 됩니다. 다만 업소 주인과 아르바이트생이 합의하면 하루 1시간, 일주일에 5시간 이내로 연장할 수 있습니다. 이는 전반적으로 우리 사회에서 노동 시간을 줄여서 노동자들의 인권을 지켜주려는 노력에 따라 나타난 결과입니다.

그런데 실제로는 노동 시간이 제대로 지켜지지 않는 경우가 적지 않습니다. 우선 휴게 시간부터 그렇습니다. 휴게 시간은 식사나 휴식을 위해 일을 쉬는 시간입니다. 청소년뿐 아니라 일하는 모든 사람은 4시간 이상 일하면 30분 이상, 8시간 이상 일하면 1시간 이상 휴식 시간을 가질 수 있습니다. 즉 하루 7시간 일하기로 했다면 7시간 가운데 최소한 30분에서 1시간은 쉴 수 있습니다. 그런데 이를 지키지 않는 주인들이 있습니다. 휴식 시간 없이 7시간 모두를 일하는 시간으로 잡는 것입니다.

또한 연소자는 오후 10시부터 오전 6시, 즉 야간이나 새벽에는 일을 시키면 안 됩니다. 반드시 일을 해야 한다면 당사자 간에 합의가 있어야 합니다. 야간이나 새벽에 일하기로 했다 해도 이때는 원래 정한 임금의 1.5배를 받아야 합니다. 휴일도 마찬가지입니다.

청소년들은 일한 대가를 제대로 받지 못하는 경우가 많습니다. 아르바이트일지라도 최저임금 이상을 받아야 합니다. 2015년 최저임금은 시간당 5,580원입니다. 최저임금은 매해 조금씩 인상되기 때문에 그 해의 최저임금이 얼마인지 반드시 확인하고 계약할 때 그 부분을 명확하게 기록해야 합니다.

혹시 일이 미숙해서 배우는 기간을 둔다면 최장 3개월 정도를 수습 기간으로 정할 수 있습니다. 이 기간에는 최저임금의 90퍼센트만 받게 됩니다.

그러니 계약서를 쓸 때는 수습 기간이 얼마 동안이고 그동안의 임금은 얼마인지, 그리고 수습 기간이 끝나면 약속한 임금의 100퍼센트를 받는다고 명시해 두어야 합니다. 이렇게 하면 수습 기간이 지나고 난 뒤 약속한 임금의 100퍼센트를 다 받을 수 있습니다.

근로계약서를 쓰는 일은 매우 중요합니다. 만약 한 주유소에서 3개월

일하다가 조금 쉬고 다른 주유소에서 일하게 되었다면, 경력자이기 때문에 수습 기간 없이 최저임금을 보장받을 수 있습니다. 이때 전에 일했던 주유소의 근로계약서를 가지고 있으면 경력을 증명할 수 있습니다.

아르바이트는 근로계약서를 쓰지 않는 경우가 많은데, 그렇게 일을 시작해서 피해를 본 사례가 많습니다. 그러니 근로계약서는 어떠한 경우에도 반드시 써야 합니다.

계약서 양식은 따로 정해진 것이 없지만, 인터넷 등에서 표준 양식을 쉽게 구할 수 있습니다. 여러분이 연소자이면서 아르바이트를 하려고 한다면, 부모님이나 주위 어른과 상의하여 잘 알아보고 꼼꼼하게 계약서를 작성해야 합니다. 계약서 쓰기는 나의 노동의 권리를 지키는 시작입니다.

 청소년 노동의 문제를 생각하면서 같이 토론해 봅시다

❶ 청소년 시기에 노동을 해보는 것이 미래의 직업 생활에 도움이 될까요?

❷ 청소년이 일하는 시간을 지금의 주당 40시간에서 주당 35시간 이내로 정하는 것에 찬성하나요?

❸ 연예인 등의 활동으로 학업을 제대로 못하는 것을 예방하기 위해 청소년들의 활동 시간을 한정해야 할까요?

고용노동부의 근로계약서 표준 양식

연소근로자(18세 미만인 자)
표준 근로계약서

_____(이하 "사업주"라 함)과(와)_____(이하 "근로자"라 함)은 다음과 같이 근로 계약을 체결한다.

1. 근로 계약 기간 : _____년 ___월___일 부터_____년 ___월___일까지

※ 근로 계약 기간을 정하지 않는 경우에는 "근로 개시일"만 기재

2. 근무 장소 :

3. 업무의 내용 :

4. 소정 근로 시간 : ___시___분 부터___시___분 까지

           (휴게 시간 : ___시___분~___시 ___분)

5. 근무일/휴일 : 매주____일(또는 매일 단위) 근무, 주휴일 매주____요일

6. 임금   • 월(일, 시간)급 : _____원

       • 상여금 : 있음 ( )_____원, 없음 ( )

       • 기타 급여(제수당 등) : 있음 ( ), 없음 ( )

       ·   원,   원

       ·   원,   원

       • 임금 지급일 : 매월(매주 또는 매일)_____일(휴일의 경우는 전일 지급)

       • 지급 방법 : 근로자에게 직접 지급( ), 근로자 명의의 예금통장에 입금( )

7. 연차유급휴가

- 연차유급휴가는 근로기준법에서 정하는 바에 따라 부여함

8. 가족관계증명서 및 동의서

- 가족관계 기록 사항에 관한 증명서 제출 여부 :

- 친권자 또는 후견인의 동의서 구비 여부 :

9. 근로계약서 교부

- 사업주는 근로 계약을 체결함과 동시에 본 계약서를 사본하여 근로자의 교부 요구와 관계 없이 근로자에게 교부함(근로기준법 제17조, 제67조 이행)

10. 기타

- 13세 이상 15세 미만인 자에 대해서는 고용노동부 장관으로부터 취직인허증을 교부 받아야 하며, 이 계약에 정함이 없는 사항은 근로기준법령에 의함

_____년 ____월 ____일

(사업주) 사업체명 : _____ (전화 : _____)

주소 : _____

대 표 자 : _____ (서명)

(근로자) 주소 : _____

연 락 처 : _____

성   명 : _____ (서명)

친권자(후견인) 동의서

○ 친권자(후견인) 인적 사항

성명 : _____

주민등록번호 : _____

주소 : _____

연 락 처 : _____

연소근로자와의 관계 : _____

○ 연소근로자 인적 사항

성명 : _____(만　　세)

주민등록번호 : _____

주소 : _____

연 락 처 : _____

○ 사업장 개요

회사명 : _____

회사 주소 : _____

대표자 : _____

회사 전화 : _____

　본인은 위 연소근로자_____가 위 사업장에서 근로를 하는 것에 대하여 동의합니다.

_____년____월____일

친권자(후견인)_____ (인)

첨부 : 가족관계증명서 1부

7

청소년들의 정치 참여, 선거권과 피선거권 연령 논쟁

독일의 안나 뤼어만은 세계에서 가장 젊은 나이에 국회의원이 된 사람입니다(정확하게 말하면 연방의원이지만, 우리나라 국회의원과 비슷한 지위이기에 편의상 국회의원으로 표기하겠습니다). 15세에 녹색당에 가입해 정치 활동을 하다가 19세가 되던 2002년에 국회의원으로 당선되었지요. 독일이 청소년의 정치 참여를 중요하게 여기고, 청소년들에게도 선거권*뿐만 아니라 피선거권*을 부여한 덕에 가능한 일이었습니다.

뤼어만은 국회의원 당선 후 우리나라에 와서 청소년들과 대화도 하고 여러 신문과 인터뷰도 했습니다. 많은 사람들이 고등학교에 다닐 시기에 공부하지 않

선거권

국가의 선출직 공무원(대통령, 시장, 군수 등)이나 국회의원 등을 선출할 수 있는 권리.

피선거권

국가의 선출직 공무원이나 국회의원 등의 선거에 나가 당선인이 될 수 있는 권리.

고 어떻게 국회의원이 될 생각을 했냐고 질문했지요. 뤼어만은 이렇게 대답했습니다. 고등학교 정규 수업이 오후 3시쯤 끝나고 학생도 정당 활동을 할 수 있기에, 학교에 다니면서 녹색당 활동을 하며 정치를 배울 수 있었다고 말입니다.

선거권과 피선거권에 대하여

선거권과 피선거권은 모두 중요한 참정권입니다. 국민 한 사람 한 사람이 다 나라의 일을 하고 정치를 할 수 없기에 우리는 대표를 뽑아 우리 대신 일하게 합니다. 이렇듯 나를 대표해 줄 사람을 뽑는 것이 선거인데, 이때 나의 대표자를 뽑을 권리를 선거권이라고 합니다. 역으로 내가 대표자로 뽑힐 권리는 피선거권이라고 합니다.

선거권을 갖는다는 것은 나의 정치적 의사를 제도적으로 표명할 시기가 되었음을 뜻합니다. 그러니까 선거는 내 의견을 대신할 사람을 선택하는 것이지요.

그러나 피선거권을 행사할 때는, 즉 대표자로 나설 때는 내 의견만이 아니라 다른 사람의 의견까지 대표해야 합니다. 그래서 피선거권을 행사하려면 훨씬 더 합리적인 의사결정 능력이 필요하다고 생각하는 경우가 많습니다. 그래서인지 대부분의 나라에서 피선거권은 선거권보다 높은 연령에 부여합니다.

선거권 확보는 근대 시민혁명 과정에서 매우 중요한 문제였습니다. 처음에는 누구나 선거권을 가질 수 없었습니다. 일정한 나이 이상의 국민

선거권
(만 19세)

국회의원 피선거권
(만 25세)

대통령 피선거권
(만 40세)

모두가 똑같이 한 표를 행사하게 된 것은 대부분의 나라에서 불과 몇
십 년 전의 일입니다. 이렇게 되기까지는 수많은 투쟁과 노력이 필요했
습니다.

평등한 선거권과 피선거권을 갖게 되는 과정이 한국은 유럽 등의 여
러 나라들과는 조금 달랐습니다. 일제 강점기 동안 우리는 참정권을 누
리지 못했고, 1945년 광복 이후에도 3년간 미군정기를 지나면서 참정권
을 갖지 못했습니다. 그러다 1948년에 제헌 헌법과 선거법이 공표됩니다.
국회의원과 대통령 등을 뽑을 수 있는 연령이 정해지고, 마침내 일정한
나이만 되면 누구나 선거권과 피선거권을 누릴 수 있게 되었습니다.

참정권을 갖는 나이는 지금까지 몇 차례의 법 개정을 통해 조정되어

왔는데요. 우선 국회의원 자격 연령부터 살펴볼까요? 1958년 제4대 국회의원 선거까지는 만 21세부터 선거권, 만 25세부터 피선거권을 누릴 수 있었습니다. 1960년 4.19 혁명을 거쳐 국회선거법이 개정되면서는 만 20세부터 선거권을, 만 25세부터 피선거권을 갖게 되었습니다. 그리고 2005년 바뀐 법에 따라 선거권은 만 19세로 조정되고, 피선거권은 만 25세로 그대로 유지되었습니다.

대통령 선거의 경우는 조금 복잡합니다. 한국은 대통령제가 아니라 한때 의원내각제였던 적도 있고, 지금처럼 직접 선거가 아니라 간접 선거로 대통령을 뽑은 적도 있었지요. 제1대 대통령은 제헌 국회의원들이 투표로 뽑았기에 대통령 선거권과 피선거권에 대한 특별한 규정이 없었다고 보아야 합니다.

1952년 대통령 선거가 직접 선거로 바뀌면서 선거권은 만 21세, 피선거권은 만 30세 이상으로 정해집니다. 그후 1963년에 선거권은 만 20세, 피선거권은 만 40세 이상으로 조정됩니다. 그리고 2005년에는 선거권만 만 19세로 조정되고 피선거권은 만 40세 그대로 유지됩니다.

선거권과 피선거권 나이를 '낮추자'

선거권 연령 낮추기 운동을 하는 '낮추자'라는 모임이 있었습니다. 이들은 어떤 집단의 의견이나 인권이 제대로 존중받기 위해서는 무엇보다도 참정권을 제대로 보장받아야 한다고 봅니다. 청소년의 의견과 권리가 제대로 보장받기 위해서는 더 많은 청소년들이 직·간접적으로 정치에 참여해야 하고, 이를 위해 참정권을 갖게 되는 연령을 낮추자는 것이지요.

2013년 초에 국가인권위원회도 "국민의 정치적 기본권 보장이라는 헌법의 이념과 참정권 확대라는 민주주의의 원칙에 비추어 입법부에서는 선거권 연령 기준의 하향을 검토할 필요성이 있다"고 밝혔습니다. 입법부인 국회에서도 이 문제에 나름대로 관심을 보입니다.

그런데 어떤 정당은 이를 원치 않습니다. 젊은 연령층이 대개 보수적인 정책을 펴는 정당보다는 진보적인 정책을 펴는 정당을 더 선호한다고 여기기 때문입니다. 그래서 보수 성향 정당은 선거권과 피선거권 연령을 가능한 한 낮추려 하지 않고, 진보 성향 정당은 조금이라도 더 낮추려고 합니다.

그렇다면 다른 나라들은 어떨까요? 대부분의 나라에서 선거권을 처음 갖는 나이는 만 16세에서 만 21세 사이입니다. 그중 만 16세~17세에 선거권을 부여하는 나라는 북한 등 공산주의나 전체주의 국가가 대부분이고, 많은 나라에서 보통 만 18세부터 선거권을 부여하지요. 최근 일본도 만 20세부터 가졌던 선거권을 만 18세부터로 조정했습니다. 한국처럼 만 19세부터 선거권을 부여하는 나라는 거의 없고, 만 20세~21세부터인 나라도 손에 꼽을 정도입니다.

이번에는 피선거권 연령을 비교해 볼까요. 국회의원에 뽑힐 수 있는 나이는 만 18세부터 만 40세까지 분포가 다양합니다. 만 19세의 안나뤼어만이 국회의원이 될 수 있었던 독일을 비롯해, 유럽의 많은 나라들이 만 18세~만 21세 사이에 피선거권을 부여합니다. 그밖의 나라들은 대부분 만 21세 이상입니다. 미국과 일본은 한국과 마찬가지로 만 25세부터 피선거권을 가질 수 있습니다.

양원제 국가를 택하는 몇몇 나라에서는 상원의원은 만 30세나 만 35세, 만 40세 이상으로 규정하는 경우도 있습니다.

그러니까 외국의 경우를 대략 종합해 보면, 국회의원 선거권은 대개 만 18세, 피선거권은 만 21세에 시작되는 경우가 많습니다. 이에 비해 한국의 국회의원 선거권은 만 19세 이상, 피선거권은 만 25세 이상으로 높은 편입니다. '낮추자'를 비롯한 단체들은 이를 만 18세와 만 21세로 낮추자고 주장하는 것입니다.

선거권 연령 하향화의 쟁점들

사실 선거권 연령 문제는 청소년 인권을 주장하는 시민단체, 정치권, 그리고 헌법재판 등에서 많은 논의가 되어왔습니다. 국회의원 선거권과 피선거권 연령에 대한 헌법재판소의 판결도 두 차례 있었습니다.

만 20세 이상부터 선거권이 있던 1996년, 당시 만 19세라 선거를 못한 사람들이 이는 선거권과 평등권을 침해하는 것이라며 헌법재판소*에 심판을 청구했습니다.

심판을 청구한 사람들은 다음과 같은 점을 강조했습니다. 첫째는 근로기준법, 병역법, 혼인에 관한 법률 등 많은 법에서 만 18세 이상을 성인으로 규정하고 있다는 것입니다. 둘째, 과거에 비해 중등 교육을 이수한 사람이 다수여서 만 18~19세라도 정치적 의식은 과거의 만 20세에 비해 낮지 않고 셋째, 외국은 보

헌법재판소
우리나라의 다양한 법령이 국가의 최고법으로서 기본권을 제시하고 있는 헌법에 위배되는 것은 아닌지를 판단하는 기관.

통 만 18~19세부터 선거권이 주어진다는 것이지요.

이에 대해 헌법재판소에서는 다음과 같은 의견을 냅니다.

첫째, 선거권에서 연령을 규정하는 것은 그 연령 집단의 보통의 판단력을 고려해 정하는 것이기에 성별이나 계층, 사회적 신분에 따른 차별과는 다르다고 보아야 한다는 것입니다.

둘째, 어느 연령이 그러한 판단력에 도달했는지 정확하게 판단하기 어렵기에 입법자에게 그 연령을 정하도록 위임한 것입니다. 각 나라는 역사, 전통, 문화, 국민의 의식 수준, 교육적 요소, 미성년자의 신체적·정신적 자율성, 정치적·사회적 영향 등 여러 가지를 고려해 입법자가 연령을 결정하기 때문에 선거권 연령도 나라마다 다르다는 것이지요.

셋째, 우리나라의 만 18~19세 청소년은 대부분이 고등학교 3학년이거나 재수생이어서 이들의 학업을 고려하면 이들에게 선거권을 주는 것이 바람직하지 않을 수 있다는 것입니다.

결국 헌법재판소는 선거권에서 연령을 제한하는 것은 평등권을 침해한 것으로 보기 어렵다면서 소송을 기각했습니다. 하지만 사회가 발전했고 교육 수준이 높아졌으며 청소년들의 정치적 판단 능력도 향상되었기에 입법자들이 해결책을 찾아보라는 내용을 명시했습니다.

피선거권과 관련된 헌법재판은 2004년에 있었습니다. 국회의원 선거를 앞두고, 피선거권을 만 25세 이상으로 제한하는 것이 평등권을 침해하는지에 대한 재판이었지요. 재판부는 대부분의 나라에서 피선거권을 선거권보다 3세에서 7세 정도 높여서 정한다는 점을 강조했습니다. 이 재판에서도 연령 제한이 헌법의 평등권과 공무담임권 등을 침해한다는 주장은 기각되었습니다.

청소년들의 정치의식이 높아져야 하는 이유

결국 쟁점은 하나입니다. 정치적으로 합리적인 판단을 내릴 능력이 있는 나이를 몇 살부터로 볼 것인가 하는 점입니다. 선거권이나 피선거권을 낮추자고 주장하는 쪽에서는 만 18세에도 충분히 판단하고 결정할 수 있다고 주장합니다. 반면 대학입시를 앞두고 공부하는 것만도 버거운 청소년에게 선거권이나 피선거권을 주는 것은 무리라는 의견도 있습니다.

중요한 것은, 선거권과 피선거권 연령이 낮아지면 청소년들은 정치에 관심을 갖게 되고 정치적 의식이 높아지며 정치 활동이 더 많아질 것이라는 사실입니다. 정치 참여가 청소년에게 줄 수 있는 부담을 먼저 고려할지, 청소년의 정치적 참여의식을 높이는 것이 더 중요할지는 한번 생각해 봐야 할 문제입니다.

선거로 대표자를 정해야만 하는 대의민주주의에서 선거권은 개인의 의견과 권리를 주장하는 가장 중요한 수단입니다. 청소년 스스로 정치적 권리를 찾으려면 다양한 노력을 해야겠지요. 만 18세도 합리적인 판단 능력이 있다는 점을 입법자들에게 보여주는 것도 필요합니다.

"나는 곧 18세가 된다. 하지만 세금, 집세, 보험 등에 대해 아는 바가 없다. 그러나 시를 분석하는 데는 능하다. 그것도 4개 국어(독일어, 영어, 프랑스, 스페인어)로……."

'나이나 K'로 알려진 독일 고등학생이 트위터에 올린 글입니다. 아주 짧은 내용이지만, 장차 선거권과 피선거권을 가지고 성인으로 살아가야 할 학생들에게 사회에 나갔을 때 꼭 필요한 지식에 대해 가르쳐주지 않는 교육을 비판한 글로, SNS에서 빠른 속도로 퍼지며 화제가 되었지요. 그만큼 공감하는 청소년들이 많았다는 뜻일 것입니다.

청소년들의 정치의식이 높아져야 선거권과 피선거권 연령을 낮출 수 있다면, 학교에서는 무엇을 가르쳐야 할지에 대해서도 생각해 봐야 할 것 같습니다.

 선거권과 피선거권의 의미를 생각하면서 같이 토론해 봅시다

❶ 선거권을 갖는 나이를 만 18세로 낮추어야 할까요?

❷ 피선거권 연령이 선거권 연령보다 높은 것이 타당할까요?

❸ 국회의원 선거에서 선거권과 피선거권의 연령을 일치시켜야 할까요?

❹ 학교에서는 학생들이 정치적인 활동을 할 수 있는 방법을 가르쳐야 할까요?

8
청소년에게
휴식과 놀 권리를!

　방학이 시작되면 제일 먼저 생활계획표를 짜던 기억이 납니다. 일찍 일어나 맑은 정신으로 공부하고, 점심 먹고 잠시 쉬다가 다시 공부하고, 학원 다녀와서 또 공부하고……. 방학 동안 실력을 쌓겠다는 야무진 포부를 안고 하루의 대부분을 공부 시간으로 채워넣습니다. 하지만 계획대로 되는 날은 거의 없습니다. 하루하루 날이 갈수록 어쩐 일인지 노는 시간만 점점 더 많아집니다.

　요즘에는 방학때 생활계획표를 짜는 학생이 거의 없는 것 같습니다. 방학에도 다양한 캠프나 학원 스케줄이 있다 보니 말이 방학이지 실제로는 학업의 연장인 경우가 많을 것입니다.

　방학 동안 여러분은 무엇을 하며 지내나요? 또 개교기념일처럼 학교가 쉬는 날에는 어떻게 보내나요? 모처럼의 휴일이니 신나게 놀고 싶은

데 뭘 해야 할지 몰라 조금 막막해하면서 보낸 경험이 있을 것입니다. 다른 사람들이 모두 일하거나 학교에 가는 날 혼자 쉰다는 것이 어색하게 느껴졌을지도 모릅니다. 아니면 개교기념일이 중간고사나 기말고사 혹은 모의고사를 치르기 며칠 전이어서 시험공부를 하며 보낸 경우도 많았을 것입니다.

아무 걱정 없이 쉬어본 적이 있나요? 요즘은 청소년뿐 아니라 대한민국 모든 사람들이 쉴 권리를 제대로 누리지 못하는 것 같습니다. 온가족이 모여 식사를 해본 것이 언제인지 떠올려보세요. 다들 바빠서 한자리에 모이기도 쉽지 않지요.

지금부터는 노는 것에 대해 이야기해 보려 합니다. 여가 시간에 청소년들은 무엇을 하며 보낼까요? 여러분의 생각도 그렇고 제 생각도 그런데, 아마도 인터넷 사용이나 TV 시청이 가장 많을 것 같습니다. 우리 청소년들이 왜 이렇게 지내는지 살펴봅시다.

대한민국 청소년, 잘 시간도 놀 시간도 없다

몇 년 전 한 선거에서 어느 후보는 '저녁이 있는 삶'을 구호로 내걸었습니다. 퇴근 시간 후에도 일을 하고 직장 회식을 하느라 저녁에 가족과 함께하지 못하는 우리의 현실을 바꾸겠다는 뜻의 구호였지요. 직장인뿐 아니라 청소년들 역시 저녁이 있는 삶을 누리지 못하고 있습니다. 어쩌면 아침이 있는 삶도 누리지 못하고 있을지 모릅니다.

UN아동권리협약 제31조에 따르면, 아동은 충분히 놀고 쉴 권리를 갖고 있습니다. 충분히 쉬고 잘 놀아야 제대로 성장합니다. 또래집단이나 가족과 함께 자연 속에서 혹은 일상 속에서 놀고 쉬며 인간관계를 맺는 것은 신체적 성장만이 아니라 정신적인 성장을 위해서도 꼭 필요한 권리입니다.

그런데 우리나라 아동을 대상으로 한 조사에 따르면, 50퍼센트 정도가 자신에게 놀고 쉴 권리가 있다는 사실을 모르고 있습니다. 충분히 놀고 쉴 권리, 분명히 있으나 잊히고 만 권리입니다.

하루 24시간 가운데 8시간은 잠을 자는 시간입니다. 또다른 8시간은 일하는 시간, 학생이라면 공부하는 시간입니다. 근로기준법도 하루 8시간을 적당한 노동 시간으로 보며, 특별한 합의가 없는 한 오후 10시부터 오전 6시까지의 노동은 금하고 있습니다. 마지막으로 8시간이 남는데, 이 시간이 놀거나 쉬거나 자기 계발을 할 시간입니다.

2014년 한국청소년정책연구원의 발표에 따르면, 한국 고교생의 평균 수면 시간은 고작 5시간 27분입니다. 그리고 60퍼센트 이상의 중고등학생들의 휴식 시간이 하루 2시간 이하라고 답했습니다. 초등학생의 수면 시간은 8시간 19분, 중학생은 7시간 12분으로 고등학생보다는 길지만 4년 전 조사보다 줄어든 수치였습니다.

또한 휴일 낮 시간에는 온라인 게임을 가장 많이 하고 그다음이 친구와 놀기, TV 시청 그리고 공부였습니다. 공부 때문에 잠잘 시간이 부족하고 휴식 시간도 부족합니다. 그리고 부족한 휴식 시간에 할 수 있는 놀이는 실내에서 혼자 하는 것이 대부분입니다.

'쉼'을 박탈당한 청소년들, 노는 것은 나쁜 일인가?

네덜란드에 갔을 때 이야기입니다. 착륙을 준비하는 비행기 창을 통해 바깥을 내려다보다가 우리와 사뭇 다른 풍경에 놀란 적이 있습니다. 비행기에서 내려다보면 아파트 숲만 보이는 한국과 달리 녹색 공원이 매우 많아 놀랐고, 환한 대낮에 공원에서 뛰어노는 청소년들을 보고 또 한 번 놀랐습니다.

네덜란드뿐 아니라 다른 유럽의 도시에서도 많은 공원을 볼 수 있었습니다. 공원에서는 어김없이 어린아이와 청소년들이 뛰어놀고 있었고, 공원에서 체육 수업을 하는 모습도 보았습니다.

요즘에야 도시에 하나둘 공원이 생기고 있지, 과거 한국에는 아이들이 놀 수 있는 공원이 많지 않았습니다. 기껏해야 어린이 놀이터 정도였지요.

농촌에서 살았던 시절을 떠올려보면, 마을 한가운데에 큰 마당이 있었습니다. 수확철에는 타작을 하는 등 공동 일터였지만 평상시에는 아이들이나 학생들, 동네 어른들의 놀이터였습니다.

유럽에서 본 공원들도 사람들이 사는 곳 한가운데에 있었습니다. 나무들이 무성한 공원이 있고, 그 주변을 집들이, 그 밖을 공공건물이 둘러싼 형태였습니다. 공동체 한가운데에 공원을 만들어 아동과 청소년들이 안전하게 놀고 어른들은 쉴 수 있는 공간을 제공하고 있었던 것입니다.

그런데 우리는 집 주변뿐 아니라 학교 안에서조차 운동장이 점점 줄어들고 있습니다. 얼마 전 방문했던 어느 여고 운동장에는 하루 종일 학생 한 명 보이지 않았습니다. 심하게 말하면, 노는 것 자체가 인생을 포기한 것처럼 여겨지기에 놀기를 꺼리는 것 같았습니다.

사실 학부모들도 가능한 한 자녀들이 일찍 학교에 가서 저녁 늦게 돌아오기를 바랍니다. 학교에서는 놀지 않기에 학교에 오래 있을수록 더 오랫동안 공부하는 것이라고 여기기 때문입니다.

2000년대 중반 0교시 폐지 운동이 벌어졌던 것도 이 때문이지요. 1교시 수업이 시작되기 전 시간인 0교시에 대부분의 학교가 자율학습을 합니다. 1교시가 보통 8시 30분 전에 시작되니 학생들은 7시 30분 전에 집에서 나가야 합니다. 아침을 먹기가 쉽지 않을 수밖에요. 또한 잠도 충분히 자기가 쉽지 않습니다.

여기서 잠깐 충분한 수면과 아침밥 먹을 시간을!

2000년대 중반 0교시 폐지 운동 이후 10여 년이 지난 2014년부터 여러 학교에서 9시 등교제가 시작되었습니다. 2014년 2학기부터 갑작스럽게 시행되면서 불편해하는 사람도 많았지만, 2015년부터 9시 등교제는 더욱 확산되었습니다.

학생들은 늦춰진 등교 시간 덕분에 여유 있게 등교 준비를 하면서, 아침밥도 챙겨먹고 심리적으로도 여유가 있는 아침을 즐길 수 있게 되었습니다.

그런데 이 역시 밝은 풍경만 있는 것은 아닙니다. 자녀보다 일찍 집을 나서야 하는 맞벌이 부모들은 자녀를 집에 두고 가는 것을 불안해합니다. 그 시간에 아이가 인터넷을 하거나 늦잠을 자다가 학교에 지각하면 어쩌나 걱정합니다.

청소년들의 놀 권리와 그를 둘러싸고 있는 가정과 학교, 그리고 사회 간의 균형 잡힌 조정을 통해, 이제는 청소년들이 쉴 권리를 누리면서도 제대로 학습할 수 있는 방법을 찾아야 할 때입니다.

그래서 어떤 TV 프로그램에서는 '아침 먹고 학교 가기' 운동을 하면서 0교시 폐지 운동을 펼치기도 했습니다. 이 프로그램이 방송되던 기간에 반짝 사회적 관심을 끌었지만, 시간이 지나면서 이 운동은 거의 자취를 감추었습니다. 0교시를 시행함으로써 학생들이 일찍 일어나 공부하는 습관을 들이고 모자라는 수업을 보충하거나 과제 등을 할 수 있다며 긍정적으로 보는 시각이 더 많았기 때문입니다.

사실 한국의 어른들이 가장 후회하는 일 가운데 하나가 학창 시절에 열심히 공부하지 않은 것입니다. 그래서인지 자녀의 성적에 매우 관심이 많습니다. 자녀의 성적이 좋으면 부모로서 모든 희생을 다 보상받은 것처럼 생각합니다. 자녀 역시 열심히 공부해서 사회적으로 성공하고 부모님을 기쁘게 해드리고 싶은 마음이 들 것입니다.

이것도 나쁘지는 않습니다. 그런데 이 점은 한번 생각해 보아야 할 것입니다. 혹시 우리는 다람쥐 쳇바퀴 돌리듯 살아가는 것은 아닌지요. 쳇바퀴를 돌리면서 다람쥐는 쉴 수가 없습니다. 쉬는 순간 쳇바퀴는 멈추니까요. 하지만 정말 쳇바퀴가 멈추면 큰일날까요? 잠시 쳇바퀴 돌리기를 멈추고 쉰 다음 다시 열심히 돌리면 더 잘할 수 있지 않을까요? 우리에게는 쉼이 있는 공부, 휴식이 있는 노동이 필요합니다.

호모 루덴스, 놀이하는 인간으로 살아가기

쉬엄쉬엄 공부하고 신나게 놀면서 공부해도 모두가 행복할 수 있는 사회가 되었으면 좋겠습니다. 그러려면 무엇보다 경쟁을 하지 않아도 모두 행복한 사회를 만들어야 합니다. 또한 쉬는 것, 노는 것을 긍정적으로 생각하는 마음을 갖는 것도 필요합니다.

어떤 선생님이 영국에서 지낼 때 일입니다. 영국은 비가 자주 오는 곳이지요. 그런데 자녀가 다니는 초등학교에서 쉬는 시간에 비가 와도 학생들을 운동장으로 내보낸다는 것입니다. 비를 맞더라도 아이들은 놀아야 한다고 생각하기 때문일 것입니다.

공부 시간만큼 쉬는 시간도 중요하고, 공부하는 것만큼 노는 것도 중요하다는 인식 때문에 가능한 일이겠지요. 어떤가요, 부럽다는 생각이 드나요?

천연 자원이 부족한 한국에서 인적 자원은 매우 중요했습니다. 그러다 보니 고학력의 인적 자원은 국가 차원에서도 유용하고, 개인에게도 공부는 성공할 수 있는 중요한 조건이었습니다. 아마 이런 전통이 우리들을 쉼이나 놀이보다는 공부나 일에 매진하게 만들고, 놀이나 쉼을 부정적으로 보게 했을 것입니다.

'호모 루덴스(homo ludens)'라는 말을 들어본 적이 있나요? '놀이하는 인간'을 말합니다. 호모 루덴스를 주장한 네덜란드 학자 요한 하위징아(John Huizinga)에 따르면, 놀이는 다른 동물과 구별되는 인간의 특징으로 인간의 문화에 큰 영향을 끼쳤습니다.

더구나 요즘은 창조와 문화의 시대라고 하지요. 우리가 놀아야 할 이유는 많습니다. 그렇다면 어떻게 놀아볼까요? 벌써 인터넷부터 생각하고 있군요. 동네 골목 여행도 하고, 놀이로서 책도 읽고, 친구와 수다도 떨고 운동도 하면서 공부라는 쳇바퀴에서 잠깐 내려서 보세요.

'신데렐라 법'을 없애달라!

어떤 어머니는 아침마다 TV 코드와 컴퓨터 연결 잭을 핸드백에 넣고 출근길에 나섭니다. 부부가 모두 늦게 퇴근하다 보니 아이가 저녁에 학원도 빠지고 혼자 집에서 인터넷을 하거나 TV만 본다는 것입니다. 그런데 효과가 있을까 의문입니다. 몰래 연결 잭을 사다놓을 수도 있으니까요.

요즘 청소년들은 놀 곳이 없습니다. 학원 가느라 방과 후에도 바쁩니다. 그러다 보니 즐길 수 있는 거의 유일한 것이 온라인 게임입니다. 밤 10시가 넘어 학원에서 돌아온 학생들은 게임으로 하루의 스트레스를 해소합니다. 11시쯤 시작된 게임은 1시를 넘기기 쉽고, 이 때문에 다음 날 아침 일찍 일어나기가 어려울 수밖에 없습니다.

공부로 받는 스트레스를 풀어야 한다는 점은 충분히 이해하면서도 부모 입장에서는 걱정하지 않을 수 없습니다. 늦게까지 게임을 하고 싶어 하는 아이와 이를 막으려는 부모의 갈등이 커지는 것이지요.

이 와중에 정부에서는 만 16세 미만의 청소년은 밤 12시부터 새벽 6시까지 온라인 게임 접속을 금지하는 셧다운제를 도입합니다. 하루 종일 시키는 대로 공부만 하다 왔는데 게임마저 못하게 하니 청소년들 입장에서는 화가 날 수밖에 없습니다.

166

12시가 되면 사라지는 신데렐라도 아니고 한창 재미있게 게임을 하다가도 12시가 되면 퇴장해야 하니, 아예 온라인 게임을 하지 말라는 이야기로 느껴집니다.

사실 몇몇 청소년들만 밤을 새울 정도로 중독되었지 대부분은 1시 이전에 알아서 끝내는데, 최소한의 놀이조차 못하게 하는 것 같습니다. 그래서 셧다운제를 관장하는 여성가족부는 청소년들에게 '공공의 적'입니다.

일명 '신데렐라 법'이라고 불리는 셧다운제는 밤 10시 이후 학원 교습을 금지하는 제도와 마찬가지로, 청소년들이 충분히 휴식을 취하도록 하자는 취지였습니다. 그러나 청소년들은 정부가 그나마의 여가생활조차 방해한다고 생각합니다. 그러므로 애초의 입법 취지와 청소년의 반대 의사를 모두 존중할 수 있는 방안을 찾아야 합니다.

청소년의 삶에 온전한 휴식을 주어 다양한 놀이를 즐길 수 있도록 해야 합니다. 청소년은 '아침과 저녁 그리고 휴식과 놀이가 있는 삶'을 누릴 권리가 있습니다. 놀 권리는 잊힌 권리가 아니라 새롭게 누려야 할 권리가 되어야 합니다.

 청소년의 놀 권리를 생각하면서 같이 토론해 봅시다

❶ 9시 등교제는 학생들의 놀 권리 향상에 도움이 될까요?

❷ 셧다운제는 청소년의 놀 권리를 침해하는 것일까요?

❸ 학교는 공부 외에 노는 법에 대해서도 가르쳐야 할까요?

쉽게 쓴
UN아동권리협약

우리에게 권리가 있다는 것을 알고 있나요? UN아동권리협약이란 법이 있다는 것을 알고 있나요?

우리의 권리란 우리가 할 수 있는 것이 무엇인지를 알려줍니다. 또 우리가 행복하고 건강하고 안전하게 살 수 있도록 우리를 책임지는 어른들이 무엇을 해야 하는지를 알려줍니다. 물론 우리 자신에게도 다른 아이와 어른들도 똑같은 권리를 가질 수 있도록 도와야 할 책임이 있습니다.

협약(조약)이란 같은 법을 지키자는 나라들 사이의 약속입니다. 한 나라의 정부가 협약을 '비준한다'는 말은 그 협약에 쓰여진 법을 지키겠다는 뜻입니다.

우리나라는 1991년 11월 20일에 UN아동권리협약을 비준했습니다. 이 말은 우리의 정부가 이 협약에 적혀 있는 권리를 모든 아동과 청소년이 누릴 수 있도록 노력해야 한다는 뜻입니다.

이 협약의 각 조항들은 아동과 청소년의 권리를 하나씩 설명하고 있습니다. 협약은 법률가들을 대상으로 씌어졌기 때문에 어른들도 이해하기가 쉽지 않습니다. 그래서 가장 중요한 조항들만 골라 쉬운 말로 설명해 보려 합니다.

우리에게는 우리의 권리가 무엇인지 알 권리가 있습니다. 이 협약의 제 42조에 그렇게 씌어 있습니다.

🏛 제1조

18세가 되지 않은 모든 아동과 청소년은 이 협약에 적혀 있는 모든 권리의 주인이다.

🏛 제2조

우리가 누구이든지, 우리의 부모님이 누구이든지, 그리고 백인이건 흑인이건 간에, 남자이든 여자이든 간에, 한국어를 쓰든지 영어를 쓰든지 서울말을 쓰든지 사투리를 쓰든지, 무슨 종교를 믿든지, 또한 장애인이건 아니건, 부유하건 가난하건 간에 상관없이 우리 모두는 이 협약에 적혀 있는 권리를 가지고 있다.

🏛 제3조

어른이 우리에게 해주어야 하는 것이 있을 때, 그 어른은 최선의 것을 주어야 한다.

🏛 제6조

모든 사람은 우리들, 아동과 청소년 모두가 생명을 누리고 건강하게 살아갈 권리가 있다는 것을 알아야 한다.

🏛 제12조

어른이 우리에게 어떤 방식으로든 영향을 주는 결정을 내릴 때 우리에겐 우리의 의견을 말할 수 있는 권리가 있다. 그리고 어른은 우리의 의견을 진지하게 받아들여야 한다.

🏛 제13조

우리는 말과 글과 예술 등을 통해 여러 가지 것을 알고 우리 생각을 말할 권리가 있다. 하지만 다른 사람의 권리를 해치지는 않는지 잘 생각해서 해야만 한다.

🏛 제14조

우리는 우리가 원하는 대로 생각할 권리가 있고, 우리 자신의 종교를 정할 권리가 있다. 부모님은 무엇이 옳고 그른지 배울 수 있도록 우리를 도와주셔야 한다.

♎ 제15조
우리는 다른 사람들을 만나서 사귀고 모임을 만들 권리가 있다. 물론 다른 사람에게 해를 끼치기 위한 모임은 안 된다.

♎ 제16조
우리는 사적인 삶(프라이버시)을 누릴 권리가 있다.

♎ 제17조
우리는 라디오, 신문, 텔레비전, 책 등을 통해 세계 곳곳의 정보를 모을 권리가 있다. 어른들은 우리가 이해할 수 있는 정보를 얻을 수 있도록 도와주어야 한다.

♎ 제18조
우리의 부모님은 우리를 기르는 노력을 두 분이 함께 해야 하고, 우리에게 최선의 것을 해주어야 한다.

♎ 제19조
아무도, 어떤 식으로든 우리를 해쳐서는 안 된다. 어른들은 우리가 매를 맞거나 무관심 속에 내버려지게끔 놔두지 말고 우리를 보호해 줘야 한다. 우리의 부모님에게도 우리를 해칠 권리가 없다.

♎ 제22조
우리가 망명자인 경우, 우리는 특별한 보호와 도움을 받을 권리가 있다.

Ψ 제23조

우리가 정신적으로나 신체적으로 장애인인 경우, 다른 아이들처럼 자라날 수 있도록 특별한 보살핌과 교육을 받을 권리가 있다.

Ψ 제24조

우리는 건강할 권리가 있다. 우리는 아플 때 전문적인 치료와 보살핌을 받을 수 있어야 한다. 어른들은 우선적으로 우리가 아프지 않도록 먹이고 보살피는 데 최선을 다해야 한다.

Ψ 제27조

우리는 적절한 생활 수준을 유지할 권리가 있다. 부모님은 우리에게 먹을 것, 입을 것, 살 곳 등을 주어야 하고 만일 부모님이 어렵고 힘든 경우에는 나라에서 부모님을 도와주어야 한다.

Ψ 제28조

우리는 교육을 받을 권리가 있다. 초등 교육은 무료여야 한다. 또한 그 이상의 교육에도 무료 교육을 도입하여 우리 모두에게 기회가 주어질 수 있게 해야 한다. 학교 규율은 우리 모두가 귀한 사람이라는 데 어울리는 것이어야 하고, 뭐든 이 협약에 맞도록 운영돼야 한다.

Ψ 제29조

우리가 교육을 받는 것은 우리가 가진 사람됨, 재능, 정신적·신체적 능력을 맘껏 키우기 위해서이다. 또한 교육을 통해 우리는 자유로운 사회에서 다른 사람들의 권리를 이해하고, 깨끗한 환경을 생각하며, 책임질 줄 알고, 평화롭게 살아가는 법을 배워야 한다.

Ψ 제30조

소수 집단(예를 들어 미국의 원주민이나 우리나라의 이주노동자에 속하는)의 아동과 청소년에게도 자신만의 문화를 즐기고, 자신들의 종교를 믿으며, 자신들의 언어를 사용할 권리가 있다.

ψ 제31조
우리에겐 쉬고 놀 수 있는 권리가 있다.

ψ 제32조
우리가 일을 해서 돈을 벌 때는 건강에 안 좋거나 학교에 가지 못할 상황에서 일하지 않도록 보호받아야 한다. 우리가 일을 해서 누군가 돈을 번다면 우리는 우리가 일한 대가를 받아야 한다.

ψ 제34조
우리는 성적 학대로부터 보호받을 권리가 있다. 아무도 우리 몸에 우리 자신이 원하지 않는 것을 할 수 없다. 곧 누군가가 함부로 우리 몸을 만지거나 사진을 찍거나 말하고 싶지 않은 것을 말하게 할 수는 없다.

ψ 제37조
우리가 큰 잘못을 저지를 수가 있다. 잘못을 하면 벌을 받아야 하지만 그렇다고 우리에게 심한 창피를 주거나 상처를 주는 벌을 내릴 수는 없다. 최후의 방법인 경우를 빼고는 우리를 감옥에 들어가게 해서는 안 된다. 만일 감옥에 들어갔을 경우 우리는 감옥에서 특별한 보호를 받을 권리와 정기적으로 가족을 만날 수 있는 권리가 있다.

ψ 제38조
우리는 전쟁이 일어났을 때 보호받을 권리가 있다. 15살까지는 절대로 군대에 들어가거나 전쟁에 참여해서는 안 된다(이 나이는 나중에 만들어진 국제협약으로 18세로 바뀜).

🔱 제40조

우리가 범죄를 저질렀다는 혐의를 받을 경우, 우리 자신을 보호할 권리가 있다. 경찰과 변호사와 법관은 우리를 존중해야 하고 모든 일을 우리가 이해할 수 있게 해주어야 한다.

🔱 제42조

모든 어른과 아이는 이 협약에 대해 알아야 한다. 우리는 우리의 권리에 대해 배울 권리가 있고 어른들도 역시 이 권리들에 대해 배워야 한다.

아동권리협약에는 모두 54개 조항이 있는데, 나머지 조항들은 모든 아동과 청소년이 자신의 권리를 가질 수 있으려면 어른들과 정부가 어떻게 협력해야 하는지에 대해 얘기하고 있습니다.

협약을 직접 읽어보는 것도 좋습니다. 친구들, 부모님, 선생님과 협약에 관해 이야기를 나누어보세요. 다른 사람들에게 아동·청소년의 권리에 대해 이야기하는 것은 곧 다른 아이들을 돕는 일이 됩니다. 아동과 청소년이 권리를 가지고 있다는 것을 더 많은 사람들이 알게 될수록, 사람들은 모든 아이가 건강하고 안전하고 자유롭게 자라나기 위해 해야 할 일들을 도와주려고 할 테니까요.

류은숙,《인권오름》제211호, 2010. 7. 14

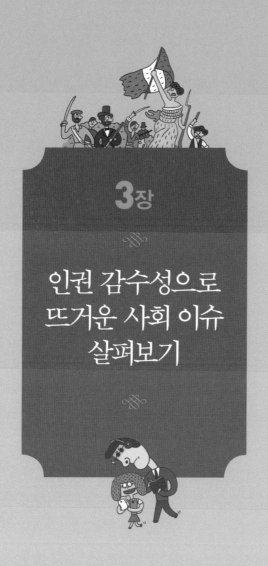

3장

인권 감수성으로
뜨거운 사회 이슈
살펴보기

1

국가 권력의 감시를
어디까지 허용해야 하는가?

첩보 영화를 보면 종종 국가 정보 요원이 주요 인사의 통화 내용을 엿듣는 장면이 나옵니다. 매력적인 외모의 정보 요원이 정확한 순간에 결정적인 정보를 찾아내어 성공적으로 임무를 완수합니다. 영화를 보면서 우리는 주인공인 정보 요원의 일이 무사히 끝나기를 조마조마한 마음으로 기다립니다.

그런데 실제로 그런 일이 일어난다면 어떨까요? 혹시 그런 일을 당하는 사람이 나의 지인이라면, 또 나쁜 일을 한 사람도 아니라면, 이때도 우리는 비밀 정보를 캐내는 정보 요원의 활동을 멋있다고 느낄까요?

과거와 달리 요즘은 휴대전화나 이메일로 주로 소통하기 때문에 도청이나 해킹이 훨씬 더 광범위하게 이루어질 수 있습니다. 국가 권력이 나의 사생활을 엿보고 있다면, 나도 모르게 나를 감시하고 있다면 어떨까요?

국가가 나를 감시할 수도 있다는 생각이 들면, 내 생각을 표현하거나 어떤 행동을 할 때 혹시 문제가 되지는 않을지 자기 검열을 하게 됩니다. 이처럼 국가 권력에 의한 감시는 사상과 표현의 자유마저 통제할 수 있습니다. 단지 영화 속에서만 일어나는 일이라면 좋겠지만 실제로도 이런 일이 벌어진다면 생각만 해도 끔찍합니다.

끝나지 않은 '분서갱유', 언론 통제의 오랜 역사

진시황이 중국을 통일하기 전, 중국은 춘추전국 시대라고 부를 만큼 여러 나라로 흩어져 있었습니다. 그 속에서 다양한 철학과 사상이 싹텄지요. 수많은 학파와 수많은 학자라는 뜻에서 이를 제자백가라고 합니다. 진시황은 그 가운데 법가 사상을 받아들이고 강력한 법으로 나라를 다스립니다. 그는 법가 사상 말고는 모두 없애기 위해 유가, 도가 등의 사상을 담은 책들을 모두 찾아내 불태워버립니다. 바로 분서갱유(焚書坑儒)◆입니다.

쉽게 말해서 분서갱유는 나와 다른 의견이 세상에 존재하는 것을 용납하지 않는 것이지요. 많은 나라에서 이와 비슷한 일들을 해왔습니다. 왕정 시대에는 왕의 통치에 반대하는 사람들에게 죄를 씌워 가문을 멸하기도 했습니다. 또한 높은 계층이 아니면 글을 배우지 못하도록 하여 그들의 사고나 인식을 막기도 했습니다.

우리나라에서는 일제 강점기에 통치 세력이 자신들에 반대하는 의견을 표현하지 못하도록 했습니다. 조선총독부에서는 신문, 소설, 영화 등을 미리 검열해 친일 내용만 허용했습니다. 광복 이후 정권들도 비슷한 식으로 언론을 통제했습니다.

가장 대표적인 예가 1974년의 동아일보 사건입니다. 당시 정부는 유신 헌법에 반대하는 시위가 일어났거나 하는 기사를 쓰지 못하게 했습니다. 그런데 동아일보는 이와 관련된 사설을 냅니다. 그러자 정부는 기업들에게 동아일보에 광고를 싣지 못하게 합니다.

광고 수입으로 신문을 발행하는 것인데 광고를 막았으니 동아일보는 큰 타격을 받았겠지요. 7개월간 계속된 광고 탄압으로 동아일보는 3면이나 백지로 신문을 발행하기도 했습니다. 결국 신문사는 정부의 뜻대로 114명의 기자를 해고하고 맙니다. 정부가 언론을 직접 검열한 것은 아니지만, 광고 탄압이라는 방식으로 언론을 통제한 대표적인 사례입니다.

대의민주주의에서 언론은 입법부, 행정부, 사법부에 이은 '제4부'라고 불립니다. 그만큼 국민의 의견을 대변한다고 여기기 때문입니다. 이런 언론을 정부가 통제하는 것은 진시황의 분서갱유처럼 원하지 않는 것은 듣지도 않겠다는 태도입니다.

현대의 민주주의 국가에서는 언론의 자유를 보장합니다. 그만큼 국민

분서갱유

한자어를 그대로 풀이하면 책에 불을 지르고 선비들을 생매장한다는 뜻. 중국을 통일한 진시황이 법가 사상을 채택하여 통치하자, 신하들은 법가 사상에 반대하거나 비방하는 서적을 불태워 없애자는 의견을 냈고 진시황은 이를 받아들여 분서갱유 정책을 시행했다. 농업이나 의약 등 생활에 필요한 서적을 제외한 사상 서적들은 모두 모아서 불태워 없애버렸다. 그후 아방궁 건립 과정에 반대하는 사람들이 나오자 이들을 잡아들여 생매장한 기록도 있다. 이런 일들을 모두 분서갱유라고 한다.

의 알 권리가 중요하기 때문입니다. 그러니 언론을 통제하는 것은 민주주의를 후퇴시키는 것입니다. 더 심각한 문제는, 언론이 통제되면 정부 권력이 무엇을 어떻게 통제하는지조차 알 길이 없다는 것입니다.

CIA, 아인슈타인을 감시하다?

언론을 감시하고 통제해 온 역사와 더불어 개인에 대한 감시의 역사도 만만치 않습니다. 대부분의 나라가 비밀 정보를 수집하는 기관을 가지고 있습니다. 그런데 이들이 정보를 수집하는 이유가 정말로 국가 안보를 위한 것인지 의문이 드는 경우가 있습니다.

1940년대 후반 미국이 소련을 감시하기 위해 만든 CIA는 국내 정치에 관여하지 못하게 되어 있습니다. 하지만 정치인들의 사생활을 캐내어 정치적으로 이용했다는 평가를 받습니다.

CIA는 아인슈타인마저 감시했다고 하지요. CIA의 개인 사찰은 1970년 대 베트남 전쟁 시기에 더 심해집니다. 나중에 밝혀진 문서에 의하면, 베트남 전쟁에 반대하던 반전운동가들의 사생활을 캐내어 나쁜 소문을 퍼뜨려 실직시키거나 이혼에까지 이르게 하기도 했습니다. 흑인 민권운동가였던 마틴 루터 킹 목사에 대한 정보도 캐냈습니다. 국가 안보와 상관 없는 개인의 정보 수집, 이를 이용한 협박 등은 매우 흔한 일이었음이 확인되었지요.

사생활의 자유와 언론의 자유를 어떤 나라보다 강조하는 미국에서 일어난 이런 일이 한국에서는 없었을까요? 한국의 첩보 기관은 국가정보원입니다. 국정원의 전신인 중앙정보부나 국가안전기획부(안기부)에서도 개인 사찰이 있었을 것입니다. 안기부는 부인했지만, 인권 단체에서는 이들이 정부에 반대하는 종교 단체나 정당인, 언론인까지 사찰했다고 주장합니다.

최근에는 청와대의 민간인 사찰이 논란이 되기도 했습니다. 청와대 문서가 언론에 알려지는 과정에서 불법 사찰한 정황이 포착된 것입니다. 청와대는 권력자의 친인척을 사칭한 사람들에 대한 정보이지 민간인이 아니라며 부인했지만, 여전히 정부가 반대자들을 사찰한다는 의혹은 배제하기 어렵습니다.

여기서 잠깐

매카시즘과 자기 검열

미국 상원의원의 이름을 딴 '매카시즘'은 미국의 반공 사상을 뜻하기도 하지만, 상대방을 공산주의자로 낙인 찍어 공격하는 현상을 말합니다.

1950년대 냉전 체제에서 자유주의 진영을 이끌던 매카시(Joseph R. Mccarthy)는 "미 국무부 내에 200여 명의 공산주의자가 있다"고 주장했고, 이에 대대적인 색출이 시작되었습니다. 진보 성향의 국무부 인사들이 강제 추방을 당하고, 문단이나 영화계에서도 수많은 사람들이 공산주의자로 낙인 찍혀 사회적으로 매장당합니다. 그러나 몇 년 후 매카시의 말은 실체가 없는 것으로 밝혀집니다.

매카시즘처럼 극단적인 선동이 일어나면 개인은 두려움에 떨고 위축될 수밖에 없습니다. 매카시즘은 문학이나 영화, 신문 등 다양한 표현물에서 자기 검열을 하는 문제를 불러옵니다.

하나의 의견만 있는 사회보다는 다양한 의견이 공존하는 사회가 훨씬 더 건강합니다. 이런 점에서 매카시즘에 의한 선동과 낙인찍기가 이루어지는 것은 사회를 건강하지 못하게 만드는 요인입니다.

"권력을 감시하지 않으면 자유란 없다"

정부는 언론 통제뿐 아니라 개인의 사생활을 캐내고, 반대자들을 통제할 만한 힘을 가지고 있습니다. 하지만 그것은 불법입니다. 정부는 특정 정권이나 개인의 소유물이 아니며, 자신들의 권력을 유지하기 위해서가 아니라 오로지 국민을 위해 일해야 하기 때문입니다.

미국의 한 대통령이 이를 망각하고 자신을 위해 권력을 사용하다가 자리에서 물러난 사건이 있었습니다. 바로 워터게이트 사건입니다. 탄핵으로 물러난 최초의 미국 대통령 닉슨이 이 사건의 주인공입니다.

미국에는 공화당과 민주당이 있습니다. 닉슨은 공화당 출신으로 1969년 대통령에 당선되었습니다. 미국 대통령은 연임이 가능하지요. 닉슨도 다른 대통령처럼 다음 선거에서 이겨 연임하고 싶었을 것입니다.

대통령 선거가 얼마 남지 않은 1972년 6월 17일, 한 건물에서 5명의 건물털이범이 잡힙니다. 그 건물 이름이 바로 워터게이트 빌딩인데요. 이곳에는 공화당과 대립하는 민주당의 전국위원회가 입주해 있었습니다. 수사 결과 이들은 건물털이범이 아니라 도청을 위해 건물에 몰래 들어간 것이었습니다.

닉슨은 이 사건이 백악관과 무관하다고 밝혔습니다. 그리고 사건이 보도되는 것을 막으려 했습니다. 대통령 선거가 얼마 남지 않은 상황이었던 것을 감안하면, 닉슨 정부가 얼마나 그 사건을 덮으려 애썼을지 상상이 갈 것입니다. 그러나 《워싱턴포스트》는 5명의 건물털이범 가운데 CIA 요원이 있으며 그들이 닉슨을 위해 일했다는 사실을 보도합니다. 그런데도 이미 많은 지지를 받고 있던 닉슨은 대통령 선거에서 민주당 후보를 누르고 재선에 성공합니다.

문제는 닉슨이 재선에 성공한 뒤에 벌어집니다. 다른 신문사들도 워터게이트 사건에 관한 기사를 내보내고, 사법부도 이에 대해 문제를 제기한 것입니다. 처음에 닉슨은 자신과 무관한 사건이라고 했지만, 시간이 지나면서 대통령 모르게 아랫사람들이 알아서 한 일이라고 주장합니다. 그러나 청문회에서 결정적 증거가 나오게 됩니다. 대통령의 집무 과정에서 있었던 것을 녹음한 파일이 공개되면서, 법무부까지 관련되어 민주당을 도청한 사실과 온갖 비리가 밝혀집니다. 결국 1974년 의회에서 대통령 탄핵이 결정됩니다.

사실 닉슨 이전의 정부들도 불법 도청과 비리 문제를 가지고 있었고, 워터게이트 사건은 또다른 음모라는 주장도 있습니다. 그러나 분명한 것은 도청은 엄연한 범죄이며, 권력을 유지하기 위해 도청을 행하다 오히려 권력을 잃었다는 사실입니다.

미국의 국부로 불리는 토마스 제퍼슨은 "끊임없이 (권력을) 감시하지 않으면 자유란 없다"고 했습니다. 워터게이트 사건은, 우리가 자유를 비롯한 다양한 권리를 누리기 위해서는 국가 권력을 지속적으로 감시해야 한다는 점을 보여주고 있습니다.

국가가 나를 감시하고 있다면?

사회가 발전할수록 합리성이 커지고 불법 행위가 줄어들 것 같지만, 제대로 감시하고 관리하지 않으면 발달한 기술은 우리 삶에 더 큰 위험이나 혼란을 불러올 수 있습니다. 이메일 해킹이나 휴대전화 감청에 대한 우려는 이미 있었고, 최근에는 일상적인 이야기를 나누는 SNS나 인터넷 메신저 감청 논란도 있습니다.

정부는 국정원의 개인 사찰이나 도·감청이 국가 안보 때문이라고 합니다. 북한의 간첩 활동을 파악하기 위해서라는 것이지요. 그러나 최근 들어 많은 사람들이 인터넷상의 국적을 바꾸고 있습니다. SNS나 인터넷 메신저를 감시당할 수 있다는 두려움 때문이겠지요.

정부가 우리의 대화를 감청하는 것은 국가 안보를 위해서라는데 정말로 그래서인지 알 길이 없습니다. 물론 분단된 국가에서 국가 안보는 매우 중요합니다. 그러나 국민의 세금으로 국민을 위해 일하는 능력 있는 정부라면, 개인들의 대화를 감청하지 않고도 국가 안보를 지킬 수 있어야 하지 않을까요?

 국가 권력의 감시와 검열의 타당성을 고민하면서 같이 토론해 봅시다

❶ 국가 안보를 위해 정부가 개인을 감시하는 것을 인정해야 한다는 주장을 어떻게 생각하나요? 찬반 토론을 해봅시다.

❷ 과학과 기술의 발달로 감시 사회가 될 것이라는 주장에 대해서는 어떻게 생각하나요?

2
인터넷 시대의 '마녀 사냥', 신상 털기와 잊힐 권리

2015년 초 임신한 아내를 위해 크림빵을 사들고 집으로 돌아가던 젊은 가장이 뺑소니 차에 치여 사망하는 사건이 일어났습니다. 경찰이 확보한 CCTV 화면이 공개되자 '네티즌 수사대'는 흐릿한 화면 속에서도 차종에 대한 정보를 쏟아냈습니다. 어느 나라에도 없는 네티즌 수사대가 찾아낸 정보는 범인을 잡는 데 큰 몫을 했습니다.

네티즌 수사대는 범죄 관련 정보를 찾아내는 데만 그치지 않습니다. 연예인의 사생활을 파악하는 데에도 실력을 발휘합니다. 한 연예인이 과거에 다른 연예인과 사귄 적이 있다는 이야기만 듣고도 일주일 안에 그가 누구인지 밝혀낼지 모릅니다. 다양한 증거 자료와 함께 말입니다.

지식정보 사회인 오늘날에는 누구나 인터넷으로 지식과 정보를 쉽게 생산하고 유통할 수 있습니다. 산업 사회까지만 해도 지식과 정보는 전문가들의 전유물이었습니다. 특정 집단에서만 유통될 수 있었던 만큼, 지식과 정보는 고결한 대접을 받았고 고급스러운 상품 역할을 했습니다.

그러다가 지식정보 사회로 접어들면서 대부분의 사람들이 자기 나름의 지식과 정보를 생산할 수 있게 되었습니다. 게다가 실시간으로 유통할 수도 있게 되었지요.

이제 정보는 누구나의 것이 되었습니다. 자기 삶의 기록도 정보가 되며, 정보는 다양한 방식으로 소통되어 중요한 상품인 동시에 일상적인 대화의 소재가 되지요.

더 이상 안전하지 않은 내 삶의 기록들

특히 인터넷 세상에서는 수많은 지식과 정보가 교환되고 재생됩니다. 이를 수많은 사람들이 동시에 접속하여 보고 즐기며 의견을 남기고 또 다른 곳으로 퍼 나르기도 합니다. 이 모습을 자세히 관찰하면 마치 고대 로마의 원형경기장과 비슷합니다.

로마의 원형경기장 콜로세움은 관중들이 높은 곳에 앉아 아래쪽에서 벌어지는 경기를 관람하는 구조입니다. 콜로세움이 나오는 영화를 본 적이 있다면 한번 기억을 떠올려보세요. 검투사가 사나운 맹수의 공격에도 용맹하게 맞서 싸우면 관객들은 하나가 되어 기립하여 환호하고 검투사를 치켜세웁니다.

하지만 마음에 들지 않는 경기를 펼친다면 거수를 통해 검투사를 죽일 수도 있습니다. 관중들이 순간의 광기에 휩싸여 내리는 선택에 따라

누군가는 죽고 누군가는 영웅이 됩니다.

그 광기는 오늘날 수많은 네티즌에게서도 나타날 수 있습니다. 흔히 '신상을 턴다'고 하지요. 화제에 오른 한 인물의 개인 정보는 순식간에 퍼져나가고, 사생활은 고스란히 노출됩니다. 이는 인격적인 모독과 비난으로 이어지지요. 선한 일을 한 사람이라면 한순간에 영웅이 되지만, 악한 일을 한 사람은 사회적으로 사형을 선고받는 것이나 다름 없습니다.

인터넷에서 신상을 터는 행위는 오프라인에서보다 더 큰 문제가 됩니다. 만약 어떤 스토커가 나를 따라다니면서 내 개인 정보를 캐내고 감시하는 것은 굉장히 큰 위협입니다. 사생활 침해일 뿐 아니라 범죄 행위입니다. 그러나 스토커가 다른 사람에게 말하지 않는 한 내 정보가 퍼져나가는 일은 없습니다. 알려진다 하더라도 그나마 범위가 넓지 않습니다.

그러나 인터넷에서는 완전히 다른 양상입니다. 내 사생활은 이제 세상 누구나 아는 사실이 되어버립니다. 시간이 흘러 내 정보가 어떤 경로로 퍼져나갔는지 스스로도 잊을 즈음에도 인터넷에는 유적처럼 정보가 남아 있을 수도 있습니다.

나의 신상 정보를 지켜라

범인을 잡는 데 기여하는 것처럼 네티즌 수사대는 긍정적인 역할도 하지만 부정적인 사례도 많습니다. 가장 기본적인 문제는 개인의 사생활이 제약 없이 드러난다는 점입니다. 심지어 그 과정에서 틀린 정보가 양산되는 경우도 있습니다.

어린이집 보육 교사가 아동에게 폭력을 가했다는 뉴스가 나오자 네티즌 수사대가 그를 찾아내 신상 털기를 한 적이 있습니다. 그런데 보육 교사의 전화번호라고 알려졌던 것이 실은 피해아동 부모의 번호인 것으로 드러났습니다. 또 몇 년 전 아동 성폭력 사건이 일어났을 때는 범인이 아이 엄마와 PC방에서 몇 번 만난 사이라는 이유로 그 엄마의 행실에 관한 이야기들이 조작되기도 했습니다.

신상 털기가 일상화되고 사람들이 이에 무감각해지면서 다양한 문제들이 발생하고 있습니다. 얼마 전 친구가 입학한 대학 인터넷에 접속해 입학을 취소한 재수생도 있었습니다.

A와 B는 직접 만난 적은 없지만 온라인을 통해 5년 이상 친구로 지내왔습니다. 그러던 중 A는 원하는 대학에 합격했고, SNS를 통해 친구들에게 합격 사실을 알리면서 합격통지서도 같이 올렸습니다. 재수 중인 B는 자신이 작년에 떨어졌던 대학의 학과에 A가 붙자 심통이 났던 모양입니다. 합격통지서에 나온 A의 신상 정보*와 알고 있던 아이디 등을 활용해 대학 홈페이지에 로그인하여 입학을 취소한 것입니다.

나중에 이 사실을 파악한 대학은 A를 구제해 주었습니다. 하지만 A는 이미 자신의 인생이 바뀔 만한 아찔한 경험을 한 셈입니다. 범죄를 저지른 B가 제일 문제이지만, A에게도 자신의 정보를 관리하지 못한 잘못이 있습니다.

나의 이름, 주민등록번호, 주소, 현재 소속된 곳, 은행 계좌번호, 이메일 주소, 전화번호 등 모든 것은 신상 털기의 자료가 되며, 나도 모르게 악용되어 큰 문제를 일으킬 수 있다는 점을 늘 명심해야 합니다.

내 개인정보를 필요할 때 올리고 필요할 때 지울 순 없을까?

자신의 사생활이나 생각을 SNS를 통해 공유하는 것이 일상이 된 요즘, SNS 활동을 하지 않으면 외톨이가 될까 봐 두려울 수도 있습니다. 그러나 더욱 두려워해야 할 것은 무심결에 올린 내 정보가 나도 모르게 유출될 수 있다는 점입니다. 내가 어디서 무엇을 하는지 바로바로 사진을 찍어 올리고, 내가 어느 곳에 살고 무슨 일을 하며 내 가족은 누구인지 시시콜콜 쓰다 보면 중요한 정보가 노출될 수 있다는 점을 더 두려워해야 합니다.

인터넷에 올린 사진이나 글, 내 정보를 완전히 지울 수 있다면 얼마나 좋을까요? 그러나 인터넷의 특성상 쉽지가 않습니다. 내가 올린 정보일지라도 내가 전혀 통제할 수 없는 공간에 존재하는 경우가 많고, 그 경우 내가 올린 정보임에도 내 마음대로 삭제할 수가 없습니다.

연예인들의 과거 사진을 본 적이 있나요? 지금과는 너무 다른 모습에 놀림을 받으니 당사자는 사진을 삭제하고 싶을 것입니다. 그러나 내가 올린 정보라도 내가 통제할 수 없는 공간으로까지 퍼져나가기도 하고, 내 마음대로 삭제할 수 없는 때가 많지요.

연예인이 아니라도, 이혼 후 재혼을 하려는데 전남편과 다정하게 찍은 사진이 온라인에 남아 있어 걱정하는 사람도 있습니다. 결혼할 상대의 부모는 재혼임을 모르는데, 이전 결혼생활 사진이 노출되어 곤란을 겪은 사람도 있습니다.

생각하기 싫은 과거의 사진이나 사건들이 주변 사람들의 손을 거쳐 내가 전혀 모르는 곳에 떡하니 자리 잡고 있을지도 모른다고 생각하면, 누구나 마음이 편치 않을 것입니다. 이럴 경우 사생활의 자유를 들어서 그런 자료를 삭제해 달라고 요구할 수 있습니다.

새롭게 요청되는 '잊힐 권리'

인터넷이 없던 시절에는 개인의 사적인 정보가 공개되더라도 시간이 지나면 잠잠해졌습니다. 그러나 요즘은 검색어 하나로 과거의 모든 정보를 찾아볼 수 있게 되었지요.

과거에 내가 올린 정보나 내가 올리지 않았지만 나와 관련된 정보를 삭제하기를 원하는 사람들이 많아지면서 '잊힐 권리'에 대한 논의가 나오고 있습니다. 잊힐 권리란 인터넷에서 유통되는 정보, 특히 개인의 정보를 삭제하거나 수정해 달라고 요청할 권리입니다.

그런데 잊힐 권리는 사생활의 자유 및 비밀 보장의 권리와는 조금 차이가 있습니다. 개인의 정보이지만 공적인 정보일 경우도 있는데요. 이를 아예 공개되지 않도록 요구할 권리가 바로 잊힐 권리입니다. 즉 사적인 정보뿐 아니라, 한 개인과 관련된 공적인 정보를 무기한으로 보관하는 온라인 데이터베이스에서 해당 정보를 삭제하거나 일정 기간만 유통시키거나 수정하는 것도 포함됩니다.

잊힐 권리는 '곤잘레스 사건'에서 시작되었습니다. 2009년 스페인의 변호사 곤잘레스는 구글에서 자신의 이름을 검색해 보았습니다. 그리고 1998년에 자신의 집이 경매에 부쳐진 사실을 누구나 검색할 수 있다는 사실을 알았습니다.

그는 구글에 이 정보를 삭제해 달라고 요구했습니다. 구글과 법적인 분쟁이 일어났고, 결국 2014년에 유럽사법재판소*는 곤잘레스의 요구대로 삭제하라

> **유럽사법재판소**
> 유럽연합(EU) 내 최고 재판소로 룩셈부르크에 있다. EU 집행 기관의 활동이 적법한지 심사하고, EU 회원국 사이의 분쟁을 심리한다. 손해 배상 청구 등 개인이 제기하는 문제도 심리한다.

는 판결을 내렸습니다. 그런데 그 정보는 합법적인 절차에 따라 고지되었고 이미 언론에도 보도된 것이기에 사생활 침해로 보기 어렵다는 주장도 있습니다. 그러니 이 경우엔 개인의 사생활의 자유와 함께 언론의 표현의 자유도 같이 고려해야 합니다. 문제는 계속 남아 있습니다.

잊힐 권리와 표현의 자유가 충돌할 때

곤잘레스의 사건에서 보듯이 잊힐 권리는 표현의 자유와 마찰을 일으키곤 합니다. 표현의 자유보다는 사생활 보호를 우선시하는 유럽에서는 2012년에 일반정보보호규정(General Data Protection Regulation, GDPR)을 만들었습니다. 잊힐 권리를 보장하는 법이지요.

사생활 보호보다는 표현의 자유를 우선시하고 온라인 네트워크 기업이 많은 미국은 이와 반대입니다. 미국에서는 잊힐 권리를 법으로 정하는 것은 표현의 자유를 침해하는 것이라는 의견이 더 많습니다.

잊힐 권리가 법으로 정해지지는 않았지만 우리는 지금도 개인 정보를 삭제해 달라고 요청할 수 있습니다. 우리가 사생활의 자유와 비밀 보장의 권리를 가진 덕분입니다. 누구나 사생활을 공개하지 않을 권리가 있지요. 하지만 예외도 있습니다. 예를 들어 정치인의 사생활은 공익과 관련되어 있습니다. 그래서 이때는 국민의 알 권리와 언론의 표현의 자유 등을 고려하여 보호하지 않기도 합니다.

그런데 잊힐 권리가 법으로 정해지면 정치인들이나 기업들이 자신에게 유리한 정보만 남겨두고 불리한 정보는 삭제할 것이라며 반대하는 의견도 있습니다. 또 잊힐 권리가 인정되면 표현의 자유를 위축시킬 것이라며 반대하는 사람들도 많습니다. 부정적인 정보는 삭제하거나 수정하고 긍정적인 정보만 남겨놓는 정보 위조도 얼마든지 가능하다며 반대하기도 합니다.

특히 정부나 권력층에서 정보를 삭제해 달라고 요청할 경우 문제가 될 수 있습니다. 그 요청이 받아들여져서 신문 기사도 삭제되면 언론의 표현의 자유와 국민의 알 권리를 침해할 수 있으니까요.

그러나 이런 경우도 있지요. 어떤 연예인이 무죄 판결을 받았는데도 연관 검색어로 해당 사건이 계속 검색된다면 사생활 침해일 수 있기에 문제가 됩니다.

이런 일은 연예인이 아닌 보통 사람들에게도 충분히 벌어질 수 있습니다. 더구나 요즘처럼 신상 털기로 개인 정보가 무분별하게 유통되는 상황이라면, 잊힐 권리가 절실할 수밖에 없지요. 결국 잊힐 권리를 보호하면서도 표현의 자유를 지킬 수 있는 방법을 지혜롭게 찾아나가야 합니다.

 잊힐 권리와 표현의 자유를 생각하면서 같이 토론해 봅시다

❶ 인터넷에서의 다양한 사건과 그로 인한 신상 노출 문제를 고려하면 잊힐 권리를 법으로 보장해야 할까요?

❷ 잊힐 권리를 법으로 정할 경우, 기업들이 자신에게 부정적인 정보를 함부로 삭제하지 못하게 제한하는 조건을 넣는 것이 가능할까요?

3

양심의 자유와 신념 그리고 국방의 의무

대한민국에서 제일 민감한 문제 가운데 하나가 국방의 의무입니다. 국방의 의무를 지지 않은 연예인에게 대중들은 매우 비판적입니다. 연예인뿐만이 아닙니다. 국무총리나 장관과 같은 고위 공직자 후보를 검증할 때도 국방의 의무를 다했는지가 매우 중요합니다. 후보 본인뿐 아니라 자녀들의 병역까지 확인합니다.

우리가 이렇게 국방의 의무에 민감한 이유는, 모병제*가 아닌 징병제*에 따라 병역을 수행해야 하기 때문일 것입니다. 대부분의 남성들은 인생의 황금기인 20대의 2년여를 군대에서 보내야 합니다. 그런데 누군가는 불법으로 또는 권력을 이용해 군대에 가지 않는다면 용인하기 힘들 것입니다.

징병제와 모병제

국가의 안녕과 평화를 유지하고 방위하기 위해 그 대상을 정해 국방의 의무를 강제로 지우는 것을 징병제라고 한다.

이와 달리 지원자를 대상으로 직업군인을 모집하는 것은 모병제라고 한다.

갓 제대한 어느 젊은이가 했던 말이 기억납니다. 자신이 군대에 있는 동안에도 세상은 잘 돌아가고 있었다는 사실이 어쩐지 서운하다고 했습니다. 자신은 힘들었던 군대의 경험이 잊혀지지가 않는데 세상은 군대에 다녀왔다는 사실에 아무런 의미도 부여하지 않는 것 같다고, 다시 세상에 적응하기 힘들다고 하더군요.

아무리 군대가 과거에 비해 좋아졌다고 하고, 아무리 '국방의 의무'라는 말로 멋지게 표현한다 해도, 군대는 기꺼이 가고 싶은 곳은 아닙니다. 그러니 군대에 다녀온 사람들의 입장에서 정당한 이유 없이 군대를 가지 않는 사람들을 용서하는 것은 힘든 일일 것입니다.

노블레스 오블리주에서도 강조하는 국방의 의무

국방의 의무는 고대 로마를 비롯해 모든 국가에서 시민의 의무로 강조해 왔습니다. 2차 세계대전 이전까지만 해도 국가가 존재하면 전쟁도 같이 존재했다고 할 정도로 전쟁은 인류의 역사와 함께해 왔습니다. 전쟁이 있는 곳에는 당연히 국방의 의무가 따랐지요. 2차 세계대전 이후 큰 전쟁은 없지만 아직도 지구촌 여기저기에서 전쟁은 끊이지 않고 있습니다.

소수의 이주민들이 건너와서 세운 로마는 수많은 전쟁을 기반으로 국가를 성장시킨 대표적인 나라입니다. 그래서 로마에서 시민권을 가진 자유민은 납세와 국방의 의무를 지고 그 대신 다양한 권리를 누렸습니다. 오늘날 공직자가 될 사람이 납세와 국방의 의무를 다했는지 살펴보는 것은 이러한 전통에서 시작된 셈입니다.

로마의 자유민은 권리를 누리는 대신 납세와 국방의 의무를 졌습니다. 이를 고려해 보면 권리는 의무를 동반한다는 점을 알 수 있습니다. 처음에는 작은 국가였던 로마는 주변국과의 전쟁에서 이기기 위해 자유민의 전쟁 참여를 이끌어내는 일이 매우 중요했습니다. 이에 부응하듯이 자유민이었던 귀족들은 전 재산과 노예를 이끌고 전쟁에 참여합니다. 전쟁에 지면 가장 잃을 것이 많은 사람들이 바로 자신들이었기 때문입니다.

이유야 어떻든 귀족 계급이 자신의 재산을 걸고 전쟁에 참여하는 것은 '노블레스 오블리주(noblesse oblige)'의 대표적인 행동입니다. 노블레스 오블리주란 높은 지위에 있는 사람들의 고귀한 도덕적 의무라는 뜻입니다. 요즘 들어 영국이 전쟁을 할 때 왕자들이나 귀족 가문의 상원의원 자손들이 직접 참전하는 것도 노블레스 오블리주를 실천하기 위해서입니다. 우리나라에서 권력층이나 부유층에게 국방의 의무를 묻는 것도 노블레스 오블리주에 대한 요구인 셈입니다.

신의 아들, 사람의 아들

모든 사람의 인권이 동등한 만큼 국방의 의무도 누구나 져야 할 기본적인 의무입니다. 특히 한국처럼 분단으로 인해 전쟁의 위험을 안고 있는 국가에서는 더더욱 예외가 없겠지요.

징병제를 택한 한국에서는 건강한 젊은 남성이라면 누구나 군대에 갑니다. 그렇기에 과거에는 군대에 못 간 사람들을 마치 문제가 있는 사람처

럼 여겼습니다. 그런데 요즘에는 가능하면 군대에 가지 않기를 바랍니다.

그러다 보니 군대를 가지 않기 위해 다양한 방법이 동원됩니다. 자녀에게 외국 시민권을 받게 하기 위해 '원정 출산'을 하기도 하고, 병역 브로커를 통해 면제받기도 합니다. 정신적 혹은 신체적 질병이 있는 것처럼 위장하기도 하고, 실제로 신체를 훼손하는 경우도 있습니다. 이런 실정이기에 국방의 의무에서 벗어난 사람들을 '신의 아들'로 부르며 부러 위하면서도 한편으로는 심기가 불편할 수밖에 없습니다.

우리나라에서는 청년들이 국방의 의무를 행하는 것에 월급으로 보상하고는 있지만 매우 적은 액수입니다. 그나마 과거에는 기업에서 사람을 뽑을 때 '군필 우대'와 같이 군대에 다녀온 남성을 우대했지요. 공무원을 뽑을 때도 가산점을 주었습니다.

그런데 이런 제도들이 차별적이라는 이유로 지금은 대부분 사라졌습니다. 그러자 많은 남성들이 "여성도 군대에 가게 해야 공평한 것 아니냐"고 할 만큼 국방의 의무는 더욱더 민감한 사안이 되었습니다. 군대에서 2년을 지내는 것 자체도 괴롭지만, 그 시간으로 인해 학업이나 취업에서 어려움을 겪을 수 있기 때문이겠지요.

국방의 의무와 양심의 자유가 충돌한다면?

그런데 국방의 의무를 거부하는 사람들이 있습니다. 자신이 믿는 종교나 자신의 신념에 어긋나기 때문에 군대에 갈 수 없다는 사람들입니다. 특정 종교를 믿는 사람들은 전쟁을 준비하거나 참여할 수 없다며 병역을 거부합니다. 징집 자체를 거부하기도 하고, 징집 이후에 무기를 가지고 훈련하는 것을 거부하기도 합니다. 그런데 이는 실정법 위반으로, 징역 처벌을 받아 범죄자가 됩니다.

이들의 병역 거부는 평화와 생명의 가치에 반하는 일을 할 수 없다는 것으로, 신념에 따른 선택이며, 헌법의 조항과 관련하여 양심의 자유라는 표현을 사용합니다. 하지만 이렇게 누군가가 자신의 신념, 즉 양심의 자유에 따라 병역을 거부하면 어떤 사람들은 이렇게 생각할지 모릅니다. '자기들만 양심이 있고 다른 사람들은 양심이 없어서 군대에 가는 건가?'

그런데 여기서 말하는 양심이란 것이 정확히 무엇일까요? 『철학사전』(2009, 중원문화)을 보면 양심은 "인간이 사물의 가치를 판별하고 자신의 행동에 대하여 옳고 그름 등을 판단할 수 있는 능력"입니다.

우리는 양심에 따라 어떤 것을 도덕적으로 판단하고 옳고 그름을 생각할 수 있습니다. 그런데 무엇이 옳고 그른가의 답이 항상 정해져 있는 것은 아닙니다.

국방의 의무를 따르자면 적과 싸워서 국가를 지켜내야 합니다. 그 과정에서 사람을 죽여야 할 수도 있습니다. 누구나 전쟁과 살인을 좋아하지 않습니다. 그런데도 전쟁에 참여하는 이유는 나라를 지키기 위해서이고, 군대에 가는 것은 군대를 통해 평화를 유지해야 한다고 보기 때문입니다.

침략 전쟁이 아니라 국가의 자위권*을 위한 전쟁은 정당하다는 관점도 있습니다. 이러한 관점도 하나의 신념이며, 이런 신념을 가졌다면 당연히 국방의 의무를 선택하겠지요.

반면 자신이 가진 종교나 철학에 의해, 아무리 적이라도 사람을 죽일 수는 없다고 판단할 수 있습니다. 따라서 전쟁이나 전쟁 훈련에 반대하고 병역을 거부하게 되겠지요. 이 경우가 바로 양심적 병역 거부*에 해당합니다.

자위권

다른 나라의 침략을 받을 때 자기 나라를 방위하기 위해 무력을 사용할 수 있는 권리. 침략 전쟁을 할 수 있는 권리와는 다르다. 자위권은 국제 사회에서 인정하는 합법적인 권리다.

양심적 병역 거부자

자신의 종교 교리나 신념을 지키기 위해 병역의 의무를 거부하는 사람을 말한다. 특히 평화 존중이나 살상 거부 등의 신념을 강조하는 경우가 많다.

양심적 병역 거부, 우리 사회의 뜨거운 쟁점

양심적 병역 거부가 사회적 쟁점이 된 구체적인 사건이 있었습니다. 2001년 불교 신자인 오태양과 또다른 사람들의 양심적 병역 거부를 재판한 서울남부법원은 양심적 병역 거부를 인정하지 않는 현 법률이 헌법에 위배되는지를 판단해 달라고 헌법재판소에 요청했습니다. 그리고 2004년 헌법재판소는 헌법에 위배되지 않는다며 기각 결정을 내립니다. 이 재판에서는 헌법에서 보장하는 양심이라는 것이 무엇인지, 양심의 자유를 위해 대체 복무를 허용할 수 있는지가 주요 내용이었습니다.

헌번재판소는 헌법에서 보장하는 '양심'이란 종교와 관계없이 모든 사람이 자신의 양심에 따르는 것을 말하며, 헌법에서 보장하는 '양심의 자유'란 국가 권력과 관계없이 자신의 양심과 신념을 보유할 권리를 말한다고 보았습니다. 그러나 헌법재판소는 이 사안에서 양심의 자유에 대응하는 가치인 국방의 의무는 중요한 공익이며, 공익은 매우 중요하게 보장받아야 한다고 말합니다.

양심의 자유를 위해 대체 복무를 도입할 때 나타날 수 있는 문제점들도 제시합니다. 판결문을 보면 "대체복무제를 도입하기 위해서는 남북한 사이에 평화공존 관계가 정착되어야 하고, 군 복무 여건의 개선 등을 통하여 병역 기피의 요인이 제거되어야 하며, 나아가 우리 사회에 양심적 병역 거부자에 대한 이해와 관용이 자리잡음으로써 그들에게 대체 복무를 허용하더라도 병역 의무의 이행에 있어서 부담의 평등이 실현되며 사회통합이 저해되지 않는다는 사회공동체 구성원의 공감대가 형성되어야 하는데" 아직 그렇지 못하다는 것입니다. 그럼에도 불구하고 헌법재판소

양심적 병역 거부자를 처벌하도록 한 병역법 관련 공개 변론이 열리는 헌법재판소 앞에서 시민단체 회원들이 죄수복을 입은 채 시위를 벌이고 있다.

는 입법자에게 대체복무제도를 고려해 보라고 주문했습니다.

양심의 자유인가 국방의 의무인가

이 판결 이후에도 몇 차례의 헌법 재판이 더 이루어졌지만 판결 내용은 2004년 판결과 크게 다르지 않았습니다. 그러나 국가인권위원회는 2005년 양심의 자유를 위하여 대체복무제 도입을 권고했습니다. 여러 인권 단체들도 이를 지지하고 있습니다. 징병제를 채택한 세계 여러 나라 가운데 3분의 1 정도가 대체복무제를 시행하고 있습니다.

양심적 병역 거부에 따른 대체복무제를 시행하는 나라들은 먼저 대상자를 엄격하게 심사합니다. 정말로 양심과 신념에 의한 선택인지 확인하는 것이지요. 그리고 대체 복무 기간이 군 복무 기간보다 2~11개월가량 더 깁니다. 이들은 사회복지 시설이나 국가 기간 시설 등에서 주로 사회봉사 형태의 일을 합니다.

사실 한국에도 대체복무제가 있습니다. 일정한 자격을 가진 사람들이 군대에 가는 대신 국가 기간산업 시설이나 연구소에 근무하거나, 국제 협력을 위해 외국에서 봉사합니다. 그러나 이들은 국가의 필요에 의해 선정되는 것으로 양심적 병역 거부 대신 대체 복무를 하는 것과는 다릅니다.

개인이 가진 양심에 따라 대체 복무를 할 수 있는 제도가 정착하려면 먼저 우리 사회가 이를 받아들일 수 있느냐의 문제가 해결되어야겠지요. 군대에서의 폭력이나 비리 문제가 자주 뉴스에 나오는 상황을 고려해 보면 일부 특정한 사람들에게 예외를 허용하는 대체복무제가 받아들여질 가능성은 낮아 보입니다.

하지만 인권의 관점에서 이해하기 위해서는 '왜 나는 가야 하고 그들은 빠져도 되는가?'라고 생각하기보다는, 양심과 사상의 자유는 어디까지 지켜져야 하는지 생각해 봐야 할 것 같습니다.

 양심의 자유와 국방의 의무를 생각하면서 같이 토론해 봅시다

❶ 양심적 병역 거부자를 인정해야 할까요?

❷ 여성도 국방의 의무를 져야 할까요?

4

범죄 피의자의 권리
그리고 사형 제도

우리 동네에 성범죄자가 살고 있지는 않은지, 있다면 우리 집과 얼마나 가까운지 확인해 본 적이 있나요? '성범죄자 알림e(www. sexoffender.go.kr)'라는 사이트에 가면 확인이 가능합니다. 성범죄자의 얼굴과 이름, 나이, 거주지, 성범죄 내용이 공개되어 있지요.

추가 피해를 막기 위해서이긴 하나 성범죄자의 개인 정보를 공개하는 것에 대해 논란이 있습니다. 이것도 또다른 형태의 처벌이니 이중 처벌은 아닌지, 아무리 범죄자라도 사생활을 침해해도 되는지와 같은 논란입니다. 여러분은 어떻게 생각하나요?

정치범*이나 사상범 등 예외도 있지만 대부분의 범죄자는 타인의 권리를 침해한, 도덕적으로 나쁜 사

> **정치범**
> 자신의 신념이나 사상에 의거해 국가 체제를 바꾸려 하거나 국가 정책에 반하는 행동을 한 사람.

람인 경우가 많습니다. 그런 범죄자의 얼굴은 왜 가려주는 것일까요? '신상을 공개해 사회적으로 매장시켜도 시원치 않은데'라는 생각을 하는 사람들도 많습니다.

피의자는 범죄자가 아니다

범죄는 대개 타인의 권리를 침해해 발생합니다. 예컨대 돈을 빌려가서 갚지 않는다면 개인 간의 거래라는 사적인 활동을 행하는 과정에서 권리 침해가 발생한 것입니다. 이 경우 국가가 중재하여 돈을 받아주면 문제가 해결됩니다.

그러나 권리 침해가 사적인 활동을 행하는 과정에서만 발생하는 것은 아닙니다. 절도, 강도, 사기, 폭행, 살인 등의 범죄는 개인의 생명권, 재산권, 행복추구권을 침해하는 행위입니다. 이는 앞서 사회계약설에서 배웠듯이 국가를 만들면서 국가가 개인에게 지켜주기로 한 부분입니다. 그런 면에서 이러한 범죄는 개인의 권리를 침해한 것이자 국가가 금지한 것을 행한 것입니다. 따라서 국가는 형법을 통해 특정 행위를 범죄로 규정하고 그에 따라 처벌하고 있습니다.

사적인 측면에서나 공적인 측면에서나 범죄를 저지른 사람이 범죄자입니다. 그러면 누군가가 나를 폭행한 경우를 생각해 봅시다. 폭행을 당한 나는 피해자이고 나를 때린 사람은 가해자입니다. 내가 가해자를 경찰에 신고해 수사가 시작되면, 그는 피의자가 됩니다. 나는 범죄 피해를 입었다고 생각하지만, 그가 정말로 범죄를 저질렀는지 공정한 절차를 통해 확인해야 합니다. 이러한 절차는 반드시 필요합니다. 인권의 문제이기도 합니다.

그러니까 피의자는 수사 대상이 된 사람을 말합니다. 경찰이 조사하여 범죄가 확인되면, 검찰이 법원에 재판을 요청하는 공소를 제기합니다. 이때 피의자는 피고인이 됩니다. 피고인이 되어도 아직 범죄자는 아닙니다. 형사 재판을 받고 유죄 판결이 나와 형이 확정되면 비로소 범죄자가 됩니다.

피의자 권리가 보장되어야 하는 이유는

영화를 보면 경찰이 피의자를 체포하기 직전에 몇 가지 권리를 알려주는 장면이 나옵니다. 피의자도 변호사를 불러달라고 하고, 경찰이 피의자에게 불리한 질문을 하자 변호사가 대답하지 말라는 이야기도 하지요. 이처럼 피의자도 권리를 가지고 있습니다. 신체의 자유, 무죄 추정권, 변호인의 도움을 받을 권리 등 다양한 권리를 행사할 수 있습니다.

그런데 이렇듯 피의자에게 많은 권리를 주면 경찰이 범죄 사실을 밝혀내기도 쉽지 않을 텐데 피의자에게 이런 권리가 있는 이유는 무엇일까요?

첫째, 피의자는 범죄를 했을 것으로 추정되는 사람이지 범죄를 저질렀다고 확정된 사람이 아니기 때문입니다. 피의자가 누명을 쓴 것일 수도 있습니다. 그렇기에 스스로를 보호할 수 있는 장치를 마련해 주어야 합니다. 그래서 '미란다 원칙'이나 공정한 재판 절차가 필요한 것입니다.

여기서 잠깐

피의자의 권리와 미란다 원칙

1963년 미국에서 에르네스토 미란다라는 이름의 21세 청년이 납치와 강간 혐의로 체포됩니다. 그는 처음에 무죄를 주장했지만 경찰 조사가 진행되자 범죄를 자백하고 범행자술서도 씁니다. 그러나 재판 과정에서 다시 무죄를 주장합니다. 그러나 1심과 2심에서 모두 유죄 판결을 받습니다.

그런데 3심에서 미란다는 처음 취조를 받을 때 수정 헌법에 보장된 '자신에게 불리한 증언을 하지 않아도 될 권리와 변호인의 도움을 받을 권리'를 침해당했다고 주장했고, 이것이 받아들여져 무죄가 확정됩니다. 그러자 범죄 피해자의 권리보다 가해자의 권리를 더 중시한다는 불만이 터져나왔지요. 그러나 이 재판은 범죄 피의자에게도 권리가 있다는 사실을 확인해 준 사건이었습니다.

이 재판 이후 그의 이름을 딴 '미란다 원칙'이 만들어졌습니다. 피의자를 검거할 때 경찰은 죄명, 변호인의 도움을 받을 권리, 자신에게 불리한 진술을 하지 않아도 될 권리 등을 알려주어야 합니다. 한국도 피의자를 체포할 때 미란다 원칙을 적용하고 있습니다.

둘째, 피의자의 신분이 노출될 경우 생기는 문제를 예방하기 위해서입니다. 이런 경우를 생각해 봅시다. 피의자로 연예인의 이름이 이니셜로 오르내리면 대중은 어떻게 해서든지 그의 이름을 밝혀냅니다. 수많은 연예 프로그램도 그의 사생활을 들춰냅니다.

그런데 재판에서 무죄가 밝혀집니다. 그러나 언론에는 이 사실이 잘 보도되지 않습니다. 그가 피의자 신분이었던 때만큼 대중의 관심이 뜨겁지 않기 때문이지요. 결국 기록으로 남는 것은 피의자였을 때의 상황입니다.

유명인이 아니라도 사회적 관심이 높은 사건의 경우, 피의자 신분이 노출되고 재판이 시작되기도 전에 여론 재판이 벌어지곤 합니다. 정치권에서는 이를 노려 사회적으로 관심이 높은 사건의 피의자를 일부러 노출시켜 여론 재판을 유도합니다. 국민의 관심을 돌려 정작 중요한 정치적 이슈를 덮어버리는 것이지요.

유죄 여부나 형량에 여론이 영향을 주어서는 안 된다는 점에서도 앞서 말한 피의자의 권리들은 지켜져야 합니다.

셋째, 이것이 가장 중요한 점입니다. 피의자의 권리가 없다면 국가 권력이 누군가를 고의적으로 범죄자로 몰아가더라도 대응할 수 없기 때문입니다.

군사 정권 시절이던 1987년 1월, 서울대학교 학생이었던 박종철은 체포 영장도 없이 남영동의 한 건물 지하실에 끌려갑니다. 같이 학생 운동을 하던 대학 선배가 있는 곳을 대라며 경찰은 고문을 했고 결국 그는 사망했습니다.

언론에 이 사건이 보도되자 경찰은 "'탁' 치니 '억' 하고 죽었다"며 단순 쇼크사로 발표했습니다. 그러나 곧 물 고문과 전기 고문에 의한 사망이었음이 밝혀집니다. 이 사건은 그해 6월에 일어난 대대적인 민주화 운동의 출발점이 되었습니다.

'박종철 고문 치사 사건'은 한국의 민주화를 앞당긴 중요한 사건이지만, 피의자의 권리가 지켜졌다면 한 대학생이 고문을 당하다 사망하는 참혹한 일은 일어나지 않았을 것입니다.

범죄 피의자는 신체의 자유와 스스로를 변호할 권리를 보장받아야 합니다. 그들이 어떤 범죄를 저질렀든 상관없이 말입니다.

범죄 피해자의 권리는 왜 강조하지 않나요?

피의자의 권리를 강조하는 것은 피해자의 아픔을 돌보지 않는 것이라고 많은 사람들이 생각합니다. 그러나 이는 잘못된 생각입니다. 기본적으로 정부는 모든 개인이 범죄 피해를 당하지 않도록 법과 치안을 통해 보호해야 합니다.

그리고 범죄 피해를 당한 사람에게는 생활 안정을 지원하고 사생활을 보호해 주어야 합니다. 그러니까 피의자의 권리를 보장하는 것과 피해자의 권리를 보호하는 것은 다른 문제입니다.

그런데 우리 사회는 피의자의 권리는 물론 피해자의 권리도 제대로 보장되지 않는 것이 현실입니다. 다른 나라는 어떨까요? 한 지인이 외국에 유학을 갔을 때 경험한 일입니다. 학교에 간 사이 집에 도둑이 들어 신고했더니 경찰이 와서 사건 접수를 하고 피해액 등을 다 알아갔다고 합니다. 그후 지역의 사회복지 담당자가 와서 외상후스트레스장애가 생기지 않았는지 상담을 진행했다고 합니다. 작은 절도 사건에서도 피해자가 받았을 정신적 충격을 염려하여 지원하는 것이지요. 국가는 그렇게 개인을 보호하고 있었습니다.

최근 우리 사회에는 피해자나 그 가족들이 정신적으로 견딜 수 없을 만큼 끔찍한 사건이나 상상조차 하기 힘든 안전사고가 자주 일어나고 있습니다. 하지만 피해자와 그 가족들의 고통을 살피는 세심한 관심과 보살핌은 찾아보기 힘듭니다. 사건을 보도하는 언론도 보도를 접하는 사람들도 사건과 피해자들의 이야기를 가십거리로 치부하기도 합니다.

피의자의 권리를 빼앗아야 피해자의 권리를 지켜줄 수 있는 것은 아닙니다. 국가는 피해자에게 마땅히 해주어야 할 지원을 해야 하고, 우리는 피해자들을 바라보는 구경꾼의 시선을 거두어야 할 것입니다.

사형 제도가 있으면 범죄가 줄어들까?

피의자의 권리 문제를 이야기할 때 사형 제도가 빠질 수 없습니다. 사형은 형법을 어긴 범법자에게 가하는 가장 무거운 형벌로, 생명을 빼앗는 것이지요. 한국은 사형이 선고되기는 하나 집행은 이루어지지 않아 실질적 사형폐지국*으로 분류되고 있습니다. 사형은 적국에 합세해 전쟁을 한 경우처럼 국가의 안녕을 위협하거나 살인처럼 개인에게 심대한 죄를 저지른 경우 선고받을 수 있는 최고의 형벌입니다.

사형 제도에 찬성하는 사람들은 몇 가지 이유를 듭니다. 사형이 존재해야 극악한 범죄를 예방할 수 있고, 흉악범은 사형해야 마땅하다는 국민의 법 감정을 무시하기 어렵다는 것입니다. 국가 안보를 위협하거나 극악한 범죄를 저지른 자는 사형으로써 그를 사회와 영원히 분리시키는 것이 사회적으로 가장 안전한 선택이라는 점도 강조합니다.

이에 반해 사형 제도에 반대하는 이들은 다음과 같이 주장합니다. 형벌의 목적은 교화인데, 사형은 그럴 여지가 없다는 것입니다. 그리고 재판도 사람이 하는 일이라 오판의 가능성이 있기에 억울한 희생자가 생길 수 있습니다. 정치적으로 악용될 수도 있습니다.

실질적 사형폐지국
사형 제도는 존재하지만 최근 10년 이상 실제로 사형을 집행하지 않은 나라. 한국은 1997년 12월 30일 이후 사형 집행을 하지 않아 실질적 사형폐지국에 속한다.

실제로 군사정권 시절에는 정치적 반대자에게 국가 안보를 위협했다는 죄를 씌워 사형시킨 경우가 있었습니다.

사형을 반대하는 가장 중요한 주장은 바로 인간 존엄성의 문제입니다. 살인이 인간 존엄성을 해치는 행위라면, 사형 제도 또한 인간의 목숨을 빼앗는 것이라는 점에서 살인과 다를 바 없다는 이야기입니다.

여러분은 어떻게 생각하나요? 만약 사형 제도를 반대한다면, 범죄를 저질렀다 해도 인간으로서의 존엄성을 빼앗지 않아야 한다고 생각하기 때문이겠지요. 바로 이것이 인권의 가장 숭고한 의미가 될 수 있을 것입니다. 그러나 결코 쉬운 결정이 아닙니다. 내 가족을 무참히 살해한 사람의 경우에도 사형 제도를 반대할 수 있는지 생각해 보아야 합니다. 여러분은 어떤 결론에 도달할 것 같습니까?

 피의자의 권리와 사형 제도에 대해 생각하면서 같이 토론해 봅시다

❶ 사형 제도에 찬성하나요, 반대하나요?

❷ 피의자가 범죄자라는 확신이 있을 때 그의 얼굴을 공개하는 것에 찬성하나요, 반대하나요?

5

생명에 대한 자기결정권,
자살과 존엄사

　여기 세 사람이 있습니다. 모두 20대이고, 자신이 뇌종양에 걸렸다는 사실을 알고 있습니다. 또 모두 치료가 불가능하다는 의사의 말을 들었습니다.

　이 가운데 한 사람은 아직 고통이 없는 상태에서 죽음을 맞이하기 위해 자살을 선택했습니다. 또다른 사람은 가족과 행복한 시간을 보내다 죽음을 맞이하겠다는 생각으로 치료를 받았지만, 더 이상 무의미한 치료를 중단하고 자연적인 죽음을 선택합니다. 마지막 세 번째 사람도 평소와 같은 삶을 살면서 치료를 받습니다. 그러나 너무나 고통스런 상태에 이르자 의사에게 부탁해 약물을 투여받아 죽음을 택합니다. 이들 각각의 선택을 우리는 어떻게 보아야 할까요?

　전통적으로 생사(生死)의 문제는 신의 영역이었고, 인간이 스스로 결정할 수 있는 일이 아니라고 여겼습니다. 그러나 오늘날은 시험관 아기를 통해 출산하기도 하고 생명복제도 가능합니다. 이러한 생의 문제와 달리 죽음은 여전히 신의 영역으로 남겨놓고 인간이 선택할 문제가 아니라는 생각을 해왔습니다. 그런데 최근 생명에 대한 자기결정권*이 대두되면서, 죽음을 선택할 권리에 대한 논의가 활발하게 이루어지고 있습니다.

자살이 '사회적 타살'인 경우가 많은 이유

한국은 '세계 1위'를 하는 분야가 많은데, 그 가운데는 불행한 1위도 많습니다. 대표적인 것이 자살률입니다. 최근 몇 년간 계속 OECD 국가 가운데 1위를 기록해 왔지요.

자살은 자신의 생명권과 인간 존엄성을 스스로 훼손하는 행위입니다. 물론 극단적인 선택에까지 이르게 된 상황을 제대로 이해하지 못하면서 함부로 이야기하기는 어렵겠지만, 그럼에도 자살에 대해서는 부정적인 의견을 갖는 것이 일반적입니다.

사회학자 에밀 뒤르켐(Emile Durkheim)은 자살을 크게 네 가지 유형으로 나누어 설명합니다.

하나는 이타적인 자살입니다. 자신의 생명을 희생하여 다른 사람이나 사회를 구하는 경우입니다.

둘째는 이기적인 자살입니다. 다른 사람들과 유대관계가 약해지면서 생긴 우울감 등 개인적인 이유로 자살하는 경우입니다.

셋째는 아노미적(anomic) 자살입니다. 아노미란 사회적 규범이 없는 상태를 말하고, 아노미적 자살이란 사회를 지탱하는 규범이 무너질 때, 경제공황이나 엄청난 자연재해 등으로 가치관이 붕괴될 때 일어나는 자살입니다.

마지막은 숙명적 자살입니다. 사회 구조로 인한 자살로, 어찌할 수 없는 상태에서 자신의 생명을 포기하는 것을 말합니다. 예를 들어 노예 제도에서 벗어나려면 죽음을 택할 수밖에 없다고 여겨 목숨을 버리는 것이 여기에 해당됩니다.

뒤르켐은 자살이 사회적인 문제와 밀접하게 관련되어 있다고 보았습니다. 그렇게 본다면 자살은 '사회적 타살'이라고 할 수 있을 것입니다. 즉 자살률이 높다는 것은 사회가 개인에게 자살할 조건을 제공한다는 뜻입니다.

한국에서도 자살을 사회적 타살로 여길 만한 사건들이 자주 일어나고 있습니다. 우리가 뉴스에서 접하는 가족 자살의 대다수가 경제적 어려움 때문입니다. 청소년 자살도 상당수가 학업 스트레스나 학교 폭력과 관계 있습니다.

자살을 사회적 타살로 보는 것은, 결국 사회가 구성원들에게 사회 안전망을 제공하지 않았거나 행복추구권을 보장해 주지 못한 것이기 때문입니다.

한 사회가 구성원들의 인간 존엄성을 무엇보다 중시한다면, 보다 나은 정책, 보다 나은 사회적 가치, 보다 나은 삶의 방식을 이끌어낼 수 있습니다. 그러니 자살이 많은 사회는 건강하지 못한 사회이고, 생명의 가치를 소중히 여기지 않는 사회일 수 있습니다.

연명 치료에 대한 거부, 존엄사

사람들은 또다른 이유로 죽음을 선택합니다. 생명이 얼마 남지 않은 상태에서 극심한 고통에 시달릴 때 고통 대신 죽음을 선택하기도 합니다. 그래서 연명 치료를 거부하거나 안락사를 실행하곤 하는데요. 먼저 연명 치료와 안락사에 대해 알아봅시다.

연명 치료는 회생이 어렵다고 판단되는 환자에게 기계나 약물을 사용해 목숨을 연장시켜 주는 방법입니다. 대개 암이 극한의 크기까지 커지거나 전이된 말기 암이나 식물인간* 상태일 때 연명 치료를 합니다.

드라마나 영화에서 기계로 연결된 호흡기를 사용하여 연명 치료를 하는 모습을 종종 보았을 것입니다. 연명 치료에 대한 거부는 이런 기계나 약물을 거부하는 것을 말합니다. 대표적으로 기계호흡이나 심폐소생술을 거부하는 것이 있습니다.

연명 치료를 중단하면 생명을 연장하기 어렵다는 점을 알면서도 선택하는 것이기에 '소극적 안락사'라고 부르기도 합니다. 인간으로서 품위를 유지하는 죽음이라는 의미를 담아 '존엄사'라고 표현하기도 합니다.

한국에서 연명 치료 논의가 시작된 것은 1997년이었습니다. 어떤 병원에 입원한 한 환자의 가족이 병원비 부담을 이유로 인공호흡기 치료를 거부한 사건에서 존엄사 논쟁이 시작되었지요. 의사는 사망할 수 있음을 알렸지만 가족은 환자를 퇴원시켰습니다.

인공호흡기를 뗀 환자는 결국 사망하고, 이 가족은 고발을 당합니다. 퇴원을 요구한 환자의 부인과 퇴원

식물인간

의식이 없는 채로 장기간 누워 지내야 하는 환자를 일컫는다. 식물인간이라고 하기보다는 식물인간 상태라는 표현이 더 정확하다.

214

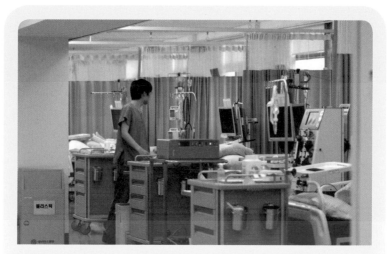

식물인간 상태인 환자의 연명 치료를 중단하고 인공호흡기를 제거하라는 대법원 판결이 처음 나온 날, 한 병원의 중환자실 모습.

을 허락한 의사 모두 재판에서 살인과 살인방조죄로 유죄를 선고받습니다. 아무리 죽음을 앞두고 있다 해도, 인공호흡기를 뗀 행위는 한 사람을 죽음에 이르게 한 범죄라고 본 것입니다.

　그로부터 12년 뒤인 2009년, 또다른 병원에서 인공호흡기로 연명 치료를 받고 있던 환자의 가족이 연명 장치를 제거할 수 있게 해달라며 국가를 상대로 소송을 시작합니다. 1997년 사건의 판결로 인해 의사는 국가의 허락 없이 장치를 제거할 수 없었기 때문입니다.

　이 사건은 대법원까지 갔고, 대법원은 "회복 불가능한 단계에 이른 후에 자기결정권을 행사하는 것으로 인정되는 경우에는 특별한 사정이 없는 한 연명 치료의 중단이 허용될 수 있다"고 판결했습니다. 아프기 전에 환자가 연명 치료를 원치 않았다는 점을 존중하여 생명에 대한 자기 결정권을 허용한 것입니다.

죽음을 앞두고 스스로 죽음을 선택하는, 안락사

조금 다른 경우를 볼까요? 말기 암으로 죽음을 앞두었다고 가정해 보겠습니다. 내가 죽을 것을 알고 있고, 갈수록 고통이 심해지리라는 것도 알고 있습니다. 이때 고통 속에 지내기보다는 죽음을 조금 앞당겨 고통이 덜할 때 세상과 작별하고 싶을 수 있습니다. 그래서 의료진의 도움을 받아 스스로 목숨을 끊을 때, 이를 안락사라고 합니다. 존엄사와 구별해서 '적극적 존엄사'라고 부르기도 합니다. 현재 안락사는 네덜란드 등 몇몇 국가에서만 까다로운 조건으로 허락하고 있습니다.

1994년 네덜란드의 한 정신과 의사가 재판정에 섰습니다. 심한 우울증에 시달리는 환자에게 치사량의 수면제를 주어 자살을 방조한 혐의였습니다. 대법원은 유죄 판결을 내렸지만 형을 선고하지는 않았습니다. 그 이후 네덜란드는 사회적 논의를 거쳐 2001년에 안락사를 인정했습니다. 현재 벨기에도 안락사를 인정하고 있으며, 미국에서도 일부 주에서 안락사를 허용하는 법을 만들었습니다. 한국은 아직 이 부분에 대한 논의조차 이루어지지 않은 상태입니다.

존엄사는 치료를 중단하는 것인 데 반해, 안락사는 약물 등을 사용해 목숨을 끊는 것이므로 약물을 처방하는 것을 살인 행위로 보기도 합니다. 더구나 유산 문제 등으로 가족이나 주변 사람에게 악용될 가능성도 있습니다. 그럼에도 고통스럽게 목숨을 이어가기보다는, 본인이 원한다면 고통 없이 생을 마감하도록 돕는 것도 인간 존엄성에 부합한다는 의견도 있습니다.

인간은 자기 생명에 대한 권리를 어디까지 가지는가?

지금까지 삶과 죽음이 신의 영역으로 인간이 선택하지 못하는 것이었다면, 최근에는 인간의 영역으로 내려온 것 같습니다. 개인은 삶과 죽음을 선택할 수 있고, 국가가 이 선택에 관여할 수 있는가 하는 측면까지 논의되고 있습니다.

삶과 죽음의 결정권이 개인에게 있다고 보는 것이 존엄사와 안락사를 찬성하는 사람들의 관점입니다. 반대로 종교계는 존엄사와 안락사에 크게 반대합니다.

또 하나의 쟁점은, 죽음을 앞둔 인간에게 존엄이란 무엇인가 하는 점입니다. 어떤 사람은 존엄한 인간으로서 자기 앞에 주어진 고통도 받아들여야 한다고 주장합니다. 또 어떤 사람은 고통에서 벗어나 죽음을 선택할 수 있는 것이 인간의 존엄성을 지키는 것이라고 주장합니다.

내가 헛되이 보낸 오늘은 어제 죽은 이가 그토록 갈망하던 내일

소포클레스

무엇이 인간 존엄성에 부합하는 것인지는 그 고통을 어떻게 이해하느냐에 따라 달라질 수 있을 것입니다. 판단은 개인의 몫이지만, 죽음은 개인적인 동시에 사회적인 것이기에 이에 대한 사회적 논의가 활발히 벌어지고 있습니다.

다만 한 가지 생각할 것은 "내가 헛되이 보낸 오늘은 어제 죽은 이가 그토록 갈망하던 내일"이라는 소포클레스의 말입니다. 내가 살아가는 하루하루가 나의 생명이자 나라는 존재 그 자체이기 때문에 하루하루를 의미 있게 살아가는 것은 나의 존엄성을 실현하는 일입니다. 죽음 역시 그런 하루하루의 연장선상에서 생각해 봐야 할 문제입니다.

인권 토론방 인간 존엄성과 죽음의 문제를 생각하면서 같이 토론해 봅시다

❶ 안락사는 인간의 존엄성을 훼손하는 것일까요, 반대로 지키는 것일까요?

❷ 과학기술이 인간의 출생에 관여하는 것(시험관 아기 등)이 문제가 되지 않는다면, 죽음에 관여하는 것도 문제가 되지 않는 것일까요?

6

권력 관계 속에서 벌어지는 성차별과 성폭력

한 유명 대학에서 교수가 학생을 성추행했다는 뉴스가 한창이었을 때, 친한 교수와 이 문제에 대해 이야기할 기회가 있었습니다. 그 가운데 이런 이야기가 나왔지요. 대학에 갓 들어온 여학생들은 교수를 매우 점잖고 도덕적인 사람으로 생각하는 경향이 있다는 것입니다. 그래서 교수가 자신에게 잘못된 행동을 할 것이라는 생각을 못하기에, 그만큼 성추행에 취약하다는 이야기였습니다.

물론 그렇다고 대학 내 성추행이 학생들의 이 같은 인식 때문이라는 말은 아닙니다. 더구나 교수를 비롯한 대다수의 성인 남자들이 성범죄자가 될 가능성이 있다는 이야기도 아닙니다.

성폭력에는 다양한 인권 문제가 엮여 있고, 가해자 개인의 문제도 있지만 사회 구조적인 여러 문제가 연관되어 있습니다. 여기서는 성폭력을 남녀의 지위 측면에서 주로 들여다보고자 합니다. 이를 위해 우선 우리 사회에 존재하는 성차별 문제부터 살펴봅시다.

일터와 가정에 여전히 존재하는 성차별

상당히 많은 학생들이 한국에서는 성평등이 이루어졌다고 착각하고 있습니다. 과거와 달리 남녀가 똑같은 교육을 받고 여학생의 대학 진학률도 높으니 성차별이 사라졌다고 생각합니다. 그러나 교육 바깥에서는 여전히 엄연한 성차별이 존재합니다.

일단 여러분의 가정을 한번 떠올려보세요. 부모님이 맞벌이를 하신다면, 주로 누가 집안일을 하나요? 혹시 여성이 원래 집안일을 잘하기에 남성과 같이 퇴근하고 와서도 집안일을 맡아 해야 한다고 생각하는지요?

원래부터 누군가가 더 잘하는 일은 없습니다. 다만 오랜 세월 바깥일이 남성의 몫이었기에 여성들은 집안일을 해왔을 것입니다. 그런데도 바깥일은 돈을 벌어 가족을 부양하는 중요한 일로 여겨졌고, 집안일은 하찮은 일로 여겨져왔습니다.

이번에는 일터로 가봅시다. 요즘은 남녀가 모두 직장생활을 할 수 있기에 직장에서의 차별이 사라졌다고 생각하는 사람들도 많습니다. 그렇다면 일단 일자리 상황부터 볼까요?

'남성 지배 직종'과 '여성 지배 직종'으로 나뉠 만큼 주로 남성이 취업하는 직업군과 주로 여성이 취업하는 직업군이 다른 경우가 많습니다. 남성 지배 직종은 전문직이거나 힘을 많이 사용하는 일이고, 여성 지배 직종은 돌봄과 양육과 관련된 일이 대부분입니다. 성별 차이가 반영된 것이라고 볼 수도 있지만, 여전히 여성과 남성의 일이 다르다는 인식이 바뀌지 않은 결과로 볼 수도 있습니다.

더구나 고위직으로 올라갈수록 남성이 훨씬 많고, 임금도 남성이 더 높습니다. 여성이 집안일이 아닌 바깥일을 해온 역사가 짧으므로 고위직에 남성이 많은 게 당연하다고 생각하는 사람도 있습니다. 사실 우리나라 대기업에서 공개 채용 방식으로 대졸 여성을 처음 뽑은 것이 1980년대 후반부터였습니다.

그런데 그 당시 대기업에 들어간 여성들은 이제 30년 가까이 경력을 쌓았을 테니 고위직에 올랐을 법하지만 찾기가 쉽지 않습니다. 출산과 양육을 위해 스스로 직장을 그만둔 경우도 있겠지만, 양육과 일을 병행하며 회사의 눈총을 받다가 자의 반 타의 반으로 그만두는 경우도 많았을 것입니다.

회사에 남았다 하더라도 남성 위주의 조직 문화에서 고위직에 오르기는 쉽지 않았을 것입니다. 여성이 고위직까지 오른다는 것은 여전히 하늘의 별 따기인 것이 현실입니다.

'유리천장'이라는 말이 있습니다. 여성들이 고위직으로 승진하는 것을 가로막고 있는 보이지 않는 장벽을 표현한 말입니다. 이런 유리천장이 존재하는 이유는 세상에 여전히 존재하는 성차별적 인식 때문일 것입니다.

아직도 '남자는 하늘, 여자는 땅'이라는 인식이 남아 있어 대부분의 조직에서는 남성이 여성보다 지위가 높아야 한다고 생각하는 경우가 있습니다. 그래서 자신의 직장 상사가 남성인 것은 당연하게 여기지만 여성일 때는 불편해하는 사람들이 있습니다. 혹시 텔레비전에 전문가들이

나와서 토론할 때 남성은 당연하게 여기면서 여성 전문가가 토론을 주도
하면 "오, 저 여자 생각보다 잘하네"라고 평가했던 적은 없는지요?

둘째, 가족을 부양하는 것은 남성의 몫이고 집안일과 자녀 양육은 여
성의 일이라는 인식이 남아 있습니다. 그래서 회사에서 인력을 감축해야
할 때 남성보다는 여성을 그만두게 하는 것이 덜 미안하다고 생각하는
경향이 있으며, 가정에서도 자녀 양육을 위해 맞벌이를 그만두어야 할
경우 아내가 그만두는 것이 맞다고 생각하는 사람들이 많습니다.

셋째, 여성이 출산이나 육아 문제로 회사를 쉬거나 그만두는 일이 많
다는 이유로 여성을 남성보다 무책임하다고 생각하는 경우가 많습니다.
여성이 출산과 육아 때문에 휴직하게 되면, 업무 지속성이 떨어지고 이
때문에 다른 사람들이 더 많이 일해야 하기 때문에 여성을 기피하는 회

사도 있습니다. 어느 정도의 경력을 가진 여성이 퇴사를 하게 되면 그만큼 직원을 키워놓은 회사로서는 손해라는 주장도 있습니다.

그런데 여성의 휴직이나 퇴사 비율이 높은 것이 여성 개인의 문제일까요? 이는 자녀 양육이 여성의 몫이라는 사회적 인식 탓에 여성들이 그 일을 도맡아온 결과입니다. 가족 가운데 누군가는 해야 하는 일이 여성에게 전가되어 왔기에 여성이 직장생활을 포기해야 하는 경우가 많았던 것입니다.

여성은 조직생활에 잘 적응하지 못한다는 주장도 있습니다. 이 역시 여성은 일을 하면서 가족도 돌봐야 하기 때문입니다. 퇴근하면 바로 집에 돌아가 집안일을 하고 자녀를 돌봐야 하기 때문에, 야근이나 잔업을 많이 하는 우리나라 기업 문화에 적응하는 데 어려울 수밖에 없습니다. 우리 사회에서 남성과 여성의 지위는 여전히 같지 않습니다.

부당한 권력 관계가 성차별과 성폭력 문제를 일으킬 수 있다

한 사회에서 남성의 위치와 여성의 위치가 같지 않을 경우, 남성과 여성 사이에는 권력 관계가 형성됩니다. 과거 양반과 노비의 관계는 인간 대 인간이 아니라 주인과 하인이라는 권력 관계 속에 있었습니다.

평등한 인간관계에서는 서로 존중하고, 상대가 무엇인가를 요구할 때 그것을 들어줄지 말지 자유롭게 결정할 수 있습니다. 그런데 권력 관계에서는 높은 위치에 있는 사람들이 일방적으로 무엇을 요구하고, 낮은 위치에 있는 사람은 그 요구를 무조건 받아들여야 합니다. 부당해도 노비들은 주인이 요구하는 일을 해야 합니다.

남성과 여성의 관계가 조선 시대 양반과 노비의 관계와 같다는 말은 아닙니다. 다만 한 사회에서 남성과 여성이 평등한 위치가 아닐 때, 권력의 위계가 존재한다는 말입니다. 특히 직급이나 임금이 남성에게 더 유리한 직장에서는 남성의 권력이 더 크고, 그러한 권력을 이용해 부당하거나 해서는 안 되는 행위를 요구하는 일이 벌어질 수 있다는 뜻입니다.

원치 않는 모든 성적 접촉은 범죄다

인간은 서로 애정이 있을 때 서로의 몸을 만지면서 더욱 애정을 쌓아 갑니다. 그런데 한쪽이 원하지만 다른 한쪽이 원치 않을 때가 있습니다. 아무리 애정이 깊은 연인이나 부부 간에도 마찬가지입니다. 상대가 원하지 않는 성적 접촉은 상대의 성적 자기결정권을 침해하는 일입니다.

일방적인 성적 행위를 성희롱, 성추행, 성폭행, 성폭력 등으로 표현하는데요. 그동안 구분하기 힘들었을 것입니다. 먼저 성희롱은 "가슴이 드러나는 옷을 입었네"와 같이 언어적으로 성적인 수치심을 유발하는 행위를 말합니다. 그리고 성추행은 몸을 만지거나 껴안거나 입을 맞추는 등 원치 않는 접촉으로 혐오감이 들게 하는 것입니다. 마지막으로 성폭행은 힘을 사용하거나 협박을 통해 성적인 관계를 맺는 강간이나 강간 미수를 말합니다. 그리고 이 모두를 통틀어 성폭력이라고 합니다.

그런데 남성과 여성이 성폭력을 서로 다르게 인식할 때가 있습니다. 유교적 사고가 남아 있는 한국에서 여성은 정숙해야 하고 남성은 저돌적이

데이트 강간과 부부 강간

　　연인이나 부부 사이에서는 서로 애정을 표현하게 마련이지만, 어느 한쪽이 원하지 않을 때는 연인이나 부부 사이라도 문제가 됩니다. 특히 원하지 않는 성관계를 맺는다면 강간죄가 성립됩니다. 연인 간에 이런 일이 일어날 경우 데이트 강간이라고 하고, 부부 사이에는 부부 강간이라고 합니다. 사랑하는 사이일수록 상대방의 성적 자기결정권을 존중해야 합니다. 특히 어떤 식으로든 폭력을 사용한다면 이는 성적 자기결정권 침해일 뿐만 아니라 심각한 범죄입니다. 성적 수치심을 유발하여 인간 존엄성을 침해하는 일이기도 합니다.

어야 한다고 생각하는 경향이 있지요. 그래서 여성의 거부 표현을 '내숭'으로 오해하는 경우가 있습니다. 상대가 원하지 않는데도 내숭으로 여겨 더 저돌적으로 성적 접촉을 하는 경우가 생길 수 있는 것입니다.

　　그러나 상대가 거부하는데도 성적 접촉을 하는 것은 엄연한 범죄 행위입니다.

학교 안의 성폭력

　　이처럼 연인이나 부부는 물론이고, 일상적인 관계에서 동의 없이 행한 성적 접촉이나 행위는 범죄로서 당연히 문제가 됩니다. 그런데 직장 내에서의 성폭력은 단순히 성적 자기결정권의 문제뿐 아니라 권력을 남용한 측면까지 있기에 더 크게 문제될 수 있습니다.

　　직장 내 성폭력 문제로 넘어가기 전에 대학에서의 성폭력 문제를 먼저 살펴보겠습니다. 성폭력은 권력과 관계가 있습니다. 대학의 예를 들면, 교수와 학생은 권력 관계에 있습니다. 고등학교에서는 주로 객관식 시험을 보고 시험 점수에 따라 성적이 결정됩니다. 반면 대학에서는 교수가 어떤 점수를 주느냐에 따라 학점이 달라집니다.

장학금을 받거나 좋은 학점으로 좋은 곳에 취업하려면 아무래도 교수에게 잘 보이려 노력하게 되겠지요. 또는 존경하는 교수님에게 친밀감을 드러낼 수도 있습니다.

그런데 교수가 이런 권력을 이용해 학생에게 성적인 말이나 접촉을 하는 경우가 있습니다. 또는 학생이 존경의 마음을 표한 것을 이성에 대한 호감으로 착각하고 성적 접촉을 시도할 때도 있습니다.

더구나 학생이 대학 교수라는 지적인 어른이 잘못을 저지를 리 없다는 생각을 하고 있다면, 이를 성폭력으로 인식하지 못할 수도 있습니다. 나를 너무 예뻐해서, 나를 너무 좋아해서라고 믿을 수 있습니다.

우리가 분명히 알아야 할 것은, 인간은 누구나 잘못할 수 있다는 사실입니다. 학력의 높고 낮음, 지위의 높고 낮음에 따라 범죄자가 결정되는 것이 아닙니다. 그가 누구이든 일방적으로 성적인 접촉을 하거나 성적인 언어로 희롱할 때는 나의 성적 자기결정권을 침해하고 수치심을 일으키는 범죄를 저지르고 있는 것입니다.

하버드 대학교에서는 교수와 학생의 연애 및 성관계를 금지합니다. 권력 관계에 의한 성폭력의 가능성을 배제할 수 없기 때문일 것입니다.

이런 문제는 대학만이 아니라 모든 학교에서 일어날 수 있습니다. 가해자도 꼭 이성인 것만은 아니며 동성 간에도 일어날 수 있습니다.

누군가가 원치 않는 성적 행동을 할 때는 성적 자기결정권에 따라 거부 의사를 표현해야 합니다. 내 삶에 영향을 주는 어른이 내 의사와 상관없이 성적인 접촉을 하면, 믿을 만한 주변 어른에게 이야기하거나 경찰에 고발하여 상대방이 처벌받도록 해야 합니다. 내가 성폭력 피해자라면 그건 결코 내 잘못이 아니며, 나는 보호받아야 할 대상입니다.

생명마저 위협하는 직장 내 성폭력

직장 내 성폭력이 더 문제가 되는 것은, 직장생활이 우리가 살아가는 데 가장 기본적이고 필수적인 활동이기 때문입니다. 대학에서 교수에게 성폭력을 당할 위험이 있다면 아주 힘들기는 하겠지만 그 교수의 학점을 포기하거나 수업을 듣지 않으면서, 관계를 단절할 수 있습니다.

그런데 직장에서는 상사가 나의 승진에 결정적인 역할을 하며 업무에 크게 관여하기에 상사와의 관계를 완전히 배제하기가 어렵습니다.

얼마 전 일어났던 군대에서의 여성 하사관 성폭력 사건에서도, 피해자는 가해자들에게 제대로 대처할 수 없었습니다. 위계 사회인 군대에서 가해자가 자신의 승진에 매우 큰 영향력을 끼치는 상관들이었기 때문입니다. 결국 하사관은 스스로 목숨을 끊었습니다. 죽음을 통해서만 그 관계를 단절한 셈입니다.

직장 내 성폭력은 이처럼 승진이나 임금 등에 영향을 미칠 수 있는 권력 관계*에서 업무상 위력*을 가진 사람이 그 권력을 부당하게 사용한 경우가 대부분입니다. 피해자는 가해자와 같은 공간에서 여전히 삶을 유지해야 하기에 더욱 고통스럽습니다.

피해자가 신고할 경우 해고나 따돌림을 당하면서 이중의 피해를 겪기도 합니다. 2014년 10월, 20대 중반의 비정규직 여성이 해고를 당한 지 한 달 만에 스스로 목숨을 끊는 일이 있었습니다. 이 여성은 정규직 전환을 빌미로 성폭력을 당했고 이를 알리자 오히려 해고를 당했던 것입니다.

어떤 이유이든 성폭력은 인간 존엄성을 훼손하는 가장 치명적인 방법입니다. 그런 점에서 피해자가 더 죄인 취급을 받는 사회는 참으로 수치스러운 사회가 아닐 수 없습니다. 더구나 피해자가 스스로 자신의 목숨을 버리면서 그 부당함을 알려야 하는 사회는 참으로 구제불능이지요. 잘못은 성폭력 가해자에게 있으며, 피해자는 충분히 보호받아야 합니다. 결코 그의 잘못이 아니니까요.

성적 자기결정권의 문제를 생각하면서 같이 토론해 봅시다

❶ 성폭행은 피해자에게 돌이킬 수 없는 상처를 남긴다는 점에서 살인에 가까운 형벌을 가해야 한다는 주장을 어떻게 생각하나요?

❷ 10대 여성과 성관계를 맺은 성인 남성도, 사랑하는 사이라고 하면 10대 여성의 성적 자기결정권을 인정해 처벌하지 않습니다. 이것은 성폭력이 아닐까요?

7
웃고 있는 가면 속의 눈물과 고통, 감정노동자의 인권

백화점이나 마트에 가면 어느 순간 모든 직원이 허리를 굽히고 고객을 향해 인사를 합니다. 114에 전화를 걸면 상담원이 상냥한 목소리로 말합니다.

"사랑합니다, 고객님!"

대형 마트 고객센터에 가본 적이 있나요? 물건을 교환하거나 반품하러 온 고객들이 대부분인데 종종 멀쩡한 물건을 망가뜨려 와서 반품해 달라고 하는 경우도 있습니다. 이때 응대 직원이 반품이 안 된다고 하면 언성을 높입니다.

"당신이 뭔데 손님한테 된다 안 된다 해? 당장 매니저 불러!"

'라면 상무'를 기억하나요? 라면을 제대로 못 끓였다고 비행기 승무원을 폭행한 대기업 간부가 있었습니다. 비행기 비즈니스석에서는 라면을 서비스로 제공하지요. 그런데 그는 끓여온 라면이 마음에 안 든다며 여러 차례 다시 끓여오게 했고, 통로에 접시를 던지는 등 난동을 부리기까지 했습니다.

사람을 상대하는 서비스 직종 종사자들은 이와 비슷한 상황을 수도 없이 겪는다고 합니다. 그러나 어떤 상황에도 친절을 잃지 않아야 하고, 잘못한 것이 없어도 사과해야 합니다. 화가 나도 억울해도 참고 미소를 지어야 합니다. 이들이 하는 일은 감정노동입니다.

'감정노동'은 미국의 사회학자 앨리 러셀 혹실드의 저서 『감정노동』에서 유래한 말인데요. 지금부터 감정노동자들이 겪는 인간 존엄성 상실의 문제를 같이 살펴보도록 하겠습니다.

육체노동, 정신노동 그리고 감정노동

인간이 일하는 방식은 다양합니다. 농사를 짓고, 건물을 짓고, 공장에서 물건을 만드는 일을 생각해 봅시다. 이런 일은 어떤 상품을 만들기 위해 자신의 육체를 활용합니다. 육체노동이지요. 이 일은 튼튼한 몸이나 몸에 익힌 기술을 최대한 발휘하여 많이 만들어내면 됩니다.

이런 경우는 어떨까요? 소설가는 자신이 가진 감성과 지식을 재료로 하나의 소설을 완성해 냅니다. 교사나 교수는 자신의 지식을 활용하여 수업을 합니다. 이 경우들은 육체를 활용한 노동으로 볼 수 없지요. 대신 정신노동이라는 표현을 씁니다. 육체를 사용하지 않는 것은 아니지만, 지적인 활동이 주가 된다는 점에서 육체노동과 대비되는 말로 나온

것입니다. 대체로 정신노동 분야에 전문직이 많은 편입니다.

감정노동은 육체노동이나 정신노동과 다른 새로운 제3의 노동입니다. 육체노동이나 정신노동처럼 자신이 가진 감정으로 무언가를 만들어내는 게 아니라 자기 감정을 숨기면서 서비스하는 일입니다.

판매원, 항공승무원, 텔레마케터, 은행원 등 사람을 대하는 직종에서 감정노동이 주로 이루어집니다. 교사가 지식을 전수하거나 의사가 환자를 치료하는 것도 사람을 대하는 일이긴 하지만, 노동을 할 때 친절한 태도보다는 전문성이 중시됩니다. 이와 달리 대부분의 감정노동은 다른 매개 없이 오로지 서비스를 제공하는 활동이기에, 그 과정에서 자신의 감정을 숨겨야 하고 그래서 감정적으로 몹시 고된 일입니다.

그런데 최근에는 정신노동을 하는 전문가들도 감정노동을 하는 경우가 있습니다. 대학 교수가 학생들의 수업 평가를 고려하여 자신의 감정을 숨기고 학생들의 눈높이에 맞춘 수업을 하고, 의사는 환자와 보호자 앞에서 항상 웃어야 하며, 교사도 학부모와 학생에게 감정적으로 맞서서는 안 되는 경우들이 있습니다. 이렇듯 감정노동은 새로운 노동 형태이면서 기존 노동들과 결합되곤 합니다.

손님이 왕이다?

어느 개그맨이 말하기를, 개그맨은 부모의 상중에도 남을 웃겨야 하는 직업이라고 했습니다. 부모를 잃은 큰 슬픔에도 무대에서는 슬픔을 감추고 웃어야 하는 직업의 어려움을 이야기한 것이지요. 그렇지만 그 슬픔은 무대 밖에서 일어난 일 때문이고, 관객이 그 감정의 원인을 제공한 것은 아닙니다.

이와 다르게 감정노동자들이 숨겨야 하는 감정은 고객에 의한 것입니다. 비행기에서 승객이 라면이 마음에 안 든다며 몇 번을 다시 끓여오게 하면 승무원도 불쾌합니다. 그러나 자신의 감정을 억누르고 "죄송합니다, 손님. 다시 끓여오겠습니다"라고 친절히 응대해야 합니다. 바로 이 과정에서 감정노동이 일어납니다.

이러한 감정노동은 '손님은 왕이다'라는 생각에서 유래한 것입니다. 신분제 사회에서 왕, 특히 폭군은 신하의 의견을 무시하고 제멋대로 행동

목숨을 위협하는 배달 서비스

손님이 왕이라는 서비스 직종의 문화로 인해 나타나는 다른 인권 문제도 생각해 볼까요?

요즘은 사라졌지만, 주문 후 30분 이내에 피자 배달이 이루어지지 않으면 피자 값을 받지 않는다는 어느 회사의 방침을 기억하나요? 아마도 우리의 '빨리빨리' 문화 속에서 손님을 왕처럼 대접하기 위해 나온 서비스 전략일 것입니다. 그런데 30분 이내라는 시간을 맞추려고 오토바이로 도로를 달리다가 사고가 나 아르바이트생이 사망한 사건이 있었습니다. 이후 그 회사는 30분 이내 배달 서비스 전략을 없앴습니다.

그런데도 여전히 빨리 배달해 달라고 조르고 있지 않나요? 다양한 배달 서비스에 대하여 빨리 가져다 달라는 요구는 배달하는 사람들의 목숨을 위협하는 요구가 될 수 있습니다.

또 택배 서비스를 받을 때 아무리 늦더라도 오늘 중으로 배달해 달라고 졸라 본 적은 없나요? 그러면 택배 기사는 밤에도 일을 해야 할 텐데요. 그들의 노동 환경을 어렵게 하는 데 내가 일조하고 있는 것은 아닌지 생각해 볼 일입니다.

하지요. 왕이기 때문입니다.

손님은 왕이므로 자신에게 서비스하는 이들을 함부로 대해도 된다고 생각하는 사람들이 있습니다. 그러니 백화점에서 주차 요원에게 무릎을 꿇게 하고, 텔레마케터에게 온갖 폭언을 퍼부으며, 판매원에게 물건을 집어던지는 행동이 나오는 것입니다.

손님은 왕이 아닙니다. 단지 감정노동자가 제공하는 서비스를 이용할 뿐, 그 사람의 인격과 감정을 통제할 권리까지 갖고 있는 것이 아닙니다. 그런데도 돈으로 인격에 대한 권리까지 살 수 있다는 천박한 마인드를 가진 사람들이 많아지고, 이들의 행패를 견디는 순간들이 누적되면서 감정노동자의 인간 존엄성이 훼손되는 일이 늘고 있습니다.

감정노동자들의 존엄성을 위해

감정노동을 하는 직업에는 몇 가지 특성이 있습니다. 하나는 여성들이 많이 종사하고 있다는 점입니다. 둘째는 대부분의 감정노동이 돌봄 서비스*, 접대 등 가사노동과 비슷한 성격이어서 전문적인 활동으로 대우받지 못하는 경우가 많다는 점입니다. 셋째는 감정노동이 그 기업이 고객과 직접 만나는 지점에서 이루어진다는 점입니다.

이렇다 보니 감정노동자는 고용주로부터 고객에게 최상의 서비스를 하도록 요구받으면서도 노동의 대가는 높게 인정받지 못합니다. 고객의 경우는 감정노동자의 노동을 마치 가정에서 공짜로 제공받는 주부의 노동처럼 마땅히 받아야 할 것으로 착각할 수 있습니다.

고용주와 고객을 모두 '갑'으로 대하면서 '을'로 일해야 하는 감정노동자는 자신의 감정, 특히 분노나 슬픔 등을 숨기며 지내야 하기에 정신적 고통이 큽니다. 육체노동을 하다 다치면 산업재해*로 인정돼 마땅한 보상을 받습니다. 그렇다면 감정노동을 하면서 받는 스트레스와 정신적 피해는 어떻게 해야 할까요?

감정노동자들의 존엄성을 지키기 위해 우선은 감정

돌봄 서비스

가족 안에서 노인과 어린이, 환자 등을 돌보던 기능이 국가로 넘어가면서 돌봄도 노동의 종류가 되었는데, 이처럼 노약자들을 돌보는 일을 돌봄 서비스라고 한다.

산업재해

업무와 관련하여 일어나는 재해. 근로자가 업무 과정에서 육체적·정신적으로 장애를 입는 피해를 말한다.

노동자를 함부로 대하는 태도부터 바꿔야 합니다. '손님은 왕이다'와 같은 말보다는 '서비스를 받는 고객은 존엄한 인간입니다. 여러분에게 서비스를 제공하는 직원도 존엄한 인간입니다. 서로의 인격을 지켜주십시오'라는 말을 사용하고 그에 맞게 행동하면 어떨까요?

더불어 감정노동자들이 겪는 어려움을 해소하고 이들의 근로권을 보장하기 위한 제도 개선 노력도 필요합니다. 그들은 단지 일을 하는 것이지 고객에게 복종하거나 노예가 되겠다는 것이 아닙니다. 자신의 존엄을 포기하겠다는 것도 아닙니다.

 인권 토론방   감정노동과 인간 존엄의 문제를 생각하면서 같이 토론해 봅시다

❶ '손님은 왕이다'를 대신할 수 있는 인권친화적인 말은 어떤 것이 있을까요?

❷ 감정노동자들의 권리를 보장하기 위해 법을 만든다면, 어떤 내용이 들어가야 할까요?

❸ 힘들게 계속 서서 일하는 마트 계산원들에게 의자를 제공하는 등 서비스업 종사자들을 위한 노력이 이루어지고 있는데요. 다른 직종의 감정노동자들에게는 어떤 것들이 필요할까요?

8

'을 중의 을', 깊어지는
비정규직 차별

연예인 외에 청소년들이 원하는 직업은 또 무엇이 있을까요? 네, 그렇습니다. 교사와 공무원입니다. 대학생들을 비롯한 많은 젊은이들이 공무원 시험을 준비하느라 오랜 시간을 들이고 있지요. IMF 이후 평생직장이 없어지면서 생긴 변화일 것입니다.

예전에는 의사나 변호사와 같이 '사' 자로 끝나는 전문직이나 대기업을 가장 선호했습니다. 요즘도 전문직과 대기업은 인기 직종이지만 공무원이 훨씬 인기가 높습니다. 정년이 보장되기에 오랫동안 일할 수 있고 퇴직 후에도 연금이 나오기 때문이지요.

〈미생〉이라는 TV 드라마를 본 적이 있나요? 대기업에 갓 취업한 청년들의 직장생활을 그린 이야기인데요. 주인공들은 똑같이 인턴에서 시작하지만, 누군가는 정규직이 되고 누군가는 정규직이 되지 못해 계약 기간이 끝나면서 회사를 떠나야 했습니다.

정규직이 되었다 해도 그것으로 끝난 것은 아니지요. 이제부터 시작입니다. 사원, 대리, 과장, 차장, 부장, 전무 등으로 직급이 나뉘고, 그 안에서 권력 관계가 형성됩니다. 〈미생〉은 상사의 부당한 요구와 인격 모독 등 직장에서의 갈등과 애환을 잘 표현해 낸 드라마였습니다.

IMF 이후 달라진 일자리의 변화

한 직장에 들어가 정년까지 일하는 것이 '평생직장'입니다. 평생직장은 IMF와 함께 사라지고 말았지요. 기업은 어려움에서 벗어나기 위해 직원들을 해고해 인건비를 낮춥니다. 이 과정에서 나이가 많고 임금이 높은 고위직들이 퇴직을 많이 당합니다. 기업에서 사람을 쓰는 방식도 바뀌었습니다. 언제든 쉽게 해고할 수 있는 비정규직으로 사람을 뽑습니다.

청년들은 비정규직이 되지 않기 위해 취업 준비에 많은 시간과 노력을 들입니다. 하지만 경제가 좋지 않다 보니 일자리가 부족해 취업 준비 기간은 점점 길어지고, 청년 실업은 심각한 사회 문제가 되었습니다. 그래서 나온 것이 청년인턴제도지만 인턴, 계약직 같은 비정규직만 늘었을 뿐 정규직은 여전히 하늘의 별 따기입니다. 기업이 비정규직 위주로 뽑으려 하면서 일자리 시장은 점점 더 나빠집니다.

같은 회사에서 일을 해도 정규직과 비정규직은 다른 대우를 받습니다. 하지만 비정규직으로서는 불리한 대우에 대응할 방법이 없거나 대응 자체가 힘듭니다. 갑을 관계에서 비정규직은 언제나 을이니까요.

갑을 관계란?

'갑'과 '을'은 계약서에 쓰이는 호칭입니다. 계약서에 서로의 이름을 일일이 적는 대신 갑과 을이라고 쓰는 데서 나온 말이지요. 계약서상에서 갑은 을에 우선합니다.

직장인도 갑인 회사에 대해 을의 위치에 있습니다. 기업이 재벌이라는 특수한 형태로 존재하는 한국에서, 회사의 주인인(회사의 주인은 원래 주주입니다만) 사주와 사원의 관계도 갑을 관계입니다. '땅콩 회항 사건'이 대표적입니다. 모 항공사의 회장 딸이 사원인 승무원의 땅콩 서비스가 마음에 안 든다고 비행기를 회항시킨 사건이지요.

정규직도 이런데 비정규직은 어떨까요. 메르스 사태 때, 같은 병원에서 일해도 비정규직인 간병인들은 마스크도 지급받지 못했습니다. 정규직이 을이라면 비정규직은 을 중의 을이라고 할 수 있습니다.

청년인턴제의 속사정

사실 '인턴'은 병원에서 제일 흔히 쓰이던 말입니다. 의학대학을 졸업해 의사 자격은 있지만, 아직 전문의가 되기 전에 병원에서 일을 배우는 의사를 말하지요. 인턴 기간은 보통 1년입니다.

기업에도 인턴이 있습니다. 과거에는 대학생들이 졸업 후 바로 일할 수 있도록 기업에서 비용을 들여 미리 훈련을 시켰습니다. 좋은 인재를 먼저 확보하기 위해서였고, 이를 기업인턴제라고 불렀습니다.

요즘의 청년인턴제는 과거의 기업인턴제와는 많이 다릅니다. 직원이

5명 이상인 기업이 청년(15세 이상~35세 미만)을 인턴 사원으로 뽑으면, 정부가 인턴의 월급을 일부 내줍니다. 그리고 이렇게 채용한 인턴을 나중에 정규직으로 전환하도록 권합니다.

정부 입장에서 이 제도는 청년 실업을 줄일 수 있고, 기업 입장에서는 인건비를 줄일 수 있으니 이득입니다. 청년들은 자신이 취업하려는 곳에 인턴으로 들어가 업무를 배워 정규직이 되기를 바랍니다. 혹은 인턴 경험으로 더 나은 일자리를 찾게 되기를 원합니다.

모두에게 도움이 되는 제도인 것 같지만 꼭 그렇지만은 않습니다. 인턴제를 통해 정부는 청년실업률을 낮춘 것처럼 홍보할 수 있고, 기업은 싼값에 근로자를 더 많이 쓸 수 있습니다.

그러나 청년들은 을의 서글픔만 경험하게 될 수도 있습니다. 을은 정규직으로 전환되기를 바라면서 갑이 요구하는 무리한 일도 할 수밖에 없기 때문입니다. 인턴이라는 이유만으로 인권 침해를 당하며 일하기도 합니다.

미술관 큐레이터, 의상 디자이너, 헤어 디자이너와 같은 직종에서 인턴들이 당하는 인권 침해가 문제가 된 적이 있지요. 전공과 관련 없는 청소나 뒷정리를 하는 경우가 많고, 월급은 100만 원이 채 안 되며, 재료를 직접 사게 하는 경우도 있는데, 이에 대해 도제교육◆이라고 주장하는 곳도 있습니다.

청년들은 인턴 생활을 정규직 취업을 위해 '스펙'을 쌓는 과정으로 생각하고 참습니다. 인권 침해를 당해도 다음의 안정된 일자리를 찾는 데 걸림돌이 될까

도제교육
직업교육의 한 형태. 뛰어난 장인 옆에서 그의 일을 보조하며 일을 배우는 것을 말한다. 최근 '열정 페이'라는 말처럼, 적은 돈을 받고 인턴이나 아르바이트를 하는 것이 도제교육에서의 노동과 같다는 비판을 받고 있다.

봐 문제 삼지 못합니다.

기업 입장에서는 일도 서툴고 언제 그만둘지 모르는 인턴을 가르쳐 제대로 일하게 하는 것은 무리라고 생각하겠지요. 인턴의 아이디어가 사업 아이템으로 결정되어도 그 일이 정규직에게 넘어가는 이유도 인턴은 언젠가 나갈 사람이라는 생각 때문입니다. 결국 청년인턴제는 청년들이 좋은 일자리를 갖는 데 근본적인 도움이 못 되는 셈입니다.

같은 일, 다른 월급

IMF 이후 비정규직이 생겨나면서, 취업하는 청년들의 대부분이 비정규직이었습니다. 그러다 보니 '88만 원 세대'라는 꼬리표도 붙었습니다. 비정규직은 정규직 임금의 74퍼센트밖에 못 받는다는 것을 고려하여 붙은 이름이지요.

2014년 통계 자료를 보면, 5명 가운데 1명이 1년 단위 계약의 비정규직으로 취업했습니다. 그 가운데 1년 뒤 정규직으로 전환되는 비율은 10명 가운데 1명 정도였습니다. 이렇게 비정규직이 늘어나면 결국 일자리를 전전하다 실업자가 될 가능성이 적지 않습니다. 청년 인턴은 그 경력이 다음 일자리를 찾는 데 도움이 되지만, 비정규직은 다음 일자리를 찾는 데 도움이 되지 않을 수도 있습니다. 정규직으로 전환되지 못한 이유를 개인의 잘못으로 돌릴 수 있기 때문입니다.

〈미생〉에 나온 것처럼 정규직과 비정규직은 명절에 받는 선물부터 다르고, 누리는 복지가 다릅니다. 무엇보다 서러운 것은 임금 차이입니다.

88만 원 세대만 해도 비정규직은 정규직 임금의 74퍼센트를 받았는데, 최근 이 격차가 더 벌어져 60퍼센트밖에 못 받는다고 합니다. 똑같은 일을 하는 옆사람은 100만 원을 받는데 나는 60만 원밖에 못 받는다면, 누가 서럽지 않을까요.

해고를 더 쉽게, 노동자 아웃소싱

비정규직 가운데도 좀더 관심을 기울여야 하는 집단이 바로 아웃소싱*에 의해 파견직으로 일하는 경우입니다. 자신이 일할 기업과 직접 근로 계약을 맺는 것이 아니라 아웃소싱 회사에 고용되어 다른 회사에 파견되는 임시직이지요. 여러분의 학교에 있는 경비 아저씨나 여러분이 사는 아파트 경비 아저씨도 아마 파견직일 것입니다.

경비 아저씨는 우리 아파트에서 일하지만 우리 아파트에 소속된 직원이 아닙니다. 그래서 부당한 대우를 받거나 해고당할 위험이 더 많습니다. 같은 회사에 소속된 사람이 아니기 때문에 조금만 잘못해도 해고해야겠다는 생각을 쉽게 할 수 있으니까요. 파견직은 자신이 소속된 회사와 실제로 일하는 회사 모두에게 을입니다.

실제로 그런 일이 있었습니다. 어느 대학의 청소노동자들은 하루 열 시간을 일하고도 최저임금보다 적은 돈을 받았습니다. 청소노동자들은 이런 근로 조건을 개선하려고 노동조합을 만들었다가 해고되었는데

> **아웃소싱**
>
> 일할 사람을 직접 구하지 않고 제3자에게 위탁하여 구하는 방식. 이런 방식에 따라 일하는 사람들을 파견직이라고 부른다. 이들은 고용한 곳과 일하는 곳이 다르기에 불안한 일자리를 갖게 된다.

요. 정확히는, 대학이 용역업체(아웃소싱 회사)와 계약을 연장하지 않음으로써 자연스럽게 해고되도록 한 것입니다. 그런데도 대학은 학교에서 직접 고용한 사람들이 아니라며 노동자들과의 대화를 거부하고 책임을 용역업체에 떠넘겼습니다. 이 일은 사회적인 관심을 불러일으켰고, 파견직이 처한 현실이 널리 알려지는 계기가 되었습니다. 그리고 정책 개선을 이끌어냈지요.

노동은 인간으로서 살아가기 위한 매우 고귀한 활동입니다. 그런 점에서 노동권은 인간적인 삶을 살기 위한 소중한 권리입니다. 이러한 권리를 침해하는 '갑질'은 정말로 큰 인권 침해입니다.

단순히 일자리를 많이 만드는 것만이 정부의 역할은 아닙니다. 좋은 일자리를 많이 만드는 것이 중요합니다. 더불어 사회 구성원 모두가, 내가 함께 일을 하는 사람들에게 불편한 경험을 하도록 만들고 있지는 않은지도 생각해 봐야 합니다. 일의 종류에 대한 차별뿐만 아니라 일자리의 종류에 따른 차별도 없애야 하겠지요. 여러분들이 일을 할 시기에는 이런 문제가 다 해결되었으면 합니다.

노동의 의미와 비정규직 문제를 생각하면서 같이 토론해 봅시다

❶ 기업 오너들이 사원들을 마치 자신의 개인 비서처럼 다루는 기업 문화에 대해 어떻게 생각하나요?

❷ 정규직, 비정규직, 파견직 등 일자리의 종류에 따라 다른 임금을 받는 것 때문에 생기는 문제점에는 무엇이 있을까요?

모두가 알아야 할
대한민국 헌법

유구한 역사와 전통에 빛나는 우리 대한국민은 3·1 운동으로 건립된 대한민국임시 정부의 법통과 불의에 항거한 4·19 민주이념을 계승하고, 조국의 민주개혁과 평화적 통일의 사명에 입각하여 정의·인도와 동포애로써 민족의 단결을 공고히 하고, 모든 사회적 폐습과 불의를 타파하며, 자율과 조화를 바탕으로 자유민주적 기본 질서를 더욱 확고히 하여 정치·경제·사회·문화의 모든 영역에 있어서 각인의 기회를 균등히 하고, 능력을 최고도로 발휘하게 하며, 자유와 권리에 따르는 책임과 의무를 완수하게 하여, 안으로는 국민 생활의 균등한 향상을 기하고 밖으로는 항구적인 세계 평화와 인류 공영에 이바지함으로써 우리들과 우리들의 자손의 안전과 자유와 행복을 영원히 확보할 것을 다짐하면서 1948년 7월 12일에 제정되고 8차에 걸쳐 개정된 헌법을 이제 국회의 의결을 거쳐 국민투표에 의하여 개정한다.

제1장 총강

제1조 ① 대한민국은 민주공화국이다.

② 대한민국의 주권은 국민에게 있고, 모든 권력은 국민으로부터 나온다.

(중략)

제2장 국민의 권리와 의무

🎵 **제10조** 모든 국민은 인간으로서의 존엄과 가치를 가지며, 행복을 추구할 권리를 가진다. 국가는 개인이 가지는 불가침의 기본적 인권을 확인하고 이를 보장할 의무를 진다.

🎵 **제11조** ① 모든 국민은 법 앞에 평등하다. 누구든지 성별·종교 또는 사회적 신분에 의하여 정치적·경제적·사회적·문화적 생활의 모든 영역에 있어서 차별을 받지 아니한다.

② 사회적 특수 계급의 제도는 인정되지 아니하며, 어떠한 형태로도 이를 창설할 수 없다.

③ 훈장 등의 영전은 이를 받은 자에게만 효력이 있고, 어떠한 특권도 이에 따르지 아니한다.

🎵 **제12조** ① 모든 국민은 신체의 자유를 가진다. 누구든지 법률에 의하지 아니하고는 체포·구속·압수·수색 또는 심문을 받지 아니하며, 법률과 적법한 절차에 의하지 아니하고는 처벌·보안 처분 또는 강제노역을 받지 아니한다.

② 모든 국민은 고문을 받지 아니하며, 형사상 자기에게 불리한 진술을 강요당하지 아니한다.

③ 체포·구속·압수 또는 수색을 할 때에는 적법한 절차에 따라 검사의 신청에 의하여 법관이 발부한 영장을 제시하여야 한다. 다만, 현행범인인 경우와 장기 3년 이상의 형에 해당하는 죄를 범하고 도피 또는 증거인멸의 염려가 있을 때에는 사후에 영장을 청구할 수 있다.

④ 누구든지 체포 또는 구속을 당한 때에는 즉시 변호인의 조력을 받을 권리를 가진다. 다만, 형사피고인이 스스로 변호인을 구할 수 없을 때에는 법률이 정하는 바에 의하여 국가가 변호인을 붙인다.

⑤ 누구든지 체포 또는 구속의 이유와 변호인의 조력을 받을 권리가 있음을 고지받지 아니하고는 체포 또는 구속을 당하지 아니한다. 체포 또는 구속을 당한 자의 가족 등 법률이 정하는 자에게는 그 이유와 일시·장소가 지체 없이 통지되어야 한다.

⑥ 누구든지 체포 또는 구속을 당한 때에는 적부의 심사를 법원에 청구할 권리를 가진다.

⑦ 피고인의 자백이 고문·폭행·협박·구속의 부당한 장기화 또는 기망 기타의 방법에 의하여 자의로 진술된 것이 아니라고 인정될 때 또는 정식 재판에 있어서 피고인의 자백이 그에게 불리한 유일한 증거일 때에는 이를 유죄의 증거로 삼거나 이를 이유로 처벌할 수 없다.

🎵 **제13조** ① 모든 국민은 행위 시의 법률에 의하여 범죄를 구성하지 아니하는 행위로 소추되지 아니하며, 동일한 범죄에 대하여 거듭 처벌받지 아니한다.

② 모든 국민은 소급입법에 의하여 참정권의 제한을 받거나 재산권을 박탈당하지 아니한다.

③ 모든 국민은 자기의 행위가 아닌 친족의 행위로 인하여 불이익한 처우를 받지 아니한다.

🎵 **제14조** 모든 국민은 거주·이전의 자유를 가진다.

🎵 **제15조** 모든 국민은 직업 선택의 자유를 가진다.

🎵 **제16조** 모든 국민은 주거의 자유를 침해받지 아니한다. 주거에 대한 압수나 수색을 할 때에는 검사의 신청에 의하여 법관이 발부한 영장을 제시하여야 한다.

🎵 **제17조** 모든 국민은 사생활의 비밀과 자유를 침해받지 아니한다.

♆ **제18조** 모든 국민은 통신의 비밀을 침해받지 아니한다.

♆ **제19조** 모든 국민은 양심의 자유를 가진다.

♆ **제20조** ① 모든 국민은 종교의 자유를 가진다.

② 국교는 인정되지 아니하며, 종교와 정치는 분리된다.

♆ **제21조** ① 모든 국민은 언론·출판의 자유와 집회·결사의 자유를 가진다.

② 언론·출판에 대한 허가나 검열과 집회·결사에 대한 허가는 인정되지 아니한다.

③ 통신·방송의 시설 기준과 신문의 기능을 보장하기 위하여 필요한 사항은 법률로 정한다.

④ 언론·출판은 타인의 명예나 권리 또는 공중도덕이나 사회윤리를 침해하여서는 아니된다. 언론·출판이 타인의 명예나 권리를 침해한 때에는 피해자는 이에 대한 피해의 배상을 청구할 수 있다.

♆ **제22조** ① 모든 국민은 학문과 예술의 자유를 가진다.

② 저작자·발명가·과학기술자와 예술가의 권리는 법률로써 보호한다.

♆ **제23조** ① 모든 국민의 재산권은 보장된다. 그 내용과 한계는 법률로 정한다.

② 재산권의 행사는 공공복리에 적합하도록 하여야 한다.

③ 공공필요에 의한 재산권의 수용·사용 또는 제한 및 그에 대한 보상은 법률로써 하되, 정당한 보상을 지급하여야 한다.

♆ **제24조** 모든 국민은 법률이 정하는 바에 의하여 선거권을 가진다.

246

Ψ **제25조** 모든 국민은 법률이 정하는 바에 의하여 공무담임권을 가진다.

Ψ **제26조** ① 모든 국민은 법률이 정하는 바에 의하여 국가 기관에 문서로 청원할 권리를 가진다.

② 국가는 청원에 대하여 심사할 의무를 진다.

Ψ **제27조** ① 모든 국민은 헌법과 법률이 정한 법관에 의하여 법률에 의한 재판을 받을 권리를 가진다.

② 군인 또는 군무원이 아닌 국민은 대한민국의 영역 안에서는 중대한 군사상 기밀·초병·초소·유독 음식물 공급·포로·군용물에 관한 죄 중 법률이 정한 경우와 비상계엄이 선포된 경우를 제외하고는 군사법원의 재판을 받지 아니한다.

③ 모든 국민은 신속한 재판을 받을 권리를 가진다. 형사피고인은 상당한 이유가 없는 한 지체 없이 공개재판을 받을 권리를 가진다.

④ 형사피고인은 유죄의 판결이 확정될 때까지는 무죄로 추정된다.

⑤ 형사피해자는 법률이 정하는 바에 의하여 당해 사건의 재판 절차에서 진술할 수 있다.

Ψ **제28조** 형사피의자 또는 형사피고인으로서 구금되었던 자가 법률이 정하는 불기소 처분을 받거나 무죄 판결을 받은 때에는 법률이 정하는 바에 의하여 국가에 정당한 보상을 청구할 수 있다.

Ψ **제29조** ① 공무원의 직무상 불법 행위로 손해를 받은 국민은 법률이 정하는 바에 의하여 국가 또는 공공단체에 정당한 배상을 청구할 수 있다. 이 경우 공무원 자신의 책임은 면제되지 아니한다.

② 군인·군무원·경찰공무원 기타 법률이 정하는 자가 전투·훈련 등 직무

집행과 관련하여 받은 손해에 대하여는 법률이 정하는 보상 외에 국가 또는 공공단체에 공무원의 직무상 불법 행위로 인한 배상은 청구할 수 없다.

ψ **제30조** 타인의 범죄 행위로 인하여 생명·신체에 대한 피해를 받은 국민은 법률이 정하는 바에 의하여 국가로부터 구조를 받을 수 있다.

ψ **제31조** ① 모든 국민은 능력에 따라 균등하게 교육을 받을 권리를 가진다.

② 모든 국민은 그 보호하는 자녀에게 적어도 초등교육과 법률이 정하는 교육을 받게 할 의무를 진다.

③ 의무교육은 무상으로 한다.

④ 교육의 자주성·전문성·정치적 중립성 및 대학의 자율성은 법률이 정하는 바에 의하여 보장된다.

⑤ 국가는 평생교육을 진흥하여야 한다.

⑥ 학교교육 및 평생교육을 포함한 교육 제도와 그 운영, 교육재정 및 교원의 지위에 관한 기본적인 사항은 법률로 정한다.

ψ **제32조** ① 모든 국민은 근로의 권리를 가진다. 국가는 사회적·경제적 방법으로 근로자의 고용의 증진과 적정임금의 보장에 노력하여야 하며, 법률이 정하는 바에 의하여 최저임금제를 시행하여야 한다.

② 모든 국민은 근로의 의무를 진다. 국가는 근로의 의무의 내용과 조건을 민주주의 원칙에 따라 법률로 정한다.

③ 근로 조건의 기준은 인간의 존엄성을 보장하도록 법률로 정한다.

④ 여자의 근로는 특별한 보호를 받으며, 고용·임금 및 근로 조건에 있어서 부당한 차별을 받지 아니한다.

⑤ 연소자의 근로는 특별한 보호를 받는다.

⑥ 국가유공자·상이군경 및 전몰군경의 유가족은 법률이 정하는 바에 의

하여 우선적으로 근로의 기회를 부여받는다.

Ψ **제33조** ① 근로자는 근로 조건의 향상을 위하여 자주적인 단결권·단체교섭권 및 단체행동권을 가진다.

② 공무원인 근로자는 법률이 정하는 자에 한하여 단결권·단체교섭권 및 단체행동권을 가진다.

③ 법률이 정하는 주요방위산업체에 종사하는 근로자의 단체행동권은 법률이 정하는 바에 의하여 이를 제한하거나 인정하지 아니할 수 있다.

Ψ **제34조** ① 모든 국민은 인간다운 생활을 할 권리를 가진다.

② 국가는 사회보장·사회복지의 증진에 노력할 의무를 진다.

③ 국가는 여자의 복지와 권익의 향상을 위하여 노력하여야 한다.

④ 국가는 노인과 청소년의 복지 향상을 위한 정책을 실시할 의무를 진다.

⑤ 신체장애자 및 질병·노령 기타의 사유로 생활 능력이 없는 국민은 법률이 정하는 바에 의하여 국가의 보호를 받는다.

⑥ 국가는 재해를 예방하고 그 위험으로부터 국민을 보호하기 위하여 노력하여야 한다.

Ψ **제35조** ① 모든 국민은 건강하고 쾌적한 환경에서 생활할 권리를 가지며, 국가와 국민은 환경 보전을 위하여 노력하여야 한다.

② 환경권의 내용과 행사에 관하여는 법률로 정한다.

③ 국가는 주택개발정책 등을 통하여 모든 국민이 쾌적한 주거생활을 할 수 있도록 노력하여야 한다.

Ψ **제36조** ① 혼인과 가족생활은 개인의 존엄과 양성의 평등을 기초로 성립되고 유지되어야 하며, 국가는 이를 보장한다.

② 국가는 모성의 보호를 위하여 노력하여야 한다.

③ 모든 국민은 보건에 관하여 국가의 보호를 받는다.

♆ **제37조** ① 국민의 자유와 권리는 헌법에 열거되지 아니한 이유로 경시되지 아니한다.

② 국민의 모든 자유와 권리는 국가 안전 보장·질서 유지 또는 공공복리를 위하여 필요한 경우에 한하여 법률로써 제한할 수 있으며, 제한하는 경우에도 자유와 권리의 본질적인 내용을 침해할 수 없다.

♆ **제38조** 모든 국민은 법률이 정하는 바에 의하여 납세의 의무를 진다.

♆ **제39조** ① 모든 국민은 법률이 정하는 바에 의하여 국방의 의무를 진다.

② 누구든지 병역 의무의 이행으로 인하여 불이익한 처우를 받지 아니한다.

(하략)

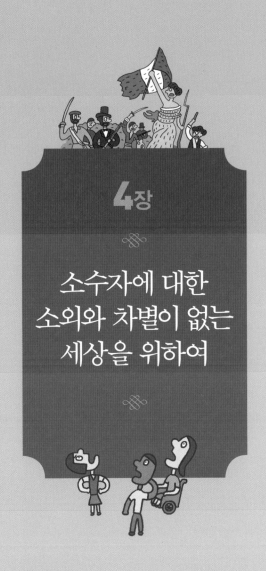

4장

소수자에 대한
소외와 차별이 없는
세상을 위하여

1

오늘 대한민국에서는
누가 사회적 소수자인가?

〈어둠 속의 대화〉라는 전시가 있습니다. 아무것도 보이지 않는 어둠 속에서 100분간 숲, 시장, 카페 등으로 꾸며진 공간을 돌아다니며 어둠을 체험하는 프로그램입니다. 빛을 발하는 물건을 가지고 들어갈 수 없고, 들어가면 지팡이 하나를 내줍니다. 정말로 아무것도 보이지 않으니까요.

평소 우리는 어둠을 경험할 기회가 거의 없습니다. 불을 끈다 해도 아무것도 안 보이는 것은 아니지요. 그래서 이 전시장에 들어가면 불안하고 두렵습니다.

〈어둠 속의 대화〉 전시 공간은 우리가 살아가는 공간과 똑같이 만들어져 있습니다. 다른 점은 빛이 없다는 것뿐인데 그 한 가지 다른 점 때문에 전혀 낯선 세상을 경험하게 됩니다. 시각이 아니라 청각과 촉각에 의지하게 되고, 함께 가는 사람을 의지하게 됩니다.

우리에게 만약 시각 장애가 있다면, 필요한 것은 조명 시설이 아니라 귀로 듣거나 손으로 만져서 공간을 파악할 수 있는 장치일 것입니다. 조명으로 빛이 충분히 제공되는 공간은 시각 장애가 없는 사람들이 살기에 유리한 환경입니다. 시각 장애가 있는 사람들은 소수이고 그만큼 사회적으로 힘이 약하다 보니, 우리가 살아가는 공간을 시각장애인들에게 유리한 환경으로 만드는 것은 어렵겠지요.

그런데 〈어둠 속의 대화〉 공간은 시각 장애가 있는 사람들에게 더 유리한 환경입니다. 전시를 따라가는 100분 동안에는 오히려 시각 장애가 있는 사람들이 그 집단을 이끌어나가는 주류가 될 수 있습니다. 이 전시에는 한 번에 8명이 입장할 수 있고, 이들을 이끄는 안내자는 단 1명입니다. 8명 가운데 1명, 그가 시각 장애를 가진 사람이라면 소수임에도 그는 주류로서 공간을 주도할 수 있습니다. 과연 '누가 사회적 소수자인가'에 대한 우리의 통념을 뒤흔드는 상황이지요.

모든 사람이 정말로 평등하게 살고 있을까?

모든 인간은 평등하고, 차별받지 않아야 합니다. 그런데 실제로는 어떤가요? 우리가 살아가는 세상은 상당히 불공평합니다. 일단 시각장애인들처럼, 생활 환경이 그들에게 적합하게 갖춰져 있지 않아서 불편함과 부당함을 겪는 사람들이 많습니다. 이들은 사회적인 힘이 약해서 마땅한 권리를 누리지 못하고 있습니다.

'소득 수준에 따라 걸리는 암도 다르다.' 이런 말을 들어보았나요? 말도 안 되는 이야기 같지만 미국의 한 연구에 의해 밝혀진 사실입니다. 이 연구에 따르면, 가난한 사람들이 많이 사는 지역일수록 후두암, 자궁경부암, 간암이 발병하고, 부유한 사람들이 많이 사는 지역일수록 갑상선암, 피부암, 흑색종이 주로 발병합니다.

암의 종류뿐 아니라 암으로 인한 사망률도 다릅니다. 주거 환경과 생활습관의 차이 때문이지요.

경제적으로 여유가 있는지, 사회적으로 중요한 직위에 있는지, 교육 수준이 높은지 등등 삶의 조건은 사람마다 다릅니다. 많은 권력을 행사하는 사람도 있지만 그렇지 못한 사람들도 있습니다. 그리고 세상은 경제적·사회적·정치적으로 더 많은 권력을 가진 사람들의 주장과 의견이 반영되어 돌아갑니다.

사실 세상은 공평하지 않습니다. 누구에게는 유리하지만 누구에는 불리하게 움직입니다.

어떤 사람들을 사회적 소수자라고 하나?

한 사회에서 사회적·경제적·정치적 권력이 약한 사람들을 사회적 소수자라고 부릅니다. 성별, 나이, 경제력, 인종 및 종족, 성적 취향 등에서 그 사회의 주류가 아닌 집단이지요.

어느 학자는 사회적 소수자를 이렇게 정의했습니다.

"신체적 또는 문화적 특징으로 인해 사회의 주류 집단 구성원으로부터 구별되며 불평등한 처우를 받도록 끄집어내진 사람들이면서, 스스로 차별받는 집단에 속해 있다는 의식을 가진 사람들."

말 그대로 '끄집어내진 사람들'이기에 이들은 그 사회가 만들어낸 사람들이라고 볼 수 있습니다.

또다른 학자의 정의를 볼까요.

"인간 사회에 부여된 질서에는 정돈되고 절제된 순수의 상징체계와 그 외부에 존재하는 위험하고 오염된 상징체계가 존재하는데, 이때의 오염된 상징체계를 갖는 타자."

어려운 표현이지요? 쉽게 말하면 사회는 정상인 집단과 아닌 집단을 구분하는데, 소수자는 정상이 아니라고 구분되는 사람들이라는 뜻입니다. 문제는 그 사회의 정상과 비정상을 구분하는 주체가 바로 스스로를 정상이라고 여기는 사람들이라는 것입니다.

이를테면 장애가 없는 사람은 정상, 장애가 있는 사람은 비정상으로 보는 것인데요. 장애인은 비정상이 아니라 장애를 가진 사람일 뿐입니다. 그러니 '정상인-장애인'이 아니라 '비장애인-장애인'이라고 표현하는 것이 맞습니다. '의사-여의사', '작가-여류작가'도 정상과 비정상 또는 중심과 부수적인 상태의 분류를 따르는 셈입니다. 남자를 '정상'의 범주에 두는 것이니까요. '남의사'나 '남류작가'라는 말은 쓰지 않지요.

이처럼 다양성을 인정하지 않고 정상과 비정상을 구분하는 데서 사회적 소수자가 만들어집니다. 즉 힘을 가진 사람들이 자신을 정상이라고 상정하고 자신들과 다른 특징을 가진 사람들을 비정상이나 부수적인 사람이라고 구분하면서 만들어낸 것입니다.

많은 학자들에 의하면, 사회적 소수자는 식별 가능성, 권력의 열세, 차

별적인 대우, 소수자 집단의 연대의식에 의해 결정됩니다.

먼저 식별 가능성이 무엇인지 알아볼까요? 바로 겉모습이나 문화적 특징입니다. 예를 들어 신체적 장애를 가진 사람은 그 장애가 겉으로 드러나는 경우가 많습니다. 기독교 국가에 사는 이슬람교인은 메카를 향해 기도하는 모습 같은 문화적 특징으로 구분되겠지요.

그러니까 사회적 소수자의 특징은 선천적인 것도 있고 후천적인 것도 있습니다.

둘째, 권력의 열세란 무슨 뜻일까요? 여기서 말하는 권력은 정치적·사회적·경제적 권력 모두를 말합니다. 국회의원과 아르바이트생의 정치적 권력은 차이가 나지요. 대기업 회장과 그 기업에서 일하는 비정규직의 경제적 권력은 큰 차이가 납니다. 매우 유명한 문화계나 예술계 인사들은 무명인사에 비해 문화적으로 큰 권력을 보여줄 수 있습니다.

권력의 열세란 단지 그 수가 적은 것을 뜻하지는 않습니다. 백인우월주의 정책을 쓰던 남아프리카공화국은 소수의 백인이 정치적 권력을 가지고 다수의 흑인을 차별했습니다. 그러니 사람 수로 권력의 열세가 결정되는 것이 아닙니다.

셋째, 차별적인 대우는 여러 경우가 있습니다. 어떤 회사에서 남녀 직원을 모두 뽑아놓고 여성은 과장 이상 승진을 못하게 규정해 두었다고 합시다. 명백한 차별적인 대우이지요.

다행히 오늘날 한국에 이런 회사는 거의 없는데요. 예전에는 아예 여성은 뽑지 않거나 용모가 단정해야 한다는 조건을 내걸기도 했습니다. '군필'이라고 하여 군대를 다녀온 남성만 뽑는 경우도 있는데 이 역시 차별적인 대우입니다.

넷째, 소수자 집단의 연대의식이란 같은 처지에 있는 사람들 스스로 자신들이 사회적으로 차별받는다는 사실을 인식하고 함께 힘을 모으는 것을 뜻합니다.

예를 들어 '위안부 할머니'의 경우를 봅시다. 예전에는 홀로 쉬쉬하고 사셨지만, 요즘은 일본대사관 앞에 모여 함께 일본의 사과를 요구합니다. 연대의식을 갖고 모여 함께 권리를 찾으려는 것이지요. 연대의식은 스스로 인식하여 생기는 경우도 있지만 사회적 차별이 워낙 심해서 형성되기도 한답니다.

학자들은 사회적 소수자로 다양한 집단을 꼽습니다. 성매매 여성, 장애인, 동성애자, 이주노동자, 죄수, 양심적 병역 거부자, 넝마주이(폐품 줍는 사람), 탈북자, 북파공작원, 어린이, 불안정 노동자*(비정규직·파견직), 실업자, 노숙자, 부랑자, 중독자, 환자, 정신병원 수용자, 혼혈아, 성폭력 반대 운동가, 화교, 재외교포, 결혼 이주민, 위안부 할머니, 미혼모, 미혼부……. 이들 모두가 오늘날 대한민국에서 사회적 소수자에 속합니다.

> **불안정 노동자**
> 현재 일을 하고 있지만 저임금, 해고 등으로 불안정한 삶에 노출될 가능성이 큰 노동자. 비정규직이나 아르바이트 노동자가 대표적이다.

한편 사회적 소수자를 "스스로 사회적 표준을 거부한 사람"이라고 표현하는 학자들도 있습니다. 사회적 소수자는 권력의 열세에 놓인 수동적인 사람들이 아니라 스스로 소수자의 삶을 선택한 능동적인 사람들일 수 있다는 뜻입니다. 이들은 사회 운동을 통해 자신들의 신념이나 의지를 적극적으로 표명하곤 합니다.

나도 사회적 소수자가 될 수 있다

물론 앞서 언급한 이들만 사회적 소수자는 아닙니다. 누구나 사회적 소수자가 될 수 있습니다. 이주노동자를 봅시다. 이들은 이주민이라는 사회적 소수자로 살아갑니다. 다른 나라에서 왔다는 이유로 노동 환경에서나 일상적인 삶에서 차별받고 있습니다.

그런데 이들이 자기 나라로 돌아가면 상황이 달라집니다. 대체로 이주노동자의 고국은 한국보다 경제 수준이 낮아서 한국에서는 적은 월급을 받았더라도 그 돈을 모아 고향으로 돌아가면 여유로운 삶을 살 수 있습니다. 더구나 한국에 온 이주노동자들은 자신의 나라에서 보면 공부를 많이 한 엘리트들이 많습니다. 그러니 한 사회에서는 아니라 해도, 다른 사회에서는 사회적 소수자가 될 수 있습니다.

또한 사회적 소수자는 시대에 따라서도 달라집니다. 연예인은 요즘 한국의 청소년들이 매우 동경하는 직업입니다. 모든 연예인이 그렇지는 않아도 인기 있는 연예인은 수입도 많고 인지도도 높지요. 사회적인 영향력도 대단합니다. 그들은 여러 곳에서 자신의 목소리를 내고 있습니다. 선거에 나가 국회의원에 당선되기도 하고 장관에 임명되기도 합니다.

도시를 떠나 제주도에서 자연과 함께 살아가는 가수 이효리의 삶에 많은 이들이 관심을 보이고 이효리처럼 살고 싶어 합니다. 한 여배우가 제기한 아파트 난방비 문제는 사회적 이슈가 되었습니다. 이들이 연예인이기에 가능한 현상입니다.

오늘날 이처럼 인기를 누리고 사회적 영향력을 행사하는 연예인은 조선 시대에는 광대였습니다. 천민 중에서도 천민이었지요. 광대라는 이유만으로 천대받으며 경제적인 어려움에 처해 있었습니다. 그런데 지금 세계적으로 유명한 연예인들은 정치인보다 더 막강한 정치적 영향력을 행사하고 웬만한 기업가보다 더 큰 경제력을 보유하고 있습니다.

이처럼 사회적 소수자는 시대와 장소에 따라 달라집니다. 사회적 소수자는 자신이 사는 사회에 따라 다르게 끄집어내지고 만들어집니다. 다시 말하면 사회가 특정 집단을 사회적 소수자로 만들어내고 있는 셈입니다.

지금 우리가 사는 사회에서는 내가 이주민과 결혼하거나 결혼하지 않은 채로 아이를 낳아 기르거나 크게 다쳐서 장애를 갖게 되거나 특정 종교로 개종하거나 하면 나도 사회적 소수자가 됩니다. 또한 외모, 학벌, 직업 같은 조건 때문에도 사회적 소수자가 될 수 있습니다.

나와 다르다고 누군가를 비정상이나 부수적인 사람으로 여기고 그 사람을 차별하는 것은 사회적 소수자를 만드는 첫걸음입니다. 내가 혹시 그런 행위를 하고 있지는 않은지 생각해 보았으면 합니다.

사회적 소수자의 개념을 생각하면서 같이 토론해 봅시다

❶ '소수자 되기' 활동은 소수자를 이해하는 데 도움이 될까요?
('소수자 되기'는 자기 안에 소수자적 특성이 나타날 때, 이를 자유롭게 드러내보는 것입니다. 예를 들어 '여성 되기'는 남성이 억지로 여성으로서의 체험을 하라는 것이 아니라, 여성처럼 행동하고 말하고 싶을 때 그렇게 해보는 것이지요.)

❷ 지금 이 시점에 한국 사회에서 가장 어려움을 겪는 사회적 소수자는 누구일까요? 그들이 겪는 어려움을 어떻게 해소할 수 있을까요?

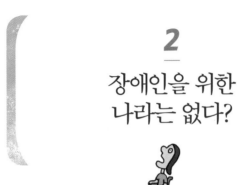

2
장애인을 위한
나라는 없다?

수십 년 전 대학 시절 이야기입니다. 장애인에 대한 사회적 지원이나 관심이 거의 없을 때였습니다. 수업 시간에 한 교수님이 모든 건물에 신체 장애인을 위한 시설을 만들어야 한다고 주장했습니다.

그러자 한 학생이 강하게 반발했습니다. 그러잖아도 복지 예산이 적은데, 그런 시설을 만들 돈으로 일반 복지를 더 늘리는 게 낫다는 주장이었습니다. 교수님은 장애인을 위한 복지가 더 시급하다고 했지만, 학생은 최대 다수의 최대 행복이어야 한다고 다시 강조했지요. 교수님도 최소 수의 최소 고통을 강조했습니다.

교수님은 평소 냉철한 철학자로 쉽게 흥분하지 않는 분이었는데, 학생이 최대 다수의 최대 행복을 위해 장애인이 희생할 수밖에 없다고 계속 주장하자 결국 화를 냈습니다. 인정머리 없는 사람은 아무리 논리적으로 설득해도 안 된다면서요. 여러분은 어느 쪽 주장에 동의하나요?

또다른 일도 생각납니다. 십여 년 전 텔레비전을 보는데 매우 심각한 장애를 가진 자녀를 키우는 가족이 나왔습니다. 옆에서 같이 시청하던 사람이 무심코 말했습니다.

"저 사람들 너무 불쌍해! 차라리 태어나지 않는 게 나았을 텐데."

그러나 그 아이의 부모는 대한민국에서 장애인들이 겪는 고통이 얼마나 큰지를 이야기하면서도, 동시에 그 자녀가 주는 기쁨이 얼마나 큰지 말하고 있었습니다. 그때 한국에서 장애인으로 살아간다는 것은 참으로 힘든 일이겠다는 생각이 들었습니다.

우리나라의 장애인 수가 유독 적은 이유는?

사회적 소수자를 부정적으로 보는 것이 우리 사회의 특성이지만, 특히 장애인에 대해서는 그런 경향이 더 강한 것 같습니다. 그러나 나라고 장애인이 되지 말란 법은 없습니다. 교통사고나 화재 같은 사고로 장애를 갖게 될 수 있고, 나이 들어서는 질병으로 장애를 얻을 수도 있습니다.

그런데 한국은 장애인 비율이 인구의 5퍼센트를 조금 넘습니다. 어떤가요, 많은 것 같나요? 아니면 너무 적은 것 같나요? 유럽연합은 인구의 약 15퍼센트가 장애인입니다. 한국의 세 배나 됩니다. 한국보다 유럽연합 국가들에서 장애인이 더 많이 태어나는 것일까요? 아니면 유럽연합 국가들에서 유독 사고가 많이 일어나고 병에 걸리는 사람이 많은 것일까요?

아닐 것입니다. 어쩌면 장애인 복지가 잘 되어 있어서 장애인들이 유럽연합 나라들로 이주해 왔기 때문일 수도 있습니다. 하지만 아무리 그렇다 해도 세 배나 차이가 나는 것은 이상한 일입니다. 한국에는 장애인이 왜 이렇게 적은 걸까요?

그것은 장애인으로 등록하느냐 마느냐의 차이 때문입니다. 장애인에 대한 편견이 적고 장애인 복지가 잘 되어 있으니 유럽연합 국가들에서는 대다수의 장애인이 장애인 등록을 합니다. 하지만 한국에서는 장애인 등록을 하지 않는 경우가 많습니다. 편견 때문에 장애가 있어도 등록을 하지 않기에, 그래서 장애인 수가 그토록 적은 것이 아닐까요?

장애는 가혹한 운명이라고 생각하는 편견, 자신의 잘못 때문에 장애가 생겼다는 편견, 장애를 가지면 직장생활을 하기 어렵다는 편견, 이런 잘못된 생각들을 없애야겠지요. 나도 장애인이 될 수 있다는 점을 생각한다면, 편견을 버리기가 좀더 쉬울 것입니다.

불쌍하지 않아, 다만 불편할 뿐

우리가 장애인에게 갖는 가장 큰 편견은, 그들이 불쌍하다는 생각일지 모릅니다. 눈에 안대를 하고 한 시간이라도 걸어보았거나 휠체어를 타고 거리를 이동해 본 사람이라면 장애인의 삶이 생각보다 더 힘들다고 느꼈을 것입니다. 그리고 장애인을 불쌍하다고 여겼을 수 있습니다. 여전히 나는 장애인이 아니기 때문에 그렇게 생각할 수 있는 것이지요.

엘리베이터가 없는 지하철에서 휠체어 리프트를 타려는 사람을 본 적이 있나요? 리프트를 준비하는 데만도 꽤 시간이 걸립니다. 계단을 이용하면 1분이면 충분하지만, 준비해서 타고 내리기까지 10분 이상이 걸립니다. 게다가 리프트를 타고 천천히 올라가는 동안 관람하듯이 바라보는 사람들의 시선도 견뎌야 합니다. 리프트를 타고 올라가는 사람을 보면서 대부분은 불쌍하다고 생각할 것입니다. 그런데 이런 생각이 장애인에게 도움이 될까요?

강영우 선생 이야기를 해보겠습니다. 광복되기 전 해에 태어나 2012년에 돌아가신 분인데요. 10대 때 학교 운동장에서 놀던 친구들이 찬 공에 맞아 시력을 잃었습니다. 어머니마저 충격을 받아 돌아가시고 고아가 된 그에게 주변 사람들은 시각장애인이 할 수 있는 일은 안마사뿐이라고 했습니다. 하지만 그는 대학에 가겠다는 목표를 세웁니다.

마침내 여러 사람의 도움으로 20대 중반에 연세대학교 교육학과에 입학 지원서를 넣었는데요. 대학에서는 시각장애인이라 입학시험을 칠 수 없다고 했습니다. 그래도 그는 실망하지 않고 당당하게 요구했습니다.

"그냥 입학시켜 달라는 게 아니라 시험을 치게 해달라는 것 아닙니까. 점수가 되면 입학시키고, 안 되면 할 수 없는 것 아닙니까. 시험만 보게 해주십시오."

결국 시험을 치르고 합격해서 대학에 입학하는데요. 졸업 후에는 미국으로 유학을 떠나 장학금을 받으며 공부해서 박사학위를 받고 미국에서 대학교수가 되었습니다. 한국에서 대학 입시를 도와줬던 여성과 결혼을 해 아이도 낳습니다.

그렇게 행복하게 살던 어느 날이었습니다. 아이의 방에서 기도 소리가 들려왔습니다.

옛날 옛날에...

"우리 아빠는 정말 훌륭하신 분
인데, 앞을 볼 수 없어서 너무
불쌍해요. 그러니 우리 아
빠 눈을 뜨게 해주세요."

다음 날, 그는 다른 날
과 달리 조용히 불을 끄고
아이에게 점자 동화책을 읽
어줍니다. 그리고 묻지요.

"불을 끄고 책을 읽어주는 것과 불을 켜
고 읽어주는 것, 어느 게 잠자는 데 더 편하니?"

"불을 끈 채로 듣는 게 더 좋아요."

"그렇구나. 그런데 애야, 불을 끄고 동화책을 읽을 수 있는 멋진 능력
을 가진 사람이 이 세상에 얼마나 될까? 아빠는 눈이 보이지 않아서
불쌍한 것이 아니란다. 불편할 뿐이야. 세상 사람들이 우리를 불쌍하다
고 하면 우리는 그냥 불쌍한 사람으로 살아야 한단다. 하지만 불편하겠
다고 생각한다면 그 불편함을 줄여주어야겠다는 생각도 하게 되지 않
을까?"

사실 어린 아들이 알아듣기에는 조금 어려운 이야기였을 것입니다.
하지만 우리는 이 이야기를 이해할 수 있습니다. 불쌍한 것이 아니라 불
편한 것이라고 생각할 때, 장애를 가진 사람들의 삶은 달라질 수 있습니
다. 강영우 선생의 이야기는 나는 장애인에 대해 어떻게 생각하고 있는
지를 돌아보게 해줍니다.

최대 다수의 최대 행복이 아니라
최소 수의 최소 고통을 위하여

요즘은 시각장애인을 위한 보도블록, 점자가 있는 엘리베이터, 안내 음성이 나오는 신호등 등 장애인을 위한 시설을 쉽게 볼 수 있습니다. 그래도 여전히 휠체어가 들어갈 수 있는 저상버스는 부족하고, 휠체어 이동을 힘들게 하는 턱도 여전합니다. 학급에 인지장애 학생이 있으면 다른 학생들에게 방해가 된다고 싫어하는 사람들도 있습니다.

여전히 우리가 살아가는 세상은 비장애인 중심으로 되어 있어서 장애인들은 많은 불편함을 겪고 있습니다.

마을 하나를 짓는다고 가정해 봅시다. 사람들은 빈 공간에 다양한 시설을 만들고 아름답게 꾸미려 할 것입니다. 하지만 시각장애인들이 마을을 짓는다면요? 마을을 보기 좋게 만들기보다는 바닥이나 벽에 길을 안내하는 점자를 가능한 한 많이 표시하려 하겠지요. 마을 하나를 만드는 데도 누가 만드느냐에 따라 그 모습은 전혀 달라집니다.

결국 사회적 소수자인 장애인보다는 주류 집단인 비장애인에게 유리한 환경이나 시설, 제도를 만들었기 때문에 장애인들이 불편해진 것뿐입니다. 그래서 어떤 장애인은 스스로를 이렇게 표현합니다. '사회 환경이나 제도에 맞지 않는 신체를 가진 사람'이라고요.

이런 점을 고려한다면, 장애인을 위해 더 많은 시설과 제도를 마련하는 것이 문제가 된다고 생각하지 않을 것입니다.

장애인과 그 가족의 권리를 둘러싼 쟁점

자녀에게 장애가 있는 많은 부모들이 캐나다나 필리핀 같은 나라로 이민을 떠납니다. 다른 나라에서 이방인으로 겪는 편견보다 우리 사회에서 장애인 가족으로 겪는 편견이 더 크기 때문이겠지요.

더 중요한 이유는 장애인 복지가 잘 되어 있기 때문입니다. 한국에서는 장애인을 돌보기 위해 많은 것을 포기해야 합니다. 그런데 장애인 복지가 잘 되어 있는 나라에서는 가족들도 행복한 삶을 누릴 수 있도록 다양한 방법으로 도움을 줍니다.

장애가 심각하면 누군가가 내내 곁에서 돌봐주어야 합니다. 돌보는 사람 입장에서는 아무리 가족이라도 몹시 힘이 들지요. 인간으로서 행복을 추구할 권리를 충분히 누리지 못하기 때문입니다.

또 중증 장애인 가운데는 혼자 사는 사람들도 많습니다. 제도적인 지원이 있어야 이들이 인간적인 삶을 누릴 수 있습니다. 한국에도 장애인 활동보조 서비스* 같은 제도가 있지만, 어느 정도까지 서비스를 제공해야 할 것인가는 쟁점으로 남아 있습니다.

장애인 활동보조 서비스
만 6세에서 만 65세 미만의 1급 장애인에게 활동보조나 방문 목욕, 방문 간호 등의 서비스를 제공하는 것. 학교에서 중증 장애인 학생을 보조 선생님이 도와주시는 것도 이러한 서비스에 속한다.

2013년에 경남 의령에서, 2014년에는 송파구에서 불이 나 혼자 살던 장애인이 사망하는 사고가 있었습니다. 이들은 야간이라 긴급 활동보조 서비스를 받을 수 없었고, 결국 현장을 탈출하지 못해 사망했습니다. 장애인들은 이를 사회적 살인이라고 주장합니다.

낮에는 활동보조 서비스를 받아 일상생활을 할 수 있지만, 밤에 혼자 있을 때 문제가 생기곤 하는데요.

정부가 이를 해결해 주지 않은 것이 사망의 원인이라고 봅니다. 서울시의 경우 1급 장애인일 때만 야간에도 긴급 활동보조 서비스를 제공합니다.

장애 등급*은 심한 정도에 따라 1급에서 6급까지 나뉩니다. 그런데 1급 장애를 가지고 있어 장애인 활동보조 서비스를 최대한 사용할 수 있다 해도 하루 4시간은 혼자 지내야 합니다. 그렇기에 24시간 활동보조 서비스를 받을 수 있게 해달라는 요구가 나오는 것이지요. 등급이 낮은 장애인도 서비스를 받을 수 있게 해달라는 요구도 있습니다.

그런데 여기에는 몇 가지 문제가 있습니다. 하나는 비용입니다. 한정된 예산에서 장애인을 위한 복지만 늘릴 수 없기 때문입니다. 24시간 서비스를 담당할 사람들의 권리 문제도 있습니다. 3~4명이 돌아가면서 1명의 장애인을 24시간 돌보게 될 텐데요. 그렇다면 밤낮없이 일해야 하고, 하루 종일 같은 공간에서 있기에 종종 돌봐주던 장애인에게 성추행을 당할 위험에 노출될 수도 있습니다.

장애인의 권리를 위해 환경과 제도를 바꿀 수 있습니다. 그러나 복지 비용이나 복지 서비스를 담당할 사람들의 권리 등 생각해야 할 점이 많습니다. 장애인의 권리를 위해 사회는 어느 선까지 지원해야 할까요? '최소 수의 최소 고통'을 위한 결정은 이렇듯 쉬운 일이 아닙니다. 그럼에도 장애인의 불편을 고려하면 외면할 일도 아닙니다.

2014년 말, 장애인 자녀를 둔 한 어머니가 스스로 목숨을 끊었습니다. 자녀가 입학할 초등학교에 사전에 연락하고 방문해 특수학급 수업을 참관했는데, 사

> **장애 등급**
>
> 장애는 크게 신체적 장애와 정신적 장애로 나누며, 신체적 장애는 다시 외부 신체기관과 내부기관의 장애로, 정신적 장애는 정신지체, 정신장애, 발달장애로 나뉜다. 이러한 여러 장애별로 심각한 정도에 따라 1에서 6까지 등급을 나눈다. 장애가 심한 경우 1급, 장애가 약한 경우 6급으로 구분하여 등급에 따라 지원이 달리 이루어진다.

전 통보 없이 학교에 다녀갔다며 교육청에서 어머니에게 전화를 했던 것입니다. 그 과정에서 어머니는 마음을 몹시 다친 모양입니다. 장애인 자녀를 키우면서 수많은 편견과 어려움을 경험해 왔는데, 또다시 겪을 일을 생각하니 견디기 힘들었을 것입니다.

많은 사람들이 장애를 가진 사람이나 그 가족의 관점에서 생각해 보았다면 일이 이렇게까지 되지는 않았을 것입니다. 장애를 가진 자녀를 가진 부모님들은 이렇게 말합니다. "내가 이 아이보다 하루를 더 살았으면 좋겠어요." 우리 사회가 최소 수의 최소 고통을 고려한 장애인 정책을 고려한다면 장애인 자녀를 둔 가족들이 이런 소망 자체를 가지지 않아도 되지 않을까요?

무엇보다 장애인의 관점에서, 최소 수의 최소 고통을 생각해 보아야 합니다. 예를 들어 장애인 복지 비용을 어느 정도로 부담하는 것이 최소 수의 최소 고통에 적합한지를 파악하려면, 내가 장애인이라면 어느 정도의 지원이 필요할지 고민해 보는 노력이 필요합니다.

장애인의 삶의 조건과 사회적 편견을 생각하면서 같이 토론해 봅시다

❶ '최대 다수의 최대 행복'과 '최소 수의 최소 고통' 가운데 어느 쪽이 인권의 관점에 부합할까요?

❷ 복지 정책을 펼 때 다양한 사회적 소수자 가운데서도 장애인을 최우선시해야 할까요?

3

성적 소수자 문제,
이제는 논의할 때다

2014년 애플 사의 CEO 팀 쿡이 스스로 동성애자임을 밝
히던 날, 0퍼센트였던 미국 CEO의 성소수자[*] 비율은 0퍼센트를 벗어났
습니다.

사실 자신이 성소수자임을 밝히는 것은 다양성을 존중하는 미국에서
도 쉬운 일은 아니었을 것입니다. 게다가 세계적인 기업의 CEO라면 더
더욱 말입니다. 그날 지인들은 쿡의 용기를 지지했고,
트위터 사의 CEO 딕 코스톨로는 "브라보"라는 응원
을 남겼습니다.

사실 쿡이 CEO로 있는 애플 사는 예전부터 동성
애자와 관련된 이야기가 있었습니다. 그 유명한 애플
의 로고가 동성애자를 상징한다는 이야기인데요. 지

> **성소수자**
>
> 한 사회에서 다수를 차지하
> 는 이성애자에 대비되는 개
> 념. 구체적으로 동성애자,
> 양성애자, 트랜스젠더, 무성
> 애자 등을 말한다.

금부터 애플 사의 사과 이야기를 해볼까요?

'독사과를 먹고' 세상을 등진 비운의 천재

인류는 사과에 대한 몇 가지 상징과 이야깃거리를 가지고 있습니다. 성경에 나오는 이브의 사과와 뉴턴의 사과가 대표적이지요. 또 하나는 바로 애플 사의 사과입니다.

애플 사가 왜 회사명을 애플로 정했는지 의견이 분분합니다. 뉴턴의 사과처럼 새로운 세상을 상징한다고 하지만 다른 해석도 있습니다. 성적 다양성을 인정하고 지지한다는 뜻을 담았다는 추측이 그것입니다.

애플 사의 사과 로고는 백설공주가 한입 베어 먹은 것과 같은 모습이 지요. 게다가 한때는 무지개색이었습니다. 백설공주의 사과와 무지개색 사과, 이 때문에 성소수자를 상징한다는 주장이 있습니다. 어떻게 이런 해석이 가능할까요?

천재 수학자 앨런 튜링(Alan Turing)을 아시나요? 인공지능을 최초로 생각해 낸 그는 1950년대에 동성애자라는 이유로 체포당한 적이 있습니다. 죄명은 '대단히 점잖지 못한 행위'였고, 처벌은 '장기간의 여성호르몬 투여를 통해 비정상적인 생각에서 벗어나도록 하는 것'이었습니다. 이를 받아들일 수 없었던 튜링은 결국 청산가리를 넣은 사과를 먹고 세상과 결별합니다.

동성애를 병으로 여겨 자신을 억압한 세상을 백설공주를 죽이려 했던 왕비의 사악함에 빗댄 것입니다. 따라서 튜링의 사과는 성소수자를 억압하는 세상에 대한 저항을 상징합니다.

그렇다면 무지개가 상징하는 것은 무엇일까요? 무지개는 각각의 색깔이 고유의 색을 유지하면서도 조화를 이루고 있습니다. 무지개는 각자의 개성과 아름다움, 다양성을 상징합니다.

또다른 하나는 성경과 연관이 있습니다. 큰비가 세상을 휩쓸고 난 뒤 신은 다시는 이런 일을 하지 않겠다는 희망의 언약으로 무지개를 띄웁니다. 따라서 무지개는 희망을 상징한다고 볼 수 있습니다.

한때 무지개색 사과를 로고로 삼은 애플 사는 동성애와 관련된 기업이라는 소문이 무성했습니다. 그런데 이제 CEO가 스스로 동성애자임을 선언했고, 사람들은 긍정의 시선을 보냅니다. 그는 자신이 동성애자임을 밝히면서 이렇게 말했습니다.

"분명하게 말하자면, 나는 내가 동성애자라는 사실이 자랑스럽다. 이는 신이 내게 준 선물 가운데 하나다."

그런 덕분에 더 많은 사회적 소수자를 이해할 수 있었고, 다양한 감수성으로 일과 세상을 이해할 수 있었다고도 말했습니다.

동성애자들이 이렇게 자신을 드러내는 것을 '커밍아웃'이라고 합니다. 말 그대로 벽장 속 어둠에 숨지 않고 세상 밖으로 자신의 정체성을 드러내는 것입니다. 커밍아웃의 결정판은 퀴어 페스티벌인데요. '퀴어'란 동성애자, 양성애자, 트랜스젠더 등을 일컫는 말로 성적 다양성을 의미합니다. 퀴어 페스티벌에서 제일 많이 볼 수 있는 것이 바로 무지개색 우산입니다. 무지개의 상징 때문이지요.

동성애는 제도적으로 인정받을 수 있을까?

동성애자들은 자신들도 결혼하고 자녀를 키울 수 있게 해달라고 주장합니다. 찬성론자들은 동성애도 이성애와 다를 것이 없다고 합니다. 이성애자가 태어날 때부터 이성애 성향을 갖고 있듯이 동성애도 고유한 성향입니다. 그러니 이성애자들이 가족을 이루며 사는 것처럼, 동성애자들도 사랑하는 사람과 가족을 이루는 것은 당연한 권리라고 합니다.

반대하는 쪽에서는 동성애는 타고난 성향이 아니라 스스로 선택한 반사회적인 병이라고 주장합니다. 이들의 결혼을 인정하는 것은 사회적인 병을 인정해 주는 것입니다. 게다가 그들이 자녀를 입양해 키운다면 자녀에게 잘못된 가치관을 심어줄 수 있습니다.

또한 이성애자들의 결혼은 자녀를 낳아 사회 구성원으로 길러내면서 사회에 기여하지만, 동성애자들의 결혼은 그런 기능이 없습니다. 따라서 이들은 동성애자들이 가족을 이룰 권리를 주장하는 것은 문제라고 봅니다.

이쯤에서 인류의 다양한 결혼 문화를 살펴볼까요? 부부가 꼭 남자와 여자로만 이루어지는 것은 아닙니다. 동아프리카의 누에르 족은 결혼 후 자녀가 없는 여성은 폐경이 가까워지면 친정으로 돌아옵니다. 이 여성은 조카들에게 '아저씨'라고 불리며, 친정에서 재산을 배분받아 자신의 재산을 가집니다. 그리고 돈을 지불하고 신부를 구해 결혼을 합니다.

여기서 결혼이란 노년에 돌봐줄 여성을 구하는 의미인데요. 생물학적으로는 여성과 여성의 결혼이지만 사회적으로는 남성과 여성의 결혼이 됩니다. 이들의 결혼은 동성애와는 다르지만, 성별이 사회적으로 정해지기도 하며 상황에 따라 동성 결혼도 수용될 수 있음을 보여줍니다.

276

유럽이나 아메리카에서는 다양성 인정과 소수자 권리 보호라는 측면에서 동성애자의 권리를 수용하는 곳이 많습니다. 그러나 모든 사회에서 동성애자들이 주류로 살아가기는 어려울 것입니다. 여전히 수많은 나라들이 동성 간의 결혼을 반대할 뿐 아니라 동성애 자체를 병으로 여기고 있기 때문입니다.

다양성을 인정해야 나의 개성도 인정받을 수 있다

한국도 마찬가지입니다. 연예인으로서는 처음으로 커밍아웃을 하여 불이익을 받았던 배우 홍석천이나, 동성 연인과 결혼하고도 가족으로 등록하지 못한 영화감독 김조광수의 경우만 봐도 알 수 있지요.

최근에는 일부 종교에서 동성애자들에게 가하는 핍박의 강도가 점점 심해지고 있습니다. 국회에서 차별금지법을 만들려는데, '성적 지향'을 차별 금지 대상으로 넣었다는 이유로 반대가 심해 오래도록 법안이 통과되지 못하고 있지요. 교과서에는 동성애를 다양성 측면에서 언급하는데도, 시험에 동성애와 관련한 내용이 나오면 항의를 받는다는 이야기도 들은 적이 있습니다.

여러분은 어느 편인가요? 그들이 이상해 보이나요? 그러나 인간은 각자 개성이 있고 각자 성적 지향이 다릅니다. 이런 다양성을 인정해야 나의 개성도 인정받을 수 있는 게 아닐까요? 또 이성애자는 그 수가 많기 때문에 정상이고, 동성애자는 적기 때문에 비정상이고 병인 것일까요? 사랑하는 사람들이 이성이 아니라 동성이라는 이유만으로 결혼을 할 수 없는 게 옳을까요? 이성애자들은 당연히 누리는 권리를 성소수자들은 왜 누리지 못하고 냉대까지 받아야 할까요? 그들이 만약 이상해 보인다면, 한번 생각해 봐야 할 문제입니다.

인권 토론방 동성애에 대한 사회적 인정과 논의를 생각하면서 같이 토론해 봅시다

❶ 동성애자의 결혼과 입양을 제도적으로 인정해야 할까요?

❷ 동성애를 허용하면, 그렇지 않은 사람들조차 동성애자가 되도록 부추기는 게 될까요?

4

국경을 넘어와도
인권은 살아 있다

〈믿거나 말거나 찬드라의 경우〉라는 영화가 있습니다. 네팔에서 대한민국으로 온 이주노동자 찬드라는 어느 날 거리에서 네팔어로 무엇인가를 물어보다가, 그의 말을 못 알아들은 사람들로부터 횡설수설하는 행려병자로 오해받습니다. 이후 찬드라는 경찰서, 정신병원, 부녀자 보호소 등에서 6년 4개월이나 갇혀 지내야 했습니다. 그저 자신의 언어인 네팔어로 무엇인가를 이야기하려 했을 뿐인데, 그를 만난 수많은 한국 사람들이 그의 말이 한국어가 아닌 다른 나라의 언어라는 생각을 하지 못한 탓에 그렇게 기나긴 수용소 생활을 한 셈입니다.

이 영화는 찬드라의 실제 경험을 바탕으로 2003년에 만들어졌지만, 한국의 이주민 비율이 1퍼센트에 불과하던 1990년대에 일어났던 일입니다.

국제결혼을 한 가정을 어렵지 않게 볼 수 있고, 이주노동자 또한 지속적으로 늘어나고 있으며, 유학 온 외국인도 많아 이제 대한민국에는 인구의 3퍼센트에 육박하는 이주민이 살고 있습니다. 그러니 찬드라의 경우와 같은 일은 더이상 일어나지 않을까요? 영어, 중국어, 일어, 프랑스어, 독일어 등 다양한 외국어를 가르치는 한국에서 왜 찬드라의 네팔어는 횡설수설하는 언어로 이해되었을까요?

이를 이해하기 위해서는 우선 한국인들이 생각하는 단일민족 신화부터 살펴보아야 합니다.

단일민족 신화는 어떻게 작동하는가?

아직도 한국인이 단일민족이라고 생각하는 사람들이 많습니다. 정말 그럴까요? 어떤 학자가 한국인의 유전자 정보를 가지고 혈통을 연구했는데요. 그 결과 아시아 북방 계열이 60~70퍼센트로 대부분을 차지하고, 아시아 남방 계열이 25~35퍼센트, 약 5퍼센트는 유럽이나 아프리카 계열이었다고 합니다. 이 연구 결과를 보면 한반도에 살았던 조상들이 단일민족으로만 이루어져 있었던 것은 아닌 듯합니다.

역사적으로 보아도 단일민족 신화가 허구임을 알 수 있습니다. 신라시대 원성왕의 능을 호위하기 위해 세워둔 석상들 가운데 무인상을 보면, 서역(서남아시아를 뜻하는데, 터키, 이란, 이스라엘, 사우디아라비아 등이 이 지역에 속한 나라들입니다) 사람의 모습을 하고 있습니다. 또한 처용 신화의 주인공인 처용의 얼굴을 본뜬 탈에서도 서역인의 모습이 보입니다.

가야국 수로왕의 왕비 또한 인도 아유타국의 공주로 알려져 있지요.

통일신라시대에는 사람들이 무역을 하기 위해 이동했다는 기록이 있고, 고려시대에는 수많은 이주민이 중국에서 건너온 것으로 기록되어 있습니다. 고려가요 「쌍화점」에는 아라비아 상인을 뜻하는 '회회아비'라는 말이 나오며, 고려시대 후기에는 여러 왕들이 몽골 왕족과 국제결혼을 했습니다.

그러므로 '단일민족'이란, 사실에서 나온 말이라기보다는 무엇인가를 강조하기 위해 만들어진 이념이라고 보아야 합니다. 어쩌면 일제 강점기를 겪으며 무너진 민족 자존감을 회복하기 위해 단일민족 신화가 만들어졌을 수 있습니다. 한반도라는 영토를 과거부터 현재까지 단 하나의 민족이 지켜왔다는 역사 인식은 식민지와 분단을 극복하고 대한민국이라는 새로운 국가를 일으켜야 하는 국민에게는 더 없는 결속감과 자부심을 주었을 것입니다.

그런데 지금은 이러한 자부심이 이주민을 차별하는 근거가 되거나, 혼혈을 비정상인 것처럼 여겨 수많은 인권 논란을 낳고 있습니다. 한국인과 비슷하게 생겼다는 이유로 찬드라의 네팔어를 횡설수설하는 말로 이해한 것은, 이 땅에는 한국인만 살고 한국인이라면 한국어만 사용할 것이라는 경직된 사고가 부른 결과였을 것입니다.

이주민의 인권, 어디까지 보장될까?

'대항해 시대'라고 할 만큼 13~14세기에는 다른 세계를 향해 나아간 이주민들이 많았습니다. 그 이후에는 발달한 과학기술을 가지고 있던 유럽인들이 식민지 개척에 나서면서 식민지 이주가 지구촌 여기저기에서 다양하게 나타납니다.

국경을 넘나드는 이주가 다시 가로막힌 것은 아마도 1·2차 세계대전이 끝나고 전 세계가 미국과 소련으로 갈린 냉전 체제를 겪으면서부터였을 것입니다. 본래 한국은 반도 국가여서 대륙과 해상 모두를 이용해 어디로나 이동할 수 있었지만, 분단과 동시에 섬나라와 같은 형국이 되어 외국으로 이주하는 데 제약을 받게 됩니다. 그나마 국경을 자유롭게 넘나들 수 있었던 것은 상품들이었습니다.

그러나 냉전이 끝난 1990년대 이후 세계화가 시작되면서 상품만이 아니라 자본과 노동을 제공하는 사람들도 국경을 자유롭게 넘나들 수 있게 됩니다. 그리고 지구촌 인구의 3퍼센트가 국경을 넘나드는 이주의 시대를 맞이합니다.

그러나 단일민족 신화를 가진 한국은 새로운 시대에 적응하기가 쉽지 않았습니다. 이주민이나 혼혈을 단일혈통인 '우리 민족'과 다른 비정상으로 여겨 차별하는 일이 흔히 일어났습니다.

이주의 시대를 살아가는 사람들에게는 인간관계에서 겪는 차별 이외에도 제도적인 면에서의 인권 문제가 발생합니다. 인권이 개인과 그 개인이 속한 공동체인 국가와의 관계에서 출발했다는 점을 떠올리면 쉽게 이해될 것입니다.

세금을 내는 등 의무를 수행하면서 국민으로서 시민권을 가진 거주민에게 국가가 부여하는 것이 인권의 기본 개념입니다. 시민권을 가지지 못한 이주민은 이런 측면에서 국가와의 관계 속에서 형성되는 1세대 인권이나 2세대 인권의 대상자가 될 수 있는지에 대한 논란이 생깁니다.

이러한 문제를 해결하기 위해 UN에서는 '모든 이주노동자와 그 가족의 권리 보호를 위한 국제협약(이하 이주노동자권리협약)' 등 다양한 협약으로 이주자의 인권 문제를 풀어나가려고 합니다. 그러나 상당히 많은 국가들이 이 협약에 가입하지 않아서 실제로 적용하는 데는 많은 문제가 있습니다.

인권의 사각지대에 있는 이주노동자들

사실 수많은 이주민들은 국경을 넘어왔다는 이유로 자신의 나라에서 누리던 권리를 모두 누리지 못합니다. 찬드라가 신체의 자유를 비롯해 다양한 자유를 침해당했던 것처럼 말이지요. 한국인과 외양이 비슷해 인권 침해를 당한 찬드라와 달리, 외양이 다르다는 이유만으로 자유권 침해가 일어나는 경우도 많습니다.

부산의 한 목욕탕에서는 우즈베키스탄 출신의 결혼이주여성에게 목욕탕 출입을 금했는데, 그 이유가 "외국인은 물을 더럽힌다. 에이즈 발생 위험이 있어 단골손님이 떨어져 나갈 우려가 있다"는 것이었습니다. 정말 심각한 인권 침해이지요.

또다른 사례를 볼까요? 경기도 한 대학에 교환교수로 온 인도 출신 남성은 버스를 타고 가다가 한국인 승객으로부터 "너희 나라로 돌아가라!"는 폭언을 들었습니다.

이러한 인종차별적 폭력은 가난한 나라에서 이주해 왔을 것으로 여겨지는 이주민에게 더 많이 가해집니다. 러시아에서 온 한 이주민은 한국

이주노동자들에 대한 차별에 항의하는 집회의 현장. 늘어날 수밖에 없는 이주노동자들의 인권 문제는 우리 사회의 중요한 이슈이다.

에서 차별받지 않으려면 미국계 회사의 브랜드명이 새겨진 옷이나 신발을 신고 영어를 쓰며 미국인으로 위장해야 한다고 말할 정도입니다.

한국에 사는 이주민 가운데서도 가장 큰 어려움을 겪는 사람들은 이주노동자들입니다. 한국이 2015년 현재까지 아직 비준하지 않은 이주노동자권리협약에 따르면, 이주노동자들은 "출국의 자유, 생명권, 고문 또는 비인도적 형벌의 금지, 강제 노동의 금지, 사상·양심의 자유, 신체의 자유, 국외 추방의 제한, 자녀의 권리, 노동조합에 대한 권리" 등 자유권을 가지며, "결사의 권리, 직업 선택의 자유" 등 다양한 사회권도 보장받아야 합니다.

그런데 한국으로 오는 이주노동자는 가족과 동반 입국 금지, 고용허가제에 따른 직업 선택 제한, 노조 가입 금지 등 다양한 권리를 제한받고 있습니다.

한국의 고용허가제를 살펴볼까요? 1990년대 이후 주로 3D 업종에 종사해 온 이주노동자는 초기에는 산업연수생 제도로 들어왔습니다. 그러다 2004년부터 고용허가제에 따라 이주하여 일을 하고 있는데요. 고용허가제란 정부가 허가하는 곳에서만 일할 수 있는 것입니다. 그러니까 기업이 이주노동자를 고용하게 해달라고 정부의 허가를 구하면, 그 사업장에 이주노동자를 배치하는 것입니다.

이주노동자들은 고용허가제가 아닌 고용신고제로 전환하여 자신들이 원하는 곳에서 일할 수 있게 해달라고 끊임없이 요구하고 있습니다. 고용허가제에서 고용신고제로 바뀌면 이주민들은 직업 선택의 자유를 누리고, 기업들도 이주노동자를 끌어들이기 위해 경쟁하면서 더 나은 노동 조건을 만들게 됩니다.

하지만 정부는 그렇지 않아도 취업이 어려운 상황에서 고용신고제는 한국인의 고용 상황을 더 악화시킬 것이라고 말합니다. 기업이 부담하는 비용도 늘어날 것이라며 반대하고 있습니다. 이주민이 다양한 권리를 누리기란 여전히 쉬운 일이 아닙니다.

이주민의 문화권, 누리던 삶의 방식을 지킬 권리

이주민의 문화권을 보장해 달라는 요구도 많습니다. 문화는 인간의 생활양식과 관련된 모든 것을 말합니다. 따라서 문화권은 이주하기 전에 자국에서 누리던 삶의 방식을 지킬 권리라고 볼 수 있습니다. 얼핏 생각하면, 이주해 오기 전의 방식대로 생활하는 것이 뭐가 어려운지 의아할 것입니다. 그런데 생각과 달리 한국에서 이주민이 문화권을 누리기까지는 다양한 난관이 있습니다.

예를 들어봅시다. 2014년 인천에서 아시안게임이 열렸습니다. 이슬람을 믿는 많은 아시아인도 경기에 참여했고, 선수촌에서 제공하는 음식을 먹었습니다. 그런데 할랄* 음식이 오직 한 종류만 제공되어 이슬람교인들에게는 선택의 여지가 없었습니다.

프랑스에서는 공공장소에서 히잡이나 부르카같이 이슬람교 여성들이 신체를 가리는 옷을 입는 것을 금하고 있습니다. 테러 등의 위험이 있다고 보기 때문인데요. 모두 이주민의 문화권을 침해하는 것입니다.

이주민들이 요구하는 문화권은 음식이나 의상에만 한정되지 않습니다. 모국어를 사용하면서 교육받을 수 있는 학교를 선택할 기회가 있기를, 종교적 활동을 충분히 누릴 수 있기를 바랍니다. 이처럼 일상의 모든 것이 문화권과 연결되어 있습니다.

그런데 이주민이 요구하는 문화권을 모두 다 받아들일 경우, 이주민의 문화와 현재 이주한 곳의 문화 차이로 인해 문제가 생기기도 합니다. 영국에서는 가족이 정해준 남자와 결혼하지 않고 다른 사람과 연애를 했다는 이유로 여동생을 살해한 오빠에게 무거운 처벌을 내리려고 하지만, 자국에서는 이를 명예살인으로 보고 문화적으로 이를 인정한다고 주장하면서 차이를 허용해 달라고 합니다.

이 경우에 이주민의 문화권을 허락해야 할까요, 아니면 영국의 법대로 처벌해야 할까요? 이처럼 문화권을 인정하는 것은 단순한 문제가 아닙니다.

할랄

'허용된'이라는 뜻. 이슬람 율법이 정한 바에 따라 가공하여 무슬림이 먹고 쓸 수 있도록 허용된 제품을 말한다. 최근에는 화장품에도 할랄 규정을 적용한다. 반면 이슬람에서 금하는 술과 마약류, 돼지·개·고양이 등의 동물 고기, 자연사 했거나 잔인하게 도살된 짐승의 고기 등은 금지된 음식이라고 하여 '하람'이라고 부른다.

286

권리 없는 사람들의 권리를 말하다

이주민 가운데는 불법체류자들도 있습니다. 대부분은 합법적인 체류 조건을 갖추지 못한 사람들입니다. 이들의 인권을 주장하는 사람들은 불법체류자보다 '비법체류'자라고 부르는 것이 맞다고 합니다. 그러나 어떤 국가에서든지 불법체류자는 범죄자로 보며, 불법체류자로 확인되면 즉시 자국으로 추방합니다.

그래서 많은 불법체류자들이 여권도 빼앗긴 채 노동을 착취당하곤 합니다. 임금을 받지 못하는 등의 문제는 물론 아파도 제대로 치료를 받기 어렵습니다. 합법적인 이주노동자는 일을 하다 다치면 보험 혜택을 받습니다. 하지만 이들은 보험 적용이 되지 않아 병원에 가기도 어렵습니다. 이들 대부분이 위험하고 힘든 3D 업종에서 일한다는 점을 생각하면 참 딱한 일입니다.

게다가 한국에서 결혼해 가정을 이루더라도 자녀에게 국적을 갖게 하기 어렵습니다. 또한 UN아동권리협약에 따라 불법체류자의 자녀라도 초등학교에서는 학생으로 받아주지만, 중학교부터는 불가능합니다.

요즘에는 많이 줄어들었지만, 불법체류자의 자녀가 다니는 학교를 확인해 학생이 방과 후 집으로 가는 것을 따라가 기다렸다가 불법체류자를 잡아서 바로 자국으로 보내는 경우도 있었습니다. 이렇게 가족 가운데 누군가가 송환당하면 제대로 연락이 닿지 않아 소식도 듣지 못한 채 생이별하게 되는 것입니다.

이들을 송환하기 위해 감금한 구치소에 불이 나서 여러 명의 불법체류자가 사망한 안타까운 사례도 있었습니다.

이들이야말로 이주민 가운데서도 가장 권리가 없는 사람입니다. 이들의 권리를 구제해 줄 방법은 없을까요? 2014년, 미국은 일정한 조건을 갖춘 불법체류자들의 거주를 허가했습니다. 그런데 미국처럼 이를 허용하게 되면 그들이 일자리를 차지하면서 한국인의 일자리가 줄어들 수 있고 이주민의 자녀에게 복지 지원도 해야 하기에, 한국에서는 쉽게 결정할 일이 아니라고 주장하는 사람들이 많습니다. 그러니 불법체류자 문제는 해결하기 쉬운 일이 아닙니다.

이주민이 늘어나는 만큼 불법체류자도 많아질 테고 앞으로는 더욱 문제가 될 것입니다. 권리 있는 사람들의 권리 문제와 더불어, 권리 없는 사람들의 권리 문제 역시 다 함께 생각해 봐야 할 시점입니다.

이주민의 인권 문제를 생각하면서 같이 토론해 봅시다

❶ 이주민들의 고용허가제를 고용신고제로 바꾸는 것이 타당할까요?

❷ 이주민의 문화권은 어느 선까지 인정해야 할까요?

❸ 불법체류자의 자녀는 학교에 다니기 어렵습니다. 이 문제에 대해 어떻게 생각하나요?

5

적극적 조치와 역차별, 무엇이 정의인가?

대학 입시가 다양해지고 있습니다. 그 가운데는 농어촌 특별전형이나 탈북청소년 전형과 같은 특별전형도 있습니다. 정원 외 입학으로 대학에 입학할 수 있게 하는 제도인데요. 누군가 공부를 열심히 했어도 원하는 대학에 들어가지 못했는데, 이들이 조금 특별한 대접을 받아 대학에 입학한 것을 알게 되면 '정원 외 입학이라고는 하지만, 저런 특별전형만 없으면 기본 정원이 더 늘어나서 나도 합격할 수 있었을 텐데' 하는 생각이 들지 모릅니다.

입학에서만 이런 특별전형이 있는 것은 아닙니다. 공무원 시험에도 장애인할당제, 지역인재할당제, 여성할당제 등이 있습니다. 기업에서 입사 시험을 칠 때 가산점을 주는 경우도 있습니다.

이런 특별대우를 받는 사람들은 누구인가 하는 궁금증이 들지요. 대부분이 사회적 소수자입니다. 이들을 위한 정책적 배려를 '적극적 조치'라고 합니다. 사회적 소수자는 말 그대로 사회가 만들어낸 약자이기에, 그들에게 가해지는 사회적 차별이나 불평등을 완화해 주자는 정책이지요.

적극적 조치는 무엇이고 왜 하는가?

'적극적 조치(affirmative action)'는 1960년대 미국에서 사회적 소수자를 위해 실시된 정책에서 시작되었다고 봅니다. 한국에서는 이 말을 번역해 적극적 평등 조치, 차별 수정 정책, 잠정적 우대 조치, 잠정적 특별 조치, 소수자에 대한 우대 정책 등으로 표현하기도 합니다. 사회적 소수자를 우대하여 무엇인가 사회적 혜택을 주겠다는 것인데요. 대부분 학업을 위한 입학이나 취업과 승진에 관련된 것입니다.

독일이 2016년부터 시행한다고 밝힌 여성임원할당제도 이런 적극적 조치입니다. 그 내용을 자세히 살펴봅시다. 우선 그 대상은 여성입니다. 유럽같이 여성 참여가 활발하게 이루어지는 경우에도 여성이 사회적 소수자인지 의문이 생기나요? 상당히 많은 나라에서 여성은 아직도 사회적 소수자입니다. 비교적 성평등이 이루어진 나라에서도 여성은 취업 후 승진에서 유리천장에 가로막히는 경우가 많습니다.

여성임원할당제는 기업 임원 가운데 30퍼센트는 의무적으로 여성에게 할당하여 승진 혜택을 주는 제도입니다. 임원이 10명이라면 최소한 3명은 여성이어야 한다는 뜻입니다. 사회적 소수자들이 차별로 인해 동등한 경쟁을 하기 어려운 점을 해소해 주려는 제도이지요. 어른과 100미터 달리기를 해야 하는 어린아이에게 30미터 정도 앞에서 달리게 하는 것과 같은 이치입니다.

그런데 왜 30퍼센트일까요? 어떤 조직에서든 특정 집단의 비율이 30퍼센트 정도가 되면 자신들의 목소리를 낼 수 있기 때문입니다. 그 정도면 자기 권리를 지킬 수 있을 것이라고 기대하는 것이지요.

이처럼 적극적 조치는 '차별 금지'와는 다른 것입니다. 만약 어떤 회사에 '여성은 임원으로 승진하지 못한다'라는 규정이 있다면, 정부는 이 규정을 없애라고 할 수 있습니다. 차별 금지 정책을 실시하는 것이지요.

이와 달리 적극적 조치는 사회적 소수자가 과거로부터 받아온 차별 때문에 현재 나타난 결과를 시정하려는 정책입니다. 다시 여성할당제로 돌아가면, 그동안 여성은 성차별을 받아왔고 그 결과 여성 임원은 많지 않습니다. 이를 조금이나마 시정하기 위해 적어도 30퍼센트는 여성을 임원으로 승진시켜야 한다는 것이지요.

이처럼 일정 비율을 할당하거나 정원 외에 인원을 더 뽑을 수 있게 하거나 가산점을 주는 등 우대해 주는 제도가 적극적 조치입니다.

적극적 조치는 역차별일까?

적극적 조치는 기존에 차별받았던 사회적 소수자들의 현실을 개선하고자 그들을 직접적으로 우대해 주는 제도입니다. 이와 관련하여 가장 논쟁적인 부분은 바로 '역차별'입니다. 어떤 경우가 있는지 예를 들어볼까요?

현재 하버드 대학교 등 많은 대학에서는 특정 인종의 학생에게 정원의 일정 비율을 할당하고 있습니다. 그 덕에 할당받은 집단은 상대적으로 입학이 쉬워지지만, 그렇지 않은 사람들이 기회를 잃게 되는 경우가 생깁니다. 즉 특정 집단이 받는 차별을 극복하기 위한 적극적 조치가 해당 집단을 제외한 사람들을 역으로 차별하는 결과를 낳게 된다는 것이지요.

그러니까 역차별이라는 표현은 사회적 소수자를 위한 적극적 조치로 인해 다른 사람들이 불이익을 당한다고 생각하는 것을 말합니다.

실제로 미국의 여러 대학에 인종할당제가 도입된 이후 이 문제로 여러 번 소송이 벌어졌습니다. 대표적인 것이 1970년대에 바키라는 학생이 제기한 소송입니다. 그는 이 제도로 인해 자신이 입학을 못한 것이 평등권에 위배된다고 주장했습니다.

당시 대학의 인종할당제는 가산점을 주는 방식이었습니다. 연방 대법원은 최종적으로 바키의 손을 들어주었고, 그는 대학에 입학하게 됩니다. 그러나 연방 대법원이 인종할당제 자체를 위법으로 본 것은 아니었습니다. 다만 소수자에 대한 우대가 소수자가 아닌 사람들이 극복할 수 없을 정도로 과다한 것을 문제로 삼았습니다. 또한 인종할당제가 대학 내에서 문화적 다양성을 확보하는 데 긍정적인 역할을 한다는 점을 강조하기도 했습니다.

한국에서도 이와 비슷한 일이 있었습니다. 교원 임용시험에서 국가유공자나 그 가족에게 10퍼센트의 가산점을 주는 제도가 역차별이라고 일반 응시자들이 문제를 제기한 것입니다. 국가유공자 우대 제도는 국가를 위해 공을 세우는 과정에서 자신이나 가족이 사회적으로 불이익을 당한 것을 보완해 주는 제도입니다. 그런데 교원 임용시험은 경쟁이 매우 치열합니다. 그러다 보니 당락이 3점 이내에서 결정되고 경쟁률이 100대 1까지 가는 경우도 있어, 10퍼센트의 가산점이 극복할 수 없는 수준이라고 하여 헌법 소원을 한 것입니다.

헌법재판소는 이 제도가 다수의 사람들이 갖는 공무담임권*을 침해한다면서 헌법 불일치 판정을 내렸습니다. 그런데 여기서도 이 제도 자체가 아니라 가산점의 수준이 적당한가가 문제가 되었습니다. 이후 새로운 입법을 통해 이 점수는 5퍼센트로 조정되었습니다.

적극적 조치를 운영하는 과정에서는 이처럼 다양한 문제가 발생합니다. 이 때문에 적극적 조치는 사회적으로 많은 저항을 받고 있습니다. 구체적으로 살펴볼까요?

적극적 조치를 둘러싼 뜨거운 논쟁들

현재 일어나고 있는 차별을 막는 차별 금지 정책은 부당하지 않지만, 과거부터 누적되어 온 차별까지 고려하는 적극적 조치는 찬성할 수 없다고 생각하는 사람들이 적지 않습니다. 주로 다음과 같은 세 가지 측면에서 찬반 논쟁이 벌어집니다.

첫째는 앞서 살펴본 것처럼 역차별의 문제입니다. 적극적 조치를 찬성하는 사람들은 사회적 소수자에게 가해진 과거의 차별이 현재의 삶에까지 미치는 영향을 제거할 수 있다는 점을 강조합니다. 즉 당장 일어나는 차별을 막는 데서 그치지 않고 더 많은 혜택을 줌으로써 현재의 차별을 시정해야 한다는 것입니다. 이렇게 하지 않으면 미래에도 차별이 지속될 것이라고 주장합니다.

반대하는 사람들은 적극적 조치가 사회적 소수자가 아닌 주류 집단의 권리와 자유를 침해한다고 봅니다. 자신이 차별한 것도 아닌데 현재 주류 집단에 속해 있다는 이유만으로 새로운 차별을 당하게 된다는 것이지요.

둘째, 적극적 조치에 찬성하는 쪽은 사회적 소수자들에게 사회적 성공의 기회를 제공하면, 이들이 사회적 소수자의 삶에서 벗어날 수 있다고 봅니다. 즉 대학 입학이나 취업과 승진 등에 혜택을 주면 사회적 성공이 가능해지기에 장기적으로 효과가 있다고 봅니다.

반대하는 사람들은 적극적 조치가 사회적 소수자들을 더 나태하게 하거나 능력을 저하시킬 수 있다는 점을 우려합니다. 크게 노력하지 않아도 일정 부분 보상받는 구조에서는 굳이 최선을 다해 현재의 삶에서 벗어나려고 노력하지 않을 것이라는 주장입니다.

더구나 적극적 조치는 성공한 사회적 소수자들까지도 그런 제도를 등에 업었다는 낙인을 찍을 것이고, 그들의 명예를 실추시켜 장기적으로는 오히려 사회적 소수자에게 불이익이 될 것이라고 봅니다.

실제로 대학 입학에서 흑인 할당 제도가 도입될 때 자신의 실력만으로도 충분히 입학할 수 있는 흑인 학생이나, 여성할당제가 도입되기 전에 임원이 된 여성들은 이러한 제도를 반기지 않았습니다.

셋째는 적극적 조치가 정당한가 하는 문제입니다. 찬성하는 사람들은 이것이 분배의 정의를 실현하는 제도이며, 재분배를 통해 사회적 불평등이라는 구조를 바로잡게 도와준다고 주장합니다. 즉 사회적 소수자는 개인의 잘못이 아닌 사회적 환경에 의해 만들어진 것이기에, 그들이 겪는 불평등을 사회가 바로잡아야 한다고 말합니다. 그 방법 가운데 하나가 적극적 조치라는 것이지요.

반대하는 사람들은 현재의 불평등은 차별 금지 정책만으로도 해결할 수 있다고 봅니다. 현재 같이 경쟁하는 사람들이 가하지도 않은 과거의 차별로 인해 주류 집단이 역차별을 받는 것은 정당하지 못하다는 이야기입니다.

이처럼 적극적 조치는 여전히 논쟁거리입니다. 개인들이 충분한 인권을 누리기 위해서는, 자유와 평등이라는 두 가지 가치가 제도로써 제대로 실천되어야 합니다.

그렇다면 적극적 조치는 자유와 평등, 두 가지 가치를 모두 실천하는 제도일까요? 찬성하는 쪽과 반대하는 쪽은 서로 다르게 생각합니다. 적

 인권 토론방 **적극적 조치와 관련한 논의를 생각하면서 같이 토론해 봅시다**

❶ 적극적 조치는 역차별일까요?

❷ 현재 이루어지는 적극적 조치 가운데 가장 문제가 되는 것은 무엇이라고 생각하나요?

❸ 군가산점 제도는 군대에 다녀온 것이 '사회적 소수자로서 어려움을 당한 것'이라고 보았을 때와, '의무를 행한 것'이라고 보았을 때 서로 다른 관점을 가지게 됩니다. 군가산점제에 대해 어떻게 생각하나요?

극적 조치가 정의로운가를 서로 다르게 해석하는 것이지요.

철학자 존 롤스(John Rawls)에 따르면, 사회에서 가장 불리한 위치에 처한 사람들에게 이익이 되는 한에서는 분배의 불평등을 허용하는 것이 사회적 정의입니다.

반대로 로버트 노직(Robert Nozick)은 현재 나타나는 다양한 차별과 관계 없이, 모든 개인이 자신의 역량을 최대한으로 발휘하게 하는 것이 정의롭다고 주장합니다. 국가가 개입해 인위적으로 재분배하는 것은 부당하다는 것이지요.

우리는 어떤 정의 원칙을 따라야 할까요? 함께 고민해 볼 문제입니다.

마틴 루터 킹 목사의 명연설
〈나에게는 꿈이 있습니다〉

백 년 전, 지금도 우리에게 상징적 영향을 미치고 있는 한 위대한 미국인이 〈노예 해방 선언〉에 서명했습니다. 이 중대한 선언은 정의를 말살하는 화염에 휩싸여 있었던 수백만 명에 달하는 흑인 노예들에게 희망을 주는 위대한 등불로 다가왔습니다. 그 선언은 노예로서 살아온 기나긴 암흑 상태를 끝장내는 기쁨에 찬 여명으로 다가왔습니다.

그러나 그로부터 백 년이 지난 오늘날, 흑인이 여전히 자유롭지 못한 비극적 현실 속에 처해 있음을 직시해야 합니다. 이미 백 년이란 세월이 지났음에도 불구하고, 흑인은 여전히 격리와 차별을 일삼는 속박과 굴레 속에서 무기력한 삶을 살아가고 있습니다. 이미 백 년이란 세월이 지났음에도 불구하고, 흑인은 마치 거대한 바다 한복판에 홀로 고립된 채 떠 있는 섬처럼 엄청난 물질적 풍요로부터 소외된 채 빈곤 속에서 살아가고 있습니다. 이미 백 년이란 세월이 지났음에도 불구하고, 흑인은 여전히 미국 사회의 후미진 뒷골목에서 고달픈 삶을 살아가면서, 자신의 처지가 마치 자신의 고국에서 추방당한 자와 다름없다고 생각합니다.

(중략)

이제 절망의 계곡에서 헤매지 맙시다. 저는 오늘 저의 벗인 여러분께 이 순간의 고난과 좌절에도 불구하고 저에게는 여전히 꿈이 있다는 사실을 말씀드립니다. 그 꿈은 미국의 건국이념에 깊이 뿌리박힌 꿈입니다.

나에게는 꿈이 있습니다. 언젠가 이 나라가 떨쳐 일어나 진정한 의미의 국가 이념을 실천하리라는 꿈, 즉 모든 인간은 평등하게 태어났다는 진리를 우리 모두가 자명한 진실로 받아들이는 날이 오리라는 꿈입니다.

나에게는 꿈이 있습니다. 조지아의 붉은 언덕 위에서 과거에 노예로 살았던 부모의 후손과 그 노예의 주인이 낳은 후손이 식탁에 함께 둘러앉아 형제애를 나누는 날이 언젠가 오리라는 꿈입니다.

나에게는 꿈이 있습니다. 삭막한 사막으로 뒤덮인 채 불의와 억압의 열기에 신음하던 미시시피 주조차도 자유와 정의가 실현되는 오아시스로 탈바꿈되리라는 꿈입니다.

나에게는 꿈이 있습니다. 저의 네 자식들이 피부색이 아니라 인격에 따라 평가받는 나라에서 살게 되는 날이 언젠가 오리라는 꿈입니다.

지금 나에게는 꿈이 있습니다!

나에게는 꿈이 있습니다. 주지사가 연방 정부의 정책 개입과 연방법 실시를 거부한다는 말만 늘어놓는 앨라배마 주에서도, 흑인 소년, 소녀가 백인 소년, 소녀와 서로 손잡고 형제 자매처럼 함께 걸어다닐 수 있는 상황으로 언젠가 탈바꿈되리라는 꿈입니다.

지금 나에게는 꿈이 있습니다! 모든 계곡이 높이 솟아오르고, 모든 언덕과 산이 낮아지고, 울퉁불퉁한 땅이 평지로 변하고, 꼬부라진 길이 곧은 길로 바뀌고, 하나님의 영광이 나타나 모든 생물이 그 광경을 함께 지켜보리라는 꿈입니다.

이것이 바로 우리의 희망입니다. 이것이 바로 제가 남부로 돌아갈 때 지녀야 할 신념입니다. 이러한 신념만 있다면, 우리는 절망의 산을 깎아내어 희망의 돌을 만들어낼 수 있을 것입니다. 이러한 신념만 있다면, 우리는 귀에 거슬리는 불협화음

에 휩싸여 있는 우리나라를 아름다
운 교향곡의 선율처럼 형제애가 넘
쳐나는 나라로 변화시킬 수 있을 것
입니다. 이러한 신념만 있다면, 언젠
가는 우리가 자유로워지리라고 믿으
면서, 우리는 함께 일하고, 함께 기
도하고, 함께 투쟁하고, 함께 감옥에
가고, 함께 자유를 위해 싸울 수 있
을 것입니다.

바로 그날은 하나님의 모든 자손
이 다음과 같은 노랫말의 의미를 되
새기면서 노래를 부를 수 있는 날이
될 것입니다.

지금 우리가 사는 세상은 마틴 루터 킹의 꿈이 이루어진 세상일까. 미국 테네시 주 멤피스 메이슨 템플에서 연설하는 마틴 루터 킹.

"당신은 나의 조국, 자유가 넘치는 향기로운 땅, 나 그대를 위해 노래하리. 나의 조상이 묻힌 땅, 순례자가 칭송하는 땅이여, 모든 산허리에 자유가 울려퍼지게 하리!"

또한 미국이 위대한 국가가 되려면, 이것이 반드시 실현되어야 합니다. 따라서 뉴햄프셔의 거대한 산꼭대기에서 자유가 울려퍼지게 합시다. 뉴욕의 거대한 산맥에서 자유가 울려퍼지게 합시다. 자유가 펜실베이니아의 높다란 앨러게니 산맥에서 울려퍼지게 합시다. 콜로라도의 눈 덮인 로키 산맥에서 자유가 울려퍼지게 합시다. 캘리포니아의 굽이진 산봉우리에서도 자유가 울려퍼지게 합시다!

하지만, 거기서 멈추지 맙시다.

조지아의 스톤마운틴에서도 자유가 울려퍼지게 합시다.

테네시의 룩아웃마운틴에서도 자유가 울려퍼지게 합시다.

미시시피의 모든 언덕에서도 자유가 울려퍼지게 합시다. 모든 산허리로부터 자유가 울려퍼지게 합시다!

자유가 울려퍼지게 한다면, 모든 마을과 부락, 모든 주와 도시에서 자유가 울려퍼지게 한다면, 우리는 하나님의 모든 자손, 흑인과 백인, 유태인과 이교도, 개신교 신자와 가톨릭 신자가 서로 손잡고 옛 흑인 영가를 함께 부르는 그날을 훨씬 더 앞당길 수 있을 것입니다.

"마침내 자유를! 마침내 자유를! 전지전능하신 하나님이시여, 마침내 우리가 자유를 얻었습니다!"

—『세계를 바꾼 연설과 선언』, 이종훈 편역, 서해문집, 2006

아래에 소개하는 책들은 글을 쓰는 과정에서 참고하였는데, 이 책에 제시된 내용으로 토론을 할 때에도 도움이 될 책입니다.

1장 나와 너 우리의 인권 바로 알기

1-1 모든 인간은 존엄하다

『죽음의 수용소에서』, 빅터 프랭클 저, 이시형 역, 청아출판사, 2005

『33명의 칠레 광부들』, 정대근 저, 리젬, 2010

1-2 인간을 위한 권리, 인권이란?

『안티고네』, 소포클레스 저, 김종환 역, 지식을만드는지식, 2014

『인권법』, 인권법교재발간위원회 저, 아카넷, 2006

『인권』, 최현 저, 책세상, 2008

1-3 인간의 역사는 인권 확보를 위한 노력의 역사다

『인권을 찾아서』, 조효제 저, 한울아카데미, 2011

『로자 파크스 나의 이야기』, 로자 파크스 외 저, 최성애 역, 문예춘추사, 2012

『사건으로 보는 시민운동사』, 차병직 저, 창비, 2014

『전태일 평전』, 조영래 저, 전태일재단, 2009

『여성의 권리 옹호』, 메리 울스턴크래프트 저, 문수현 역, 책세상, 2011

『세계사다이제스트100』, 김희보 저, 가람기획, 2010

『메신저』, 이남훈, 알에치케이코리아, 2015

1-4 1세대 인권, 시민·정치적 권리

『홀로코스트』, 엘리위젤 저, 김범경 역, 한글, 2015

『세상을 바꾼다, 인권30』, 휴먼 라이츠 나우 저, 김영환 역, 동산사, 2014

『삶의 격』, 페터 비에리 저, 문항심 역, 은행나무, 2014

1-5 2세대 인권, 경제·사회·문화적 권리

『인권을 외치다』, 류은숙 저, 푸른숲, 2009

『평등 자유 권리』, 이종은 저, 책세상, 2011

『빵과 장미』, 캐서린 패터슨 저, 우달임 역, 문학동네, 2010

1-6 3세대 인권, 인류를 하나로 묶어주는 연대권

『공정 무역 행복한 카카오 농장 이야기』, 신동경 저, 사계절, 2013

1-7 인권 가치는 보편적일까?

『서구중심주의를 넘어서』, 강정인 저, 아카넷, 2004

『오리엔탈리즘』, 에드워드 사이드 저, 박홍규 역, 교보문고, 2015

『아시아적 가치』, 이승환 외 저, 전통과현대, 2001

2장 청소년이 꼭 알아야 할 청소년의 권리

2-1 청소년은 스스로 권리를 행사할 수 있는가?

『아이들의 인권 세계의 약속』, 어린이청소년의 권리 연대회의 저, 내일을 여는책, 1997

『학교에서의 청소년 인권』, 권재원 저, 한국학술정보, 2008

2-2 학교 내 체벌 문제와 신체의 자유

『교사의 권리 학생의 권리』, 하승수 저, 사계절, 2003

『학교라는 괴물』, 권재원 저, 북멘토, 2014

『학생 체벌과 교육』, 김정휘 외 저, 한국학술정보, 2011

2-3 학생의 사생활 보호는 어디까지일까?

『머리에 피도 안 마른 것들 인권을 넘보다』, 공현 외 저, 메이데이, 2009

2-4 안녕들하십니까, 학교에서 표현의 자유는?

『인권, 교문을 넘다』, 배경내 외 저, 한겨레에듀, 2011

『빅브라더 아메리카』, 한종호 저, 나남, 2004

2-5 편애에서 우열반까지, 교실에서 일어나는 차별들

『우리는 차별에 찬성합니다』, 오찬호 저, 개마고원, 2013

『학교폭력 멈춰!』, 문재현 저, 살림터, 2012

3-3 양심의 자유와 신념 그리고 국방의 의무

『양심과 사상의 자유를 위하여』, 조국 저, 책세상, 2007

『양심적 병역거부와 대체복무제』, 한인섭 외 저, 경인문화사, 2013

3-4 범죄 피의자의 권리 그리고 사형 제도

『나의 권리를 말한다』, 전대원 저, 뜨인돌, 2008

『세상에 대하여 우리가 더 잘 알아야 할 교양 11: 사형 제도 과연 필요한
가?』, 케이 스티어만 저, 김혜영 역, 내인생의책, 2012

『우리들의 행복한 시간』, 공지영 저, 오픈하우스, 2010

3-5 생명에 대한 자기결정권, 자살과 존엄사

『에밀 뒤르켐의 자살론』, 에밀 뒤르켐 저, 황보종우 역, 청아출판사, 2008

『왜 도덕인가?』, 마이클 샌델 저, 안진환 외 역, 한국경제신문사, 2010

『평온한 죽음』, 나가오 카즈히로 저, 유은정 역, 한문화, 2013

3-6 권력 관계 속에서 벌어지는 성차별과 성폭력

『세상의 절반 여성 이야기』, 우리교육 출판부 저, 우리교육, 2010

『어린 내 딸이 위험하다』, 홍동표 저, 지다서, 2014

『유리천장의 비밀』, 킹즐리 브라운 저, 강호정 역, 이음, 2011

『위험사회와 성폭력』, 심영희 저, 나남, 1998

3-7 웃고 있는 가면 속의 눈물과 고통, 감정노동자의 인권

『감정노동』, 앨리 러셀 혹실드 저, 이가람 역, 이매진, 2009

『감정노동의 진실』, 김태홍 저, 올림, 2014

3-8 '을 중의 을', 깊어지는 비정규직 차별

『비정규직』, 장귀연 저, 책세상, 2009

『비정규직 통념의 해부』, 김양지영 저, 푸른사상, 2011

『유령 세상을 향해 주먹을 뻗다』, 홍명교 저, 아고라, 2011

4장 소수자에 대한 소외와 차별이 없는 세상을 위하여

4-1 오늘 대한민국에서는 누가 사회적 소수자인가?

『인권과 소수자 이야기』, 박경태 저, 책세상, 2007

『소수자와 한국사회』, 박경태 저, 후마니타스, 2008

『다르게 사는 사람들』, 윤수종 저, 이학사, 2002

4-2 장애인을 위한 나라는 없다?

『우리 옆의 약자』, 이수현 저, 산지니, 2006

『약자 중심의 윤리』, 손봉호 저, 세창출판사, 2015

『원동력』, 강영우 저, 두란노, 2011

4-3 성적 소수자 문제, 이제는 논의할 때다

『역사 속의 성적소수자』, 케빈 제닝스 저, 김길님 외 역, 이연문화, 1999

『무지개 속 적색』, 해나 디 저, 이나라 역, 책갈피, 2014

4-4 국경을 넘어와도 인권은 살아 있다

『우리 모두 조금 낯선 사람들』, 이주여성인권포럼 저, 오월의봄, 2013

『이주, 그 먼 길』, 이세기 저, 후마니타스, 2012

4-5 적극적 조치와 역차별, 무엇이 정의인가?

『소수자』, 이슈투데이 편집국 저, 이슈투데이, 2010

『양성평등과 적극적 조치』, 김경희 저, 푸른사상, 2004

인권 감수성이 공기처럼
우리 삶을 편안하게 하는 사회를 꿈꾸며

인권에 대하여 참 많은 이야기를 나눴습니다. 책의 첫 부분에서 인권 감수성에 관해 이야기했지요. 우리가 일상에서 인권 감수성을 갖는다면 다른 사람들의 인권을 침해하지 않으려 할 것이고, 내 인권이 침해당하는 것에 대해 문제를 제기할 수 있습니다.

그런데 이런 생각이 들 수도 있습니다.

"세상을 살아가는 것 자체가 피곤한데, 인권 감수성까지 가지고 살라는 것은 너무 무리한 요구야. 모든 일에 인권을 적용하는 것은 세상을 피곤하게 살아가는 방식 같아."

처음엔 이런 마음이 들 수도 있습니다. 그러나 인권 감수성에 익숙해지면, 어떤 행동을 할 때마다 자신도 모르게 타인을 고려하고 배려하게 됩니다. 또 타인에 대해 불평부터 하기보다는 내가 어떤 점이 불편하니 이렇게 저렇게 해줄 수 있겠느냐며 나의 의견을 내놓을 수 있습니다. 이런 일들이 쌓이면 세상 사람들은 서로서로 더 많은 권리를 누릴 것이고, 더 편리해질 것입니다.

일상생활에서는 국가가 개인이나 특정 집단의 인간 존엄성과 인권을

지켜주지 못하는 경우가 생깁니다. 개인 간의 다툼에서도 특정한 개인이나 집단에게 유리하게 작동하는 법이나 제도가 있습니다.

이럴 땐 어떻게 해야 할까요? 헌법 소원 등을 통해 인권을 보장받기 위해 노력해야 하지만, 혼자서는 어려운 경우도 있습니다.

그래서 시민단체를 만들거나 시민 운동으로 이를 해결하려는 움직임이 일어납니다. 한 개인이 나서서 권리를 주장하기보다는 많은 사람들이 모여서 권리를 주장하는 것이지요. 시민 운동의 과정에서 권리 주장을 하는 피케팅을 하거나 1인 시위, 군중집회를 하기도 합니다. 또한 길거리에서 서명 운동을 하는 경우도 보았을 것입니다.

시민 운동의 과정에서 시민불복종이 일어나기도 합니다. 시민불복종은 말 그대로 국가의 제도나 법률 등에 대하여 반대 의사를 표현하는 과정에서 공공연히 불법을 행하는 것을 말합니다.

시민불복종에서 '불법을 행한다'고 말할 때는 폭력을 행사하는 것이 아닙니다. 시민불복종을 위해서는 목적이 옳아야 하고, 비폭력적이어야 하며, 불법인 행동으로 인한 처벌을 감수해야 하며, 합법적인 해결 방법이 있을 때는 사용할 수 없습니다.

이러한 시민불복종의 대표적인 예가 바로 마하트마 간디가 행한 일들입니다. 인도를 지배하던 시절, 영국은 인도에서 자신들만 소금을 판매할 수 있다는 법을 만들었습니다. 그러자 간디는 시민불복종 운동을 시작합니다. 인도의 동쪽 해안에서 직접 소금을 채취하는 '불법'을 행하기 위해 79명의 청년과 함께 행진을 시작한 것입니다.

이렇게 동쪽 해안으로 이동하는 동안 행진에 참여하는 사람들이 수만 명으로 늘어납니다. 그들은 동쪽 해안에 도착하여 바닷물에서 소금을 채취하는 시민불복종을 행합니다. 이로 인해 간디는 법적인 처벌을 받지만, 이 시민불복종 행진은 식민지 인도가 독립하는 중요한 계기가 됩니다.

이러한 시민불복종을 하지 않아도 되는 사회가 모두의 인권이 지켜지는 사회일 것입니다. 인권이 지켜지는 사회. 인권 감수성을 갖는 것이 숨 쉬는 것처럼 편하고, 우리의 인권을 침해하는 것이 무엇인지 파악하기 쉬워지고, 인권 침해 문제가 쉽게 해결되는 사회. 그런 사회에서 살고 싶지 않은가요? 인권은 우리를 피곤하게 하는 것이 아니라 우리를 편안하게 하는 것이랍니다.

청소년을 위한 인권 에세이

초판 1쇄 2015년 10월 1일
초판 20쇄 2024년 6월 30일

지은이 | 구정화
펴낸이 | 송영석

주간 | 이혜진
편집장 | 박신애 **기획편집** | 최예은 · 조아혜 · 정엄지
디자인 | 박윤정 · 유보람
마케팅 | 김유종 · 한승민
관리 | 송우석 · 전지연 · 채경민

펴낸곳 | (株)해냄출판사
등록번호 | 제10-229호
등록일자 | 1988년 5월 11일(설립일자 | 1983년 6월 24일)

04042 서울시 마포구 잔다리로 30 해냄빌딩 5 · 6층
대표전화 | 326-1600 **팩스** | 326-1624
홈페이지 | www.hainaim.com

ISBN 978-89-6574-504-4

파본은 본사나 구입하신 서점에서 교환하여 드립니다.